車王国群馬の
公共交通とまちづくり

高崎経済大学附属産業研究所 編

日本経済評論社

刊行にあたって

　高崎経済大学附属産業研究所の設立は1957年で，大学の創立と同じである。その目的とするところは，高崎市をはじめとする群馬県下の産業経済の調査研究を通して，学問的に貢献するところにあった。特に20世紀の後半は日本の高度経済成長に伴い，地元の産業活動は盛んとなり，当研究所もそれを助ける形で発展をとげてきた。このような中で，その研究成果を世に問う形として，プロジェクト・チームの成果を公刊してきた。

　21世紀を迎え，研究所もさらなる発展をめざして，装いも新たに，地域社会に開かれた研究を進めることになった。IT革命の影響が北関東にある公立大学の研究所にも，ひたひたと押し寄せてきている。ベンチャー企業の問題，新産業による雇用創出と地域社会が抱える問題は限りがない。そのすべてに当研究所が取り組めるとは思わないが，41名に及ぶ兼任所員の専門分野は多岐に渡っており，地元の産業界をはじめ，行政等からのニーズに応えることは充分可能である。

　近年，当研究所への各大学附置研究所からの訪問が絶えない。高崎経済大学という北関東にある市立の大学の附属産業研究所が，本書のような出版物を研究の成果として1986年度から継続的に出版できる秘密がどこにあるのか，そのエネルギーとマンパワーの秘密をさぐりに来ているというのは，少し大げさかもしれないが，そのように我々が勘違いするほど，多くの人々から毎年，成果を期待されている。

　本書は，既に昨年の秋季シンポジウム「車王国・群馬の公共交通を考える」で，その成果の一部を世に問い，地元の人々から評価を得ている。本書を手にした人々が，高崎経済大学附属産業研究所の今後の活動にも関心をもっていただければ幸いである。

　　　　　2001年2月　高崎経済大学附属産業研究所・所長　　岸田　孝弥

はじめに

　高崎経済大学附属産業研究所のプロジェクト研究として公共交通政策研究会が発足したのは，4年前の1997年4月であった。それから3年間，ほぼ月に1回のペースで研究会を重ね，最後の1年間で執筆した成果が本書である。

　公共交通政策研究会が立ち上がった理由には2つある。第1の理由は，1996年春に高崎経済大学に地域政策学部が新設され，地域政策学部所属教員を中心とした新たな研究プロジェクトの設置が要請されたことである。全国初の地域政策学部という新しいコンセプトの学部設置であったため，教員も新任者が多く，研究を通じて教員相互の交流を図りつつ，地域政策に資することが求められていた。

　もうひとつの理由は，テーマにあった。高崎は上越・北陸（長野行き）新幹線が結節するのをはじめ，関越，上信越，北関東の各自動車道などの高速交通網の結節地である。また，在来鉄道や国道でも，JR高崎・上越・信越・両毛・八高線や上信電鉄線，国道17・18号線などが通じ，全国的に見ても一大交通結節地をなしている。しかし，域内交通を見ると，世帯あたりの自動車保有率が日本一を誇る半面，かつて利便性の高かったバス交通が衰退し，交流の時代に交流がしにくい状況になっていた。

　これは自家用車と自動車免許を保有して域内に居住する人にはとりあえずは問題にならない。しかし，群馬県への一時訪問者や県内の人々でも高齢者や自動車運転免許をもたない人々には非常に不便で，大きな地域問題になっている。さらに，こうした公共交通機関の不便さが中心市街地の衰退や，人々のコミュニケーション不足，企業立地問題など多くの地域問題改善の鍵となっているようにも思われた。そのため，公共交通の便利な地域空間へと群馬をいかに再生するかが焦眉の地域政策課題であると考えた。また，この課題は市立大学における地域政策学部のメンバーを中心に取り組むテーマとしても相応しいと考え，

取り組んだのである。

　研究会には本書執筆陣をはじめ，多くの研究者，行政・交通関係者に参加していただいた。高崎経済大学の高橋伸次・細井雅生両助教授と阿部孝夫教授（現・法政大学教授），高崎市役所の吉田正一・八木登・下田実・中島守の各氏，前橋市役所の佐鳥眞彦・戸塚良明・細谷精一の各氏には随時，議論に加わっていただいた。また，公開研究会の講師として，狩野義也上毛電気鉄道（株）社長（当時），菱沼好章東日本旅客鉄道（株）高崎支社長（当時），高橋悟日本中央バス（株）副社長，知久祐三上毛電気鉄道（株）社長にお世話になった。

　2000年11月には「車王国・群馬の公共交通を考える」をテーマに，産業研究所の秋季シンポジウムを開催した。シンポジウムの議論には，大瀧尊（群馬バス社長），高橋悟（日本中央バス副社長），秦次雄（上信電鉄社長），田中一雄（群馬県交通政策課次長），横堀一三（高崎市調整課長），岩佐孝（前橋市交通政策課長）の6氏と執筆陣の大島登志彦・大宮登・加藤一郎・西野寿章の4名が討論に参加し，戸所隆がコーディネーターを務めた。会場には群馬県内外から約200名が参加し，研究の成果を共有することができた。

　公共交通政策研究会の研究活動を通して，学内のみならず，学外との研究交流も深めることができ，地域政策学部の存在意義をもある程度示せたと考えている。本書はそうした4年間にわたる研究の成果である。本書が多くの方に読まれ，所期の目的である群馬のみならず全国各地の公共交通機関の再生やまちづくりに役立つことを念じている。

　本書の編集作業においては，特に西野寿章教授と日本経済評論社の宮野芳一氏にお世話になった。また，津川康雄助教授には研究会の議事録を毎回つくっていただき，中里高明・宮島美恵子・高橋美玲・鳥屋千恵子・金子智美の各氏には本研究会を事務的に支えていただいた。記して感謝申し上げる。最後になるが，研究会に財政支援をいただいた高崎市当局に厚く御礼申し上げたい。

　　　2001年2月
　　　　高崎経済大学附属産業研究所・公共交通政策研究会座長　　　戸所　　隆

目　次

| 刊行にあたって | i |
| はじめに | ii |

序　章　自動車社会の問題点と公共交通の必要性 ………戸所　隆　1
　第1節　群馬の特異な交通・生活環境 ……………………………… 2
　第2節　車王国・群馬 ………………………………………………… 3
　　(1)　自家用車分担率90% …………………………………… 3
　　(2)　新たな地域政策を必要とする公共交通問題 ……… 5
　第3節　要望の強い身近な公共交通機関の整備 …………………… 6
　第4節　公共交通機関衰退にともなう問題点 ……………………… 7
　　(1)　交流の時代に逆行するバスの減少問題 …………… 7
　　(2)　コミュニケーションの欠如 ………………………… 8
　　(3)　高齢者・身障者・低所得者などの社会的弱者に
　　　　冷たい環境 ……………………………………………… 9
　　(4)　エネルギーの浪費・環境問題の発生 ……………… 10
　　(5)　不必要な移動の増加と交通事故の多発 …………… 11
　　(6)　市街地の急速な拡大 ………………………………… 12
　　(7)　中心商業地と近隣商業地の衰退 …………………… 13
　　(8)　空間の浪費と企業立地の困難化 …………………… 14
　第5節　公共交通再生を求めて ……………………………………… 15

第1章　公共交通を軸とした21世紀の都市デザイン
　　　──公共施設の駅周辺配置による鉄道交通と地域の活性化──　佐藤　忍　17
　第1節　群馬県の交通の特性 ………………………………………… 18

第2節　自動車と環境 …………………………………………………… 20
　　第3節　鉄道交通と環境 …………………………………………………… 22
　　第4節　群馬県鉄道事業の現状と課題 …………………………………… 23
　　第5節　公共施設配置の現状と課題 ……………………………………… 25
　　第6節　公共施設の駅周辺配置による都市デザインの方策 ………… 28

第2章　公共交通の変遷と地域構造との関係
　　　　――高崎都市圏を中心として―― ………………………津川　康雄　33
　　第1節　群馬県の交通体系とその特性 …………………………………… 34
　　　(1)　交通特性とモータリゼーションの進展　…………　34
　　　(2)　高崎市の交通特性とその変化　　　　　　　　　　　40
　　第2節　公共交通の変遷と現状 …………………………………………… 44
　　　(1)　公共交通の役割とその変化　…………………………　44
　　　(2)　社会経済状況の変化と公共交通　……………………　46
　　　(3)　広域圏における高崎市　………………………………　49
　　第3節　公共交通の課題と展望 …………………………………………… 51
　　　(1)　モータリゼーションの本質と問題点　………………　51
　　　(2)　公共交通の方向性　……………………………………　53

第3章　群馬県における乗合バス縮小期にみる諸問題の考察
　　　　――主として東武バスの事例をとおして―― ……………大島登志彦　57
　　第1節　群馬県の乗合バス縮小のおおまかな特性 ……………………… 58
　　第2節　鉄道の近代化と乗合バス ………………………………………… 62
　　　(1)　長距離急行系統の縮小　………………………………　62
　　　(2)　鉄道沿線の都市間輸送　………………………………　65
　　第3節　路線の縮小に関わる考察 ………………………………………… 67
　　　(1)　利根・吾妻地域の東武バス　…………………………　67
　　　(2)　平野部における路線の縮小　…………………………　67

第4節　乗合バス運賃の高騰 …………………………………… 70
第5節　群馬県内のワンマンバスの運行 ……………………… 71
　　(1)　ワンマンバスの概要 ………………………………… 71
　　(2)　群馬県内東武バスのワンマン化の進展 …………… 72
　　(3)　ワンマン化に伴う利便性の喪失 …………………… 73
第6節　運行時刻設定と「遅れ」の問題 ……………………… 75
　　(1)　運行回数・間隔に関する考察 ……………………… 75
　　(2)　系統ごとの運行時刻の問題 ………………………… 76
　　(3)　乗合バスの「遅れ」に関する考察 ………………… 78
第7節　群馬県の乗合バスの新たな改善事例………………… 79
　　(1)　循環系統の設定 ……………………………………… 79
　　(2)　時刻表の作成 ………………………………………… 80
おわりに ………………………………………………………… 81

第4章　中心市街地活性化と交通・交流条件の整備
　　　　――高崎市の事例を中心に――……………………長谷川秀男　85
第1節　高崎市にみる中心市街地の衰退傾向………………… 86
　　(1)　中心市街地の衰退傾向 ……………………………… 86
　　(2)　主な中心商店街における問題点等 ………………… 91
第2節　高崎市の商店街活性化対策 …………………………… 94
　　(1)　中心市街地の商店街区活性化対策 ………………… 94
　　(2)　高崎市における車客対応のソフトシステム ……… 98
第3節　高崎市にみる中心市街地活性化の基本計画・構想……105
　　(1)　中心市街地活性化基本計画の概要……………………105
　　(2)　高崎商業タウンマネージメント構想の概要について…109
　　(3)　上記『基本計画』『構想』実現のために ……………112
第4節　高崎市にみる交通・交流条件の整備（試論）………116
　　(1)　試論の展開にあたって………………………………116

(2) 具体的な提言……………………………………………… 123

第5章　富岡市における新しい交通まちづくり構想
　　　──「パークアンドセル」方式による交通体系の提案──　…横島　庄治　129
　はじめに──本章の位置づけと趣旨──　………………………………… 130
　第1節　富岡市及び富岡甘楽広域圏の概要 ……………………………… 130
　　　(1) 富岡市と富岡甘楽広域圏………………………………… 130
　　　(2) 富岡市及び富岡甘楽広域圏の交通環境………………… 132
　　　(3) 夜間人口推移……………………………………………… 133
　　　(4) 富岡甘楽広域圏の産業構造と生活行動………………… 134
　第2節　富岡市中心市街地活性化基本計画 ……………………………… 138
　第3節　富岡市の交通体系構想 …………………………………………… 139
　第4節　外周道路による狭域交通圏の設定 ……………………………… 140
　第5節　狭域交通圏への「パーク＆ライド」方式の自動車交通システム
　　　　　導入 ……………………………………………………………… 142
　第6節　中心市街地内歩行圏域への交通セル方式の導入……………… 144
　第7節　センターポイントとしての上州富岡駅の再整備……………… 146
　第8節　広域連携軸としての上信電鉄 …………………………………… 148
　第9節　事業制度の検討──終わりに代えて──……………………… 150

第6章　高崎市民の意識と公共交通
　　　──「市民の声」と「ぐるりん」そして「3つの提言」──大宮　登　153
　第1節　市民意識の現状 …………………………………………………… 154
　　　(1) 市民意識の特徴と方向性………………………………… 154
　　　(2) 「ぐるりん」に対する期待 ……………………………… 157
　第2節　現状への提言
　　　(1) まちなか再生と公共交通………………………………… 161
　　　(2) 公共交通のマネジメント………………………………… 165

        (3) 市民参画と公共交通 ……………………………………… 169
    第3節 「等身大の社会」構築に向けて──まとめにかえて── ……… 173

第7章 財政からみた公共交通 ………………………………加藤　一郎　177
    第1節 個族化の進行とマイカー ……………………………………… 178
    第2節 戦後日本の財政構造と道路投資 ……………………………… 182
        (1) 戦後日本財政の特徴 ……………………………… 182
        (2) 自動車関係税 ……………………………………… 184
        (3) 道路整備事業費の財源の流れ …………………… 187
    第3節 省資源型・環境保全型生活を支えるまちづくりと公共交通
        ──LRTを中心に── ……………………………………………… 190
        (1) 先進欧州の事例 …………………………………… 192
        (2) 日本の路面電車 …………………………………… 198
    第4節 まちづくりの視点からの財政システムへの転換方向 ……… 201

第8章 路面電車の再評価とまちづくり
        ──地方都市におけるLRT導入への視点── ………西野　寿章　207
    第1節 欧米における路面電車の再評価 ……………………………… 208
    第2節 わが国における路面電車の現状と課題 ……………………… 212
        (1) 概　　観 …………………………………………… 212
        (2) 路面電車の現状 …………………………………… 216
    第3節 欧米におけるLRTシステムの展開とその背景 ……………… 228
    第4節 地方都市における公共交通整備への視点 …………………… 233

第9章 公共交通体系の再構築と新しい都市圏の構築
        ──鉄道とバスの連携を軸に── ………………………戸所　隆　243
    はじめに ………………………………………………………………… 244
    第1節 前橋・高崎都市圏形成の2つの方向性 ……………………… 245

(1)　東京大都市圏の周辺都市化か自立都市圏形成か……… 245
　　　(2)　自立都市圏形成の可能性……………………………… 246
　第2節　鉄道網による前橋・高崎連携都市圏の骨格づくり……… 248
　　　(1)　既設鉄道網活用による都市圏の構築………………… 248
　　　(2)　既設鉄道網による都市圏内移動の活発化…………… 249
　　　(3)　高崎駅のスルー化…………………………………… 251
　　　(4)　簡便な鉄道駅の新設による駅勢圏1kmの実現……… 253
　　　(5)　低コストによる新設鉄道駅の建設…………………… 254
　　　(6)　新設鉄道駅の設置場所………………………………… 255
　第3節　LRTによる新たな鉄道網の形成 ………………………… 257
　　　(1)　LRTによる連携型中心市街地再構築の必要性……… 257
　　　(2)　LRT路線網による連携型中心市街地構造の形成…… 259
　第4節　鉄道網を補完し利便性を高めるバス網の整備…………… 262
　　　(1)　地方都市における基幹公共交通としてのバス……… 262
　　　(2)　バスターミナルの設置と主要鉄道駅を中心にバス
　　　　　 交通網の再構築…………………………………………… 263
　第5節　実現に向けての提言………………………………………… 265
　　　(1)　バス料金の無料化（ワンコイン化）………………… 265
　　　(2)　公共交通機関利用促進税の創設……………………… 266
　　　(3)　新税の創設とバス無料化への若干の試算…………… 267
　　　(4)　新税の創設とバス無料化に対する大学生の評価…… 269
　第6節　コンパクトで積み重ねの都市構造へ──結びにかえて── 271
　　　(1)　公共交通優先政策への転換…………………………… 271
　　　(2)　知恵の時代に相応しいコンパクトで知的交流のある
　　　　　 市街地形成……………………………………………… 273

あとがき………………………………………………………………… 277

序　章　自動車社会の問題点と公共交通の必要性

戸所　　隆

　群馬県は交通機関別旅客輸送分担率で自家用車が90％を占める車王国である。そのため，バスをはじめとする公共交通機関の衰退が著しく，様々な理由で自家用車を運転できない人にとっては移動の自由を奪われかねない状況になりつつある。そうした事態を回避するため，各自治体は公共交通事業者に補助金を出したり，自前で代替バスを運行するなど対応に苦慮している。本書はそうした実態とあるべき交通環境の姿を示し，それに向かっての解決策など新たな地域政策の提言を目的とする。

　環境対応型社会や将来性のある交流社会・高齢化社会を構築するには自動車社会の問題点を克服し，公共交通を再生した新たな環境整備がその第一歩となると考えている。以上の地域政策的視点に立ち，序章では本書を読むにあたっての基礎的知識として，公共交通機関の衰退にともなう主な問題点について論じている。

第1節　群馬の特異な交通・生活環境

　高崎経済大学地域政策学部の学生は，群馬県内出身者が30％弱で70％強の学生は全国各地から来ている。筆者は毎年，入学者（約200名）全員が受講する講義の第1週の時間に，自由記載方式で高崎の良い面と悪い面をアンケートしてきた。その結果，良い面では新幹線や高速道路など高速交通網が発達し，全国各地からアクセスしやすいことが毎年第1位になる。また，悪い面ではバスなどの都市内公共交通が不便なうえ，自動車交通量が多くて危険を感じるとの回答が最も多い。過去5回実施したが，この良い・悪いの第1位にくる回答は毎年同じである。

　すなわち，良い面で高速交通網の発達を評価する学生は1997年で25％，2000年では34％である。また，第2位には自然環境の良さがあげられている。他方，悪い面で都市内公共交通の不便さを指摘する学生は，1997年で67％，2000年では69％に達する。これらの学生は，都市内公共交通機関が便利ならば高崎はとても住みやすい都市という。ただし，こうした評価も学生の出身地がどこかで違ってくる。数は少ないが山間僻地出身の学生は，高崎駅と大学間の1時間に1本のバスをとても便利と評価し，大都市出身者は5～10分ごとにバスがなければ不便というなど，それまでの生活環境によって大きな差が見られる。

　いずれにせよ，以上の学生評価は群馬の交通事情を物語るものである。公共交通機関を利用して高崎へ来た人たちは，高崎駅まではとても便利だが，その後はバスも少なく，流しのタクシーもないためとても不便と感じている。そして一時滞在者は必ずしも高崎に良い印象をもたずに高崎を去っていく。他方で，学生たちのように高崎で生活をはじめた人たちは，運転免許を取得し，自家用車を利用するようになる。群馬の道路は中心市街地をのぞけば渋滞も少なく，比較的良く整備されているため，自家用車をもつことによって一気に行動範囲

が広がり，いつしか公共交通が不便なことなど忘れてしまう。こうして，来訪者には不便であるが自家用車をもっていれば実に快適な群馬の交通・生活環境が構築されてきた。

第2節　車王国・群馬

　群馬県の自動車保有率は全国第1位で，群馬県は移動手段として自家用車依存度の高い地域である。そのため群馬県では，自家用車を2〜3台所有する家庭は珍しくなく，少なくとも職業従事者は自家用車を保有し，運転することが当たり前の感覚になっている。この結果，自家用車と直接競合するバスをはじめ，鉄道・タクシーなどの公共交通機関の利用者が激減し，それらを経営する事業体では運行本数や車両を減少せざるを得ず，経営が成り立たなくなりつつある。本章ではこうした自動車社会の問題点と公共交通の必要性を全体的に把握し，本論への導入としたい。

(1)　自家用車分担率90％

　公共交通機関の衰退は「旅客地域流動調査（運輸省）」における交通機関別旅客輸送分担率の変化に如実に現れている。群馬県の1965年における自家用車分担率は7.5％で，全国の5.5％と大差なかった。しかし，5年後の1970年には群馬県のそれは35.2％となり，全国の19.6％に比べ急増した。その傾向はその後も続き，1995年には全国の自家用車分担率61.1％に対し，群馬県のそれは実に89.9％と拡大している（表序-1）。
　自家用車の急増は，乗合バスに大きな影響をもたらした。群馬県の1965年における乗合バス分担率は53.3％で，全国の32.0％よりも21.3ポイントも多かった。JR・民鉄からなる群馬県の鉄道分担率が全国平均の51.3％より低い27.8％であり，バスがそれを補う形で存在していた。しかし，それが自家

表序-1　自家用車分担率

群馬県　　上段：交通機関別発人員 (1,000人)　下段：旅客輸送分担率 (%)

	JR	民鉄	乗合バス	タクシー	自家用車	その他	全機関計	国調人口 (1,000人)
昭和40年度 (1965)	38,576 14.1	37,413 13.7	146,124 53.3	16,923 6.2	20,493 7.5	14,523 5.3	274,052 100.0	1,605 1.00
45年度 (1970)	35,357 8.6	35,073 8.5	142,900 34.8	29,919 7.3	144,662 35.2	22,688 5.50	410,599 100.0	1,659 1.03
50年度 (1975)	40,378 7.6	29,107 5.5	87,284 16.4	24,835 4.7	327,547 61.5	23,124 4.3	532,275 100.0	1,756 1.09
55年度 (1980)	34,124 5.6	23,370 3.9	56,433 9.3	28,312 4.7	442,124 73.1	20,757 3.4	605,120 100.0	1,849 1.15
60年度 (1985)	32,806 5.2	21,223 3.4	36,958 5.8	28,989 4.6	484,555 76.6	28,330 4.5	632,86 1100.0	1,921 1.20
平成2年度 (1990)	36,772 3.5	22,484 2.1	24,080 2.3	24,502 2.3	930,841 88.3	15,806 1.5	1,054,485 100.0	1,966 1.22
7年度 (1995)	37,687 3.3	20,928 1.9	15,101 1.4	16,782 1.5	997,983 89.9	21,517 1.9	1,126,269 100.0	2,004 1.25

全国計　　上段：交通機関別発人員 (100万人)　下段：旅客輸送分担率 (%)

	JR	民鉄	乗合バス	タクシー	自家用車	その他	全機関計	国調人口 (1,000人)
昭和40年度 (1965)	6,725,684 21.8	9,076,718 29.5	9,862,056 32.0	2,626,631 8.5	1,679,411 5.5	815,916 2.7	30,786,416 100.0	4,8274 1.00
45年度 (1970)	6536814 16.1	9,849,556 24.3	10,073,704 24.80	4,288,853 10.6	7,932,056 19.6	1,890,502 4.7	40,571,485 100.0	10,4665 1.07
50年度 (1975)	7,051,340 15.3	10,539,912 22.8	9,118,868 19.8	3,220,221 7.0	14,460,459 31.3	1,761,454 3.8	46,152,254 100.0	11,1940 1.14
55年度 (1980)	6,826,687 13.2	11,180,145 21.6	8,096,622 15.7	3,426,567 6.6	20,185,619 39.1	1,969,953 3.8	51,685,593 100.0	10,7060 1.19
60年度 (1985)	6,943,995 12.9	12,048,345 22.4	6,997,602 13.0	3,256,748 6.0	22,641,817 42.1	1,943,587 3.6	53,832,094 100.0	12,1049 1.23
平成2年度 (1990)	8,357,585 10.7	13,581,026 17.4	6,500,489 8.3	3,223,166 4.1	43,986,254 56.5	2,246,037 2.9	77,894,557 100.0	12,3611 1.26
7年度 (1995)	8,789,240 10.5	13,648,155 16.2	5,756,231 6.7	2,758,386 3.2	50,894,251 61.1	2,051,915 2.5	83,898,178 100.0	12,5570 1.27

(資料)　運輸省『旅客地域流動調査』

用車の普及とともにその後急速に減少し，1995年の乗合バス分担率は1.4%（全国平均は6.7%）を占めるにすぎない。同時に他の公共交通機関の分担率も，鉄道は5.2%（全国平均は26.7%），タクシーは1.5%（全国平均は3.2%）などと激減している（**表序-1**）。

以上のことは，群馬県の乗合バスの系統数が，1965年の707系統から95年には65年の32.4%にあたる229系統に減少したことに現れている。また，輸送人員も65年の1億4,757万人から95年には1,491万人（65年の10.1%）まで減少した（群馬県[1999]）。こうして，群馬県の人口は1965－95年の間に160.6万から200.4万に増加したにもかかわらず，公共交通機関の輸送人員は大幅に減少してきている。

以上の結果は，中心市街地への交通手段としてバス・鉄道・タクシーを利用した人が9.6%にすぎないことにも現れている（中心市街地の活性化に関する市民アンケート・1999年高崎市実施・回答者1,716人）。また，バス問題アンケート（1996年高崎市実施・市民4,500人対象・回収率99.6%）でも，80%の市民が乗合バスをほとんど利用せず，週5日以上バスを利用する人は1.5%にすぎない。なお，回答者の73%は運転免許証保持者であるが，60歳以上の人は約半数が免許をもたず，高齢者ほど保有率が低い。

(2) 新たな地域政策を必要とする公共交通問題

自家用車の保有によって，移動の自由や利便性を高めた人は多い。しかし，学生・生徒などの運転免許証をもたない人，自家用車を購入できない人，高齢その他の身体的理由で自動車を運転しない人などはバスの減便，路線・系統の廃止によって移動の自由を奪われてきている。そのため，減便・廃止路線を抱えた自治体では，バス事業者に補助金を出したり，多様な代替バスの運行を始め，最低限の移動手段の確保に努めている。しかし，かかる努力にもかかわらずバスの乗客は減少し続け，いまや群馬のバス事業は瀕死の状況にあるといえよう。

路線バスの廃止があっても，必要な路線には自治体が福祉バスを運行すれば良いとの意見がある。現実にその種のバス事業を行ったり，開始しようとしている自治体も多い。しかし，利用者が少なく，採算性のないバス事業に多額の税金を利用することは，財政危機の現状を考えると問題であり，いつまで続けられるかもわからない。

　他方で，公共交通機関の衰退問題は，中心商業地の衰退をはじめ今日の都市問題・地域問題の多くに深くかかわっている。公共交通問題は様々な地域問題の根底に共通して存在する地域問題解決のための鍵であり，巨大都市を除き全国に共通する地域政策上の大きな課題である。したがって，公共交通機関の衰退問題は交通弱者に対する問題に矮小化せず，交通弱者への対策を含め，もっと広い視点から総合的に検討すべき地域政策課題といえる。

　これまでの公共交通衰退の歴史的経過を考えると，新たな政策を打ち出し，何らかの形で流れを変える必要がある。本書は，政策立案を支援する地域政策学の立場から，現実に政策化するためには様々なハードルがあることは認めつつ，公共交通の再活性化について，問題点を検討し，解決のための考え方を示すことを目的としている。

第3節　要望の強い身近な公共交通機関の整備

　公共交通機関の利用環境整備は，公共交通機関しか利用できない人のみならず，群馬県民全体の要望である。第12次群馬県総合計画「ぐんま新社会計画（愛称・グリーンプラン）」(1996年3月) における県民意識・ニーズ把握のアンケート（対象者約1.3万人）で，71%の人が「バス・電車など公共交通機関が不便」と答えている。特に，吾妻地域，伊勢崎地域，太田・館林地域では78%前後の人が公共交通機関の利用環境整備を要望し，最も強い要望事項である。

　総理府の世論調査「これからの国土づくり」(1996年9月) でも同様の傾向

が見られる。すなわち,「充実すべき交通施設(複数回答)」において, "日常生活, 通勤, 通学などで使う交通" が46.1%を占め最も多い。この数字は, 前回調査に比べ7.3ポイント増で, "地方の主要都市を結ぶ交通" の27.7%(3.0ポイント減)よりも多くなっている。また, かつてはかなり強い要望のあった新幹線や高速道路などの "全国を結ぶ幹線交通" 整備への要望は減少してきており, 前回調査に対しても6.7ポイント減の16.1%である。

以上のことは多くの人々が, もはや高度経済成長と共に充実してきた広域的な幹線交通の整備よりも身近な日常生活を支える交通の充実を重視しているといえよう。それは, いわゆる車社会からのライフスタイルの転換であり, 行財政システムを変革するための政策への必要性を意味する。しかし, 現実には自動車保有率は上昇し, 公共交通機関の輸送分担率意識は減少し続けている。人々の認識と現実の動きとのギャップは大きく, 多くの混乱が生じているのが現実である。そこにこの問題の地域政策学からの問題整理と新しい方向性への模索や政策提言の必要理由がある。

第4節 公共交通機関衰退にともなう問題点

群馬県の乗合バス交通は, 前述のように瀕死の状態にある。そのことにより, どのような地域政策上の問題点が生じてきているのかを, 次に考えてみたい。

(1) 交流の時代に逆行するバスの減少問題

情報化・国際化が進み, 高速交通の発達でボーダレスな交流の時代を迎えた。そのため, 他の地域からこれまでになく多くの人が群馬県にも来訪し, 人々の交流する機会が増加してきた。こうした交流を自由かつ活発に行うには, 地域の内外をネットワークする公共的な交通手段が必要となる。その点, 現在の群馬県は上越新幹線・北陸(長野)新幹線をはじめ, JR・東武鉄道などの鉄道網

によって主要駅までは比較的スムーズに往来できる。しかし，その主要駅から先の目的地への公共交通手段が乏しい。主要駅からはそれでもタクシーを利用して目的地へ行けるが，行った先から次の目的地や主要駅へは，バスもなければタクシーの流しもなく，タクシーを呼ぶ手段も分からない事態に陥る。

　自家用車を随時利用している多くの群馬県在住者は，不便を感じないかも知れない。しかし，他の地域から来た一時訪問者にとって，群馬県は極めて不便な地域となっている。人口が増えない少子化の時代を迎え，これからの地域は，交流人口の増加で地域の活性化を図らねばならない。かかる時代に，それを支えるバスなどの公共交通機関が衰退していては交流人口の増加は期待できず，他地域の人々から見放されることになろう。

　(2)　コミュニケーションの欠如

　群馬県内居住者で自家用車をもつ人にとっても，公共交通機関の衰退は大きな問題である。世界的にみてコミュニケーションが相対的に下手な日本人にとって，酒を飲みながらの会話は大きな意味をもつ。かかる機会は，一般に勤務からの帰宅途中に友人や知人ともつことが多く，必ずしもあらかじめ計画された行動ばかりでない。むしろその日の雰囲気や仕事の状況でそうした機会が生じるものである。そのため，誰もが集まりやすい鉄道駅をはじめとする公共交通機関の結節点に繁華街や副都心が発達してきた。

　しかし，群馬県のように公共交通機関が衰退したいわゆる車社会では，酒を飲みながら会話する機会が少ない。それは酒を飲むとタクシーないしは代行車を利用する以外に帰宅のための交通手段がなく，飲食代以上の経費を費やすことになるからである。また，自家用車を職場においてタクシーで帰宅すると，次の日の通勤がかなり大変になる。

　半面，車さえあれば自由に動けるため，密閉された空間での個人的行動が多く，個人主義的行動をする人が多くなるようである。成熟した車社会を形成し，酒を飲まなくても本音で議論のできるアメリカ社会ではそうした行動パターン

は少ない。内なる国際化によって日本社会も将来はアメリカのようになる可能性はあるものの，現段階ではまだそうした意識構造になっていない。そのため，様々な面でコミュニケーション不足から，知らず知らずのうちに人々の間に溝ができ，それがもとで個人的にも，組織においても無用な摩擦が生じやすくなっている。協調が必要な時代に，かかる人間環境はゆゆしきことである。

　また，片側２車線以上をもつ幹線道路では，普通の人々があたかもレースをしているかのようなスピード競争をしている。実際に車を運転した場合，全体の車の流れに乗らずに制限速度を守っていてはかえって危険な状況になりかねない。そのため，誰もが人が変わったかのように無口になり，ただただ目的地に制限速度をオーバーして突進する。かかる状態を繰り返しているだけでも，バスや電車で談笑したり周囲の景観をゆったりと見ながら行動する人々が多い社会に比べ，長い間には社会全体に大きな差が出てくるものと思われる。

(3)　高齢者・身障者・低所得者などの社会的弱者に冷たい環境

　自動車の運転ができない高齢者や身障者，免許取得年齢に達しない長距離通勤・通学者，自家用車を購入できない低所得者などの社会的弱者にとって，公共交通の衰退は移動の自由を奪う，生活しにくい環境になることを意味する。
　総務庁の「高齢者の生活と意識に関する国際比較調査」(1990・95年度) によると，居住地域における高齢者にとっての問題は移動に関するものが多い。それらは公共交通の整備によって，ほとんど解決するものと思われる。すなわち，1995年度の調査結果では「医院や病院への通院に不便」と回答した高齢者の割合が23％である。また，「交通機関が高齢者には使いにくい，又は整備されていない」が18％，「日常の買物に不便」が21％となっており，その回答率は90年度に比べ増加している。
　高齢化時代・長寿社会には，老化現象により自動車の運転が困難な人，できない人が飛躍的に増加してくる。これらの人々が自由に行動できる移動環境の整備を早急にしなければならない。自動車は高価で，高度な運転技術を要する

乗り物である。基本的に自家用車を自由に操れるのは，一定以上の収入をもつ青壮年の健常者で，自動車社会は少子高齢化社会には合わない。

(4) エネルギーの浪費・環境問題の発生

バス1台で最低50人は運べるのに，1人1人が自家用車で移動すれば同じ人数を運ぶのに何倍ものエネルギーを必要とする。また，大量の排気ガスを発生させ，大気汚染や地球温暖化などの原因となり，様々な環境問題を惹起することになる。

公共交通が衰退せず，自家用車の数が少なければ，現状の道路容量でもほとんどの地域で渋滞を起こさずに通行できよう。それが必要以上に自家用車が増え，渋滞を起こすことによって，目的地への到達時間が増加し，エネルギーの浪費と環境汚染を引き起こしている。渋滞による人件費の浪費も巨額に達しており，それによって生じる人的資源の浪費も無視できない。こうした浪費もGDPに算入され，名目的には豊かさ指標の向上に寄与してきたが，真に豊かな社会の実現には大きな障害となってきた。また，自家用車の大量生産は経済の活性化に寄与しているが，必要以上の生産は資源の浪費を招き，環境汚染をもたらしている。

以上のようなエネルギーの浪費と環境汚染の悪循環を断ち切るためにも，公共交通の再活性化は必要である。都会など他地域から来た人々，とりわけ子供たちが群馬県の水はおいしいが空気は悪いということを耳にする。国立環境研究所研究官によれば，東京を中心とした首都圏はその活発な経済活動によって，自動車排ガスを最も多く出す地域である。群馬県はその北西から西に位置するため，夏季には南あるいは南東の風に乗って，首都圏の大気汚染物質が群馬県に大量に運ばれ（村野 [1997]），発生源の東京より大気汚染が進んでいるという。都会より環境が良いと信じて転入してきた人にもショッキングなことであるが，同じく群馬の空気はきれいだと信じてきた群馬県民にとってもショッキングな現実である。これを解決するには，自動車の総量をまず減少させねばな

らない。また，群馬県からの自動車の排ガスを押さえるとともに，首都圏全体の排ガス規制をしなければ，ゆゆしい事態になるのではないか。

(5) 不必要な移動の増加と交通事故の多発

　人口に対する交通事故発生件数で，群馬県は全国第1位である。これをもって群馬県民には荒い運転をする人が多く，群馬県は危険な県だと評価する人がいる。しかし，そうした見方は一面的な見方にすぎない。筆者はそのような人々に次のように反論してきた。すなわち，車王国である群馬県民一人あたりの走行距離は全国平均を大きく上回り，走行距離に対する交通事故率でみれば群馬県は低くなる。群馬県民は東京都民などよりもよほど安全運転をしていることになると。

　公共交通が衰退したために仕方なしに自家用車に乗っている人も多くいる。公共交通の再活性化によって自家用車の台数が減少し，その利用頻度が下がれば交通事故も格段に少なくなることであろう。交通事故という社会病理現象が減るだけでも大きな意味がある。

　ところで，群馬県では自家用車の普及によって，本来必要としない移動が増加し，構造化してきている。すなわち，1961年の全交通機関旅客輸送人員を1.00としたとき，95年の全国のそれは2.73であるのに対し群馬県のそれは4.11と格段に高い伸びである（表序-1）。同時期における人口の伸びは，全国で1.27倍に対し群馬は1.25倍とやや少ない。このことはこの間における自家用車の急激な普及が群馬県民の行動を飛躍的に増大させたことを意味する。しかし，そうした行動には不要なものも多い。

　買物行動とショッピングセンターの立地関係からもそのことが伺える。公共交通が比較的便利な滋賀県の大津・湖南地域と群馬県の前橋・高崎地域を比較してみよう。大津・湖南地域ではJRの各駅周辺に大型店が集積し買物中心を形成している。自家用車対応だけの大規模な商業中心地はない。他方で，概ね徒歩圏域に日常生活に十分な小型のショッピングセンターが数多く立地展開す

る。そのため，自家用車を使わなくても買物ができ，生活を楽しめる。しかし，前橋・高崎地域の場合，公共交通でアクセスしやすいショッピングセンターは，少ない。多くは自動車対応型である。自家用車でアクセスするかぎり，渋滞がなければ少々距離があっても距離は気にならず，より大きく多様性に富んだショッピングセンターを人々は指向するようになる。その結果，小規模なショッピングセンターは閉鎖され，ちょっとした買い物のためにも自家用車によるかなりの距離の行動を必要とする。そのため，自家用車を利用する人は必要以上の行動と時間を費やす一方で，自家用車を使用できない人は著しい不便を強いられている。

(6) 市街地の急速な拡大

公共交通の利便性如何が，大型店やショッピングセンターの立地配置や人々の行動様式を大きく規定することによって，都市構造形態にも大きな影響をもたらしている。

自家用車の普及は人々の行動範囲を広げ，地価のより安いところへ住宅地を求める傾向を強めた。その結果，群馬県の都市における郊外化は著しく，市街地面積を急速に拡大させる一方で，地価の高い都心を中心に既成市街地の空洞化が進行しつつある。そのため，自動車を運転できないなどのいわゆる社会的弱者にとって，ますます生活しにくい都市環境・都市構造になってきたといえよう。たとえば，前橋・高崎両市の市街地面積は，東武電車やバスなどの公共交通運行状況が相対的に良好な宇都宮市に比べ，人口の割りに大きく広がっている[1]。

郊外化が必要以上に進み市街地が拡大すれば，道路・公園・上下水道の建設などの基盤整備費がそれだけ多く必要となる。地方分権化が進み，近い将来には自主財源で基盤整備やその維持管理をする時代が来るであろうが，その際に必要以上に拡大した市街地は大きな荷物になる。緊縮財政の地方分権時代そして高齢化・長寿化社会では郊外化を抑え，それにより捻出された財源（税金）

などを利用して，公共交通の発達したコンパクトで質の高い協調性のある都市構造にする必要があると考える。また，それと連携して生活基盤の整った農山村集落を形成し，それらと都市とが水平的にオープンな形でネットワークする交通・情報システムの構築が求められている。

(7) 中心商業地と近隣商業地の衰退

公共交通機関の衰退は，公共交通機関の結節地として発達してきた中心商業地衰退の大きな要因の1つである。中心商業地は，一般にその形成過程からして自家用車の急増に対応できない構造になっている。すなわち，十分な駐車スペースがなく，公共交通機関なしでは顧客を集めることができない。また，バスなど公共交通機関で来街した顧客は中心街での滞留時間も長く，飲食店利用も増え，街に繁華性を加味している。それに対し，自家用車で来街した顧客は，一般に有料駐車場を利用せざるを得ないことから，時間を気にしつつ購買行動をするため，中心商業地での滞留時間が短くなる（戸所 [1991]）。

通勤に自家用車を利用すると，冬季にあっても寒気に触れることが少なく，コート類の必要性が低下する。また，公共交通機関を利用する工場就業者は，私服で通勤し，職場で作業着に着替えるのが一般的である。しかし，自家用車通勤者には，第三者との接触機会が少なくなることから，作業着のまま通勤する人が多い。そのため，コートやスーツなどで着飾る必要性も少なく，それらの販売量が減少する。同時に，通勤途上の知人との交流や街での買物が少なくなり，この面からも中心市街地や自動車以外の消費が減るといわれる。

以上の結果，時間を要する飲食店の利用や，街をブラッキながら買物を楽しむといった行動がみられなくなり，街から潤いと歓楽性が喪失してきている。これは，時間消費型購買行動が多くなってきている今日の動向に逆行するもので，交流空間を創造する時代には根本的な問題をもつといえよう。

また，今日は，立体的な都市空間形成が活発に行われているが，かかる空間は限られた場所に交通量を集中発生させる性格をもつ。そのため，立体化する

都市形成に対応したまちづくりを行うには、鉄道やバスなど1カ所に大量の人を運び込める公共大量交通機関が適している。たとえ立体駐車場を建設してもそれで集中する自家用車を全て収容することは、空間的にも建設費との費用対効果の点においても不可能である。中心商業地の立体駐車場はあくまで公共交通機関の補完施設にすぎない。中心商業地において駐車場が十分あることは歩いて楽しい街でなくなってきていることの現れであり、衰退が始まってきたことの証といえよう．

　中心商業地は本来，貧富の差，職業や人種に関係なく，老若男女を問わずに自由に集まれ，見知らぬ多くの人々が，何の気兼ねもなく，情報交換し買物・食事・エンターテイメントを楽しめるところである。そうした中心商業地をもつ都市こそ，発展性のある都市といえる。しかし、群馬県ではバスなどの公共交通機関の衰退で、前橋・高崎の中心商業地は空洞化が著しい。ゆったりと買物や食事のできる中心商業地が少なくなり、同時に前述のように近隣商業地の衰退も生じてきており、今後の都市発展性に大きな問題をもたらしている。

(8) 空間の浪費と企業立地の困難化

　自動車の過度の普及は、市街地拡大による基盤整備費の増大だけでなく、自動車そのものの駐車スペースを多く必要とする。1台の自動車が活動するには、それを保管する基本的な駐車スペースとともに、それの訪問先での駐車スペースが必要となる。地価が高いところで従業員のための駐車スペースの確保は、企業にしても多大な経済負担である。その結果、立地コストが高くなり、新たな企業誘致は難しくなる。企業誘致ができなくなるばかりか、その地域に必要不可欠な機能以外は、地域間競争のうえで不利となり、既存企業の撤退の懸念も生じつつある。

　他方で、住宅地にしても本来緑化を図るべきところを駐車スペースの確保にあてるため、全体としてみれば環境に与える影響も大きくなっている。また、現在前橋市の市街地では2DKアパートでも1戸当たり2台の駐車スペースの

確保が最低条件といわれる。この条件の新築アパートの賃料が全て込みで6万円前後である。これは地主が相続税対策などで採算を無視して建設している結果であり、通常の事業ベースとはいえない。こうした条件のもとでかろうじて人口と職場を確保し、都市発展の競争力を保持しているが、かかる条件の土地がいつまでもあるわけでない。

　そうした状況下にあっては、群馬県は収入に対し生活費のかかる地域として地域間競争のうえで不利となり、中心都市の衰退すら惹起しかねない危険な構造にあるといえよう。すでに前橋市などでは人口の郊外化が極端に進み、人口停滞・減少が始まっている。これを放置すれば、都市経済を支える企業などのベーシックな部分が崩壊し、郊外を含めて都市圏全体の衰退に至る危険性すらあるといえよう。

第5節　公共交通再生を求めて

　自動車社会には以上のように様々な問題が存在し、これから避けることのできない環境対応型社会や将来性のある交流社会・高齢化社会の構築に大きな懸念が予想される。自動車社会の問題を克服し、知恵の時代である21世紀の新しい地域社会を構築する第一歩は公共交通の再生であろう。

　バーチャルな空間形成により地球規模でのバリアフリーを実現する高度情報化社会は、他方で価値の高い情報をもつ人々が頻繁に交流しうるリアリティのある空間を必要とする。筆者はネットワークとフットワークに優れたコンパクトな都市こそ高度情報化時代のリーディングシティであると考えている。かかる都市は公共交通を主体にした都市構造にならざるを得ない。その意味で、公共交通の再生は高度情報化社会における基礎的基盤整備といえよう。そのためには市民1人1人が知恵を出し合って公共交通の再生を考え、そのための行動を始めねばならない。

【注】
1) 国土地理院発行の地形図から作成した都市的土地利用図の面積比較による。

【引用・参考文献】
群馬県企画部交通政策課［1999］『ぐんまの交通』群馬県。
村野健太郎［1997］「酸性霧につつまれる赤城山」『季刊・群馬評論』第69号。
戸所隆［1991］『商業近代化と都市』古今書院，162～185ページ。

第1章　公共交通を軸とした21世紀の都市デザイン
——公共施設の駅周辺配置による鉄道交通と地域の活性化——

佐藤　忍

　21世紀の前橋・高崎地域においては，増え続ける自動車による大気汚染，交通渋滞，交通事故，公共交通機関の衰退，さらには地球の温暖化等の環境問題に対応するために，市民の自家用車の利用をできるだけ減らし，鉄道やバス等公共交通機関の利用を促進するような政策的誘導が必要である。
　そのための手法の1つとして，これからの公共施設の整備は，既存の鉄道による交通ネットワークを最大限に活用し，施設の高層化を図る等，駅周辺の土地の高度利用を図り，郊外化している公共施設を駅周辺に再配置しながら鉄道の利用を骨格とした公共交通体系を再構築することを提案する。
　前橋・高崎地域は，長期的展望の下に公共交通のみでアクセスできる公共施設の配置により，公共交通の利用促進を図りながら中心市街地を活性化し，魅力的な美しい都市をデザインしていかなければならない。

第1節　群馬県の交通の特性

　本県は，東京100km圏に位置し，西部，北部に2,000m級の山々が連なり，南西部には関東平野が開ける内陸県であり，多彩な自然条件や江戸と京都を結ぶ中山道をはじめ，例幣使街道，三国街道など主要な街道が早くから整備され交通の要衝として発展してきた。このような歴史的背景から，東毛，西毛，北毛地域に比較的小規模の都市が適当な間隔で分散しているとともに，県土の約2/3が丘陵山岳地帯という地理的特性を有している。
　このため，強い求心力をもつ都市が発達せず，個々の都市における都市機能がそれほど集積してないことと，公共施設（機関）の配置や宅地開発が郊外を中心に展開されてきたことなどを背景に，社会経済の進展に対し公共交通機関が十分に発達してこなかったため，自家用車の普及が著しく，県民の交通手段の主要な役割を担っている。
　自家用自動車の保有台数は，全国的に増加の一途をたどってきているが，群馬県においても同様の傾向であり，現在，約110万台近くに達している。また，図1-1のとおり都道府県別の1世帯当たりの保有台数は，大都市圏の周辺部に普及が著しいが，群馬県は，北関東の中でも栃木県，茨城県よりも高く1.55台を超え，実に全国1位（全国平均1.03台）となっている。
　通勤・通学を含めた県民の移動については，日常的に都市間の移動が行われ自家用車の利用の機会が多いことなどから，交通事故発生件数も854.9（10万人当たり，全国平均618.5：1997年）と全国の中でも高い位置にある。
　鉄道やバス等の公共交通機関はあまり使われず，特にバス事業においては衰退が著しく，1997年度の年間輸送人員は昭和40年代初期のピーク時の実に8%以下に落ち込んでいて，廃止される路線も相次いでいる（図1-2～図1-4）。

　こうした，自家用車普及の理由としては，利用したいときにいつでも利用で

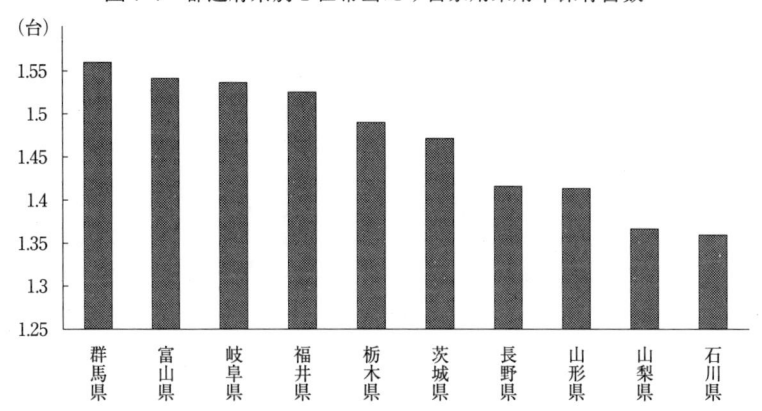

図1-1 都道府県別1世帯当たり自家用乗用車保有台数

(出所)（財）自動車検査登録協力会「我が国の自動車保有動向」により作成。
(注) 1. 自家用自動車には軽四輪乗用車を含む。
    2. 1997年3月末の数字である。
(資料)『運輸白書』1998年度。

きるといった随時性，出発地から目的地まで直接ドア・ツー・ドアで移動できるといった機動性，荷物を持たずにすむといった快適性等，バスや鉄道等の公共機関にはない利便性を備えていることが大きいと思われる。

さらに，県民の所得水準の向上に伴う自動車価格の相対的低下，自動車の性能や居住性等の著しい向上により，自動車利用者の購入意欲を高めたことは，自動車の保有台数の増加の理由の1つと考えられる。

自動車を交通体系の中心に据えた地域整備が進められるなかでは，子供や高齢者，身体障害者などのいわゆる交通弱者が犠牲になり，また，市街地のスプロール化による中心市街地の衰退など，様々な問題が発生している。

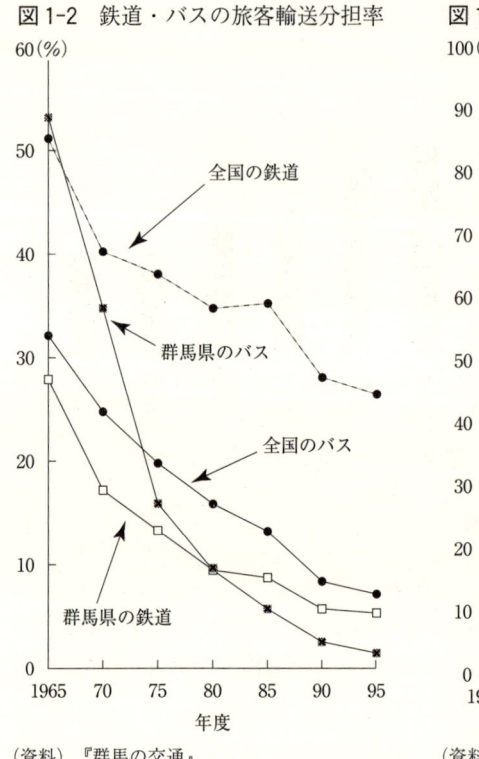

図1-2 鉄道・バスの旅客輸送分担率
（資料）『群馬の交通』

図1-3 自家用車のの旅客輸送分担率 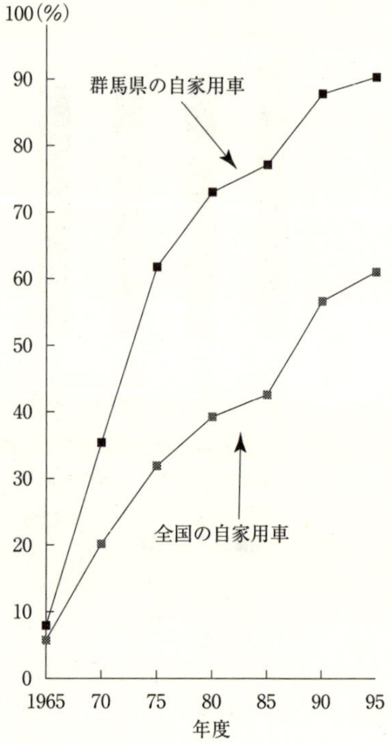
（資料）図1-2に同じ。

第2節　自動車と環境

　今日，自動車の排気ガスによる大気汚染が大きな問題になっている。特に，人の健康に与える害は重大で，排気ガスは，地面に近い大気中に放出されるので，人々はその空気を吸うことになる。都市や，交通量の多い主要道路沿いで汚染がひどい。
　また自動車は，大気汚染による人への直接的な害のほかに，地球や自然をも

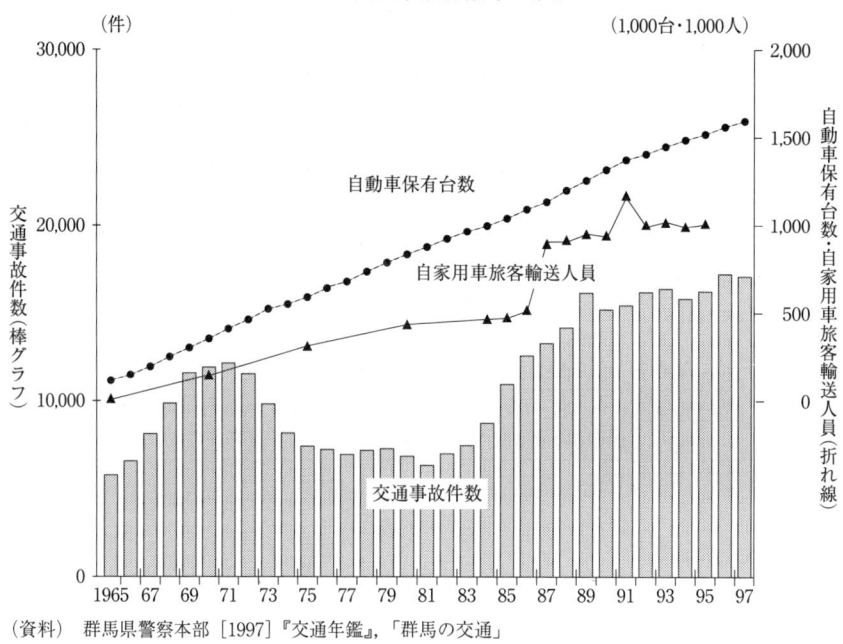

図1-4 交通事故件数等の推移

(資料) 群馬県警察本部［1997］『交通年鑑』,「群馬の交通」

表1-1 自動車の排気ガスに含まれる気体

名　　称	内　　　　　容
一酸化炭素	血液によって運ばれる酸素の量を減らし，頭痛や吐き気を引き起こす
鉛	神経の中枢をおかし，子供の脳に障害をおこす
窒素酸化物	咽や目に炎症をおこす
二酸化硫黄	せきこんだり胸が苦しくなったりする
ベンゼン	貧血をおこし，白血病の原因になる

痛めつけている。これらの問題は年々深刻化しており，何らかの方向転換が早急に講じられねばならない時期にきている。

　自動車による環境破壊が深刻化するなかで，これ以上の車社会化は放置しておくことのできない問題である。自動車台数の伸びをどれだけ抑えることができるか，あるいは輸送分担率に占める自動車の割合をどこまで抑えられるか，

表1-2　自動車に起因する環境公害

名　　称	内　　　　　　　　容
地球の温暖化	車を1km走らすと44.6gの二酸化炭素を排出する 日本の二酸化炭素排出量約3億トンの約2割を車が出している
自動車騒音	自動車騒音は，ますます悪化している。1996年の測定結果では全国4,645測定点のうち，環境基準を達成したのは，わずかに599地点（12.9％）にすぎない
酸　性　雨	光化学スモッグを発生させ，酸性雨を降らせる原因物質である窒素酸化物は，日本では132万トンも排出されている。そのうち4割に当たる53万トンを車が出している（1986年）
交 通 事 故	日本での1997年の交通事故は，78,399件，亡くなった人が9,640人（「運輸白書」）。交通事故は，幼い子もお年寄りも容赦なく巻き込んでいく
廃　棄　物	廃棄された車は，556万台（1990年）。廃車の75％は再利用されるがそれでも，廃棄物の量は約100万トン

（資料）　北野大［1994］ほか。

今日の大きな課題である。

第3節　鉄道交通と環境

　鉄道は地球環境に優しい交通機関である。電車，バス，自家用車での1人当たりの移動に，どれだけ二酸化炭素の排出量が違うかを比較すると，**表1-3**のとおり電車1に対して乗合バスが4.1倍，自家用車で9.5倍，また，航空では，6.4倍である。

　鉄道における貨物輸送の場合の二酸化炭素の排出量はどうであろうか。表1-4が示すとおり，トラックでの輸送は，営業トラックの普通で8.2倍，小型で30.6倍，自家用トラックの普通で13.8倍，小型で101.5倍にもなる。また，航空では68.2倍，海運においてさえ2.2倍である。

　このように，環境面から鉄道交通をみると，自動車交通に比べ格段に優れていることがわかる。

表1-3 輸送人km当たりの二酸化炭素排出量

(単位：炭素換算g／人kg)

輸送機関	自家用車	乗合バス	鉄道	航空
排出量	44.6	19.4	4.7	30.2
割合	9.5	4.1	1.0	6.4

(資料) 『運輸経済年次報告』1998年度。

表1-4 輸送トンkm当たりの二酸化炭素排出量

(単位：炭素換算g／トンkg)

輸送機関	営業トラック		自家用トラック		鉄道	海運	航空
	普通	小型	普通	小型			
排出量	48.3	180.4	81.5	599.0	5.9	12.9	402.4
割合	8.2	30.6	13.8	101.5	1.0	2.2	68.2

(資料) 表1-3に同じ。

　また，鉄道は，時間通りに着く，電車には渋滞がないといった定時性や安全性を有し，輸送力が高く，地域間，都市間を結ぶ重要な交通機関でもある。ただ，地球環境にすぐれた鉄道も，バスや自家用車に比べて決まった時間に目的地に着くことは可能だが，県内のどこにでも駅があるわけではなく，駅までの交通手段が必要になる。新たな駅の整備には膨大な経費が必要となることも考えなくてはならない。

第4節　群馬県鉄道事業の現状と課題

　群馬県が発行した『新たな生活交通の創造』によれば，「第2章　群馬県の交通環境特性」，「県内の交流ネットワークとしての鉄道の整備・充実」のなかで次のように本県鉄道事業の現状と課題について述べている。

都市間交流を支える交通基盤である鉄道事業において，本県では民鉄の輸送人員が昭和40年当時の6割程度となり，乗合バス事業ほどでもないものの，旅客輸送に占める割合は停滞している。
　これは，運行本数が少ないことや，始発時刻が遅い，終発時刻が早いといった，運行形態と県民の利用意向との間にずれが生じてきていること，また，乗り継ぎが悪いこと，端末交通手段が不十分であることなど，移動手段としての使い勝手が悪くなってしまったことなどが理由として考えられる。
　また，一部の路線と新幹線を除く県内のほとんどの鉄道網は，戦前に現在の形を成し，近年駅間駅の設置が一部の路線で若干見られる以外は，戦後50年間ほとんど変わっていない。このため，戦前からほとんど変化していない鉄道網は，近年のめざましい発展の中で，大きく様変わりした本県の地域構造や県民のニーズに，必ずしもマッチしているとはいえない。
　しかし，バスやタクシーに比べ，都市間を結び，定時性が高く大きな輸送力を持つ鉄道の役割は非常に大きい。今後も，本県内の各地域間の交流を促進する基盤として，新駅の設置など鉄道の整備・充実を積極的に進めることが必要である。また，駅についても，駅前広場や駐車場，駐輪場，誰もが快適に利用することのできる施設の整備を図るほか，乗り継ぎの向上など，交通結束点としての利便性の向上が求められている。

　上述の現状と課題が分析しているように，本県在来線の鉄道網は，一部の路線で若干の整備が行われた以外は戦後50年間ほとんど変わっていない。このため，自家用車が生活交通の主役として高く位置づけられ，鉄道事業輸送人員の推移等も図1-5のとおりである。駅周辺の整備がモータリゼーションという時代の流れに十分対応できてこなかったことが1つの要因である。今後も，自家用車依存の傾向はそれほど変わらないと思われるが，前橋・高崎中心市街地への周辺都市からの通勤，通学，自動車の運転免許をもっていない人の買い物

図 1-5　群馬県鉄道事業輸送人員の推移

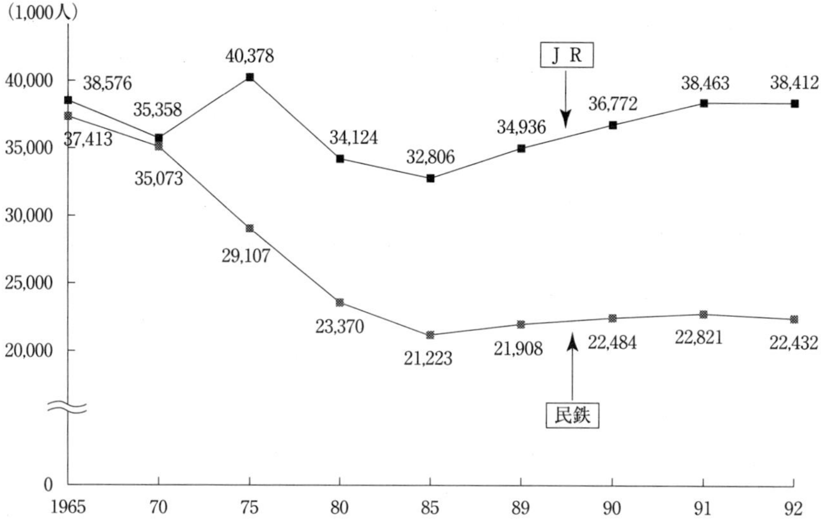

(1,000人)

年	JR	民鉄
1965	38,576	37,413
70	35,358	35,073
75	40,378	29,107
80	34,124	23,370
85	32,806	21,223
89	34,936	21,908
90	36,772	22,484
91	38,463	22,821
92	38,412	22,432

(資料)『新たな生活交通の創造』

など市町村の区域を越えた中・長距離の移動は，鉄道交通が選択されるものと考えられる。

　これらのことから，鉄道の整備により，地球環境への負荷の小さい交通体系を構築し，利便性を高めながら一層の鉄道利用を促進する必要がある。

第5節　公共施設配置の現状と課題

　群馬県政治経済の中心である前橋・高崎地域は，県内の他都市に比べて早くから公共交通網及び，新幹線や高速道路が整備された。今日においても，鉄道在来線や乗合バスは，従来にも増してサラリーマン，学生，地域住民等の日常生活の足として重要な役割を担っている。

　前橋・高崎の両市とも昭和30年代の高度経済成長時代あるいは40年代の

モータリゼーションの進展するなかで，全国の地方都市と同様，鉄道や乗合バスなど公共交通の充実より急激に増加する自動車交通に重点を置いた交通対策が進められてきた。しかし，群馬県の場合，地理的問題や公共交通網の未発達のために他県に比べて自家用車の普及が著しく，公共交通の著しい衰退（特にバス交通）を招くという結果になってしまった。

　一方，地方自治体が豊かになるにつれて，道路や橋，学校，病院といった社会の基本的施設だけでなく，文化会館，体育館，美術館，博物館等教育文化施設の建設も次々に行われ，広くで安価な土地を求めて，駅周辺や街の中心部から郊外へ向かって公共施設が設置され，都市の郊外化に拍車をかけてきた。

　交通面から郊外に設置されている公共施設の現状をみると，① 鉄道駅から遠いため歩いで行くことができない。② バスで行こうにも1日数本しかない。③ バス路線もない。挙げ句の果ては，タクシーか自家用車でしか行く方法がない。このことは，自動車の運転免許をもたない人や老人，子供等の交通弱者，県外や国外から本地域を訪れる来訪者にとって大きな利用上の障害となっているばかりでなく，地域が求めている魅力あるまちづくりや活力ある中心市街地づくりの推進にも逆行しているのではないだろうか。

　今日のようにモータリゼーションが過度に発展する以前の前橋・高崎地域は，駅を中心に市街地が発展し，人々は駅を起点に公共施設や商店街に向かってながれ，賑やかな都市生活が営まれていた。また，鉄道交通を補完するための乗合バスも駅を起点に各地域に向かっておびただしい系統数で頻繁に運行され，都市周辺地域の人々の足として十分に機能していた。

　公共交通である鉄道が利用されるためには，鉄道沿線に人が住み，駅周辺に商店や学校，公園，公共施設がある等駅周辺が整備されていることが必要である。また，施設建設用地の問題さえなければ，大勢の人々が利用する公園，役所や図書館，美術館等の文化施設はできるだけ駅に近い方が良い。

　一方，鉄道のネットワークは，県内だけでなく全国の各地域を機能的に結んでいる。近隣の住民だけでなく周辺市町村や数10kmも離れた地域からも自家用車を使わずにその公共施設を広域的に利用することができる。このように，

公共施設と公共交通は中心市街地の活性化に対して相互補完の関係にあり，公共施設が駅周辺にあるということは様々な点でメリットがある。

その地域の拠点駅を中心として都市の構造に視点を当ててみると，鉄道交通が利用され易い環境にあるか否かがみえてくる。駅周辺に公共施設が配置されているということは，鉄道交通が利用される受け皿が整備されているといえる。

そこで，まちづくりのなかで最も重要な構成要素である駅の拠点性という視点から鉄道交通に焦点を当てることにし，前橋・高崎市および東毛（館林），西毛（富岡），北毛（沼田）の都市に設置されている主要な公共施設（機関）が中心駅からどの程度の距離にあるかを調べてみた（表1-5）。

このように，県内各都市における公共施設の設置と鉄道駅との状況をみると，各地域ともおかれている施設の種類や駅からの距離が異なる等地域性はあるもののほぼ同じような施設が設置され，都市が駅を中心に形成されてきたことがわかる。ただ，これらの公共施設は，国や県，地域の事情等から徐々に，また，様々な歴史的背景の下に整備されてきたものである。ほとんどの場合，各都市における都市政策や長期的展望をもって計画的に行われたものではないものと考える。

今日，自家用自動車の増加，免許保有者の増加，道路整備の進展といった交通環境の整備により自家用車の利用は飛躍的に増加し，市民生活上，自家用車の使用を前提とした生活スタイルをもたらしている。例えば，郊外には，大型ショッピングセンター，レストラン，コンビニエンスストア，レジャー施設，本屋等が増加しており，気軽に自家用車が利用されている。

公共施設も例外ではなく，市街地から相当離れた郊外に設置される例が多い。民間施設は別にして，このままでは，公共交通の衰退を自ら招くことになるだろう。公共交通の活性化は，個々に対応するのではなく，まちづくりそのものである。すなわち，鉄道が利用されるように公共施設を配置する，公共施設が利用されるよう駅の周辺に設置する。このようなことが基本ではないだろうか。

さらに，県内各地において乗合バスの衰退が著しいが，このことは，バス交通の路線維持や利用促進のみでは根本的に解決されず，鉄道交通の利用を含め

表1-5 駅からの距離

駅からの距離＼都市	前橋	高崎
500m未満	前橋市民文化会館 前橋税務署	高崎市美術館 高崎社会保険事務所 高崎市中央体育館
500～1,000m	県立前橋女子高校 県立盲学校 県立前橋商業高校 前橋刑務所	高崎市役所 群馬音楽センター 群馬シンフォニーホール 高崎地方合同庁舎 （税務署，法務局等） 高崎競馬場 高崎公園
1,000～1,500m	群馬県庁　　前橋市役所 前橋市立図書館 検察庁　　前橋地方裁判所 国前橋合同庁舎 前橋消防署　　前橋郵便局 前橋清綾高校 県生涯学習センター 県立聾学校	高崎総合文化センター 高崎郵便局 高崎保健福祉事務所 裁判所 検察庁支部 国立高崎病院 城南総合運動場 公共職業安定所 建設省高崎工事事務所

た，主要な公共施設には，公共交通のみで移動できる都市にその構造に変えていく必要があるだろう。

第6節　公共施設の駅周辺配置による都市デザインの方策

　21世紀の前橋・高崎地域においては，増え続ける自動車による大気汚染，交通渋滞，交通事故，公共交通機関の衰退，さらには地球の温暖化等の環境問題に対応するために，市民の自家用車の利用をできるだけ減らし，鉄道やバス

と公共施設

館　林	沼　田	富　岡
館林税務署 県館林合同庁舎 簡易裁判所 館林区検察庁	労働基準監督署 公共職業安定所 沼田保健福祉事務所	富岡市役所 職業安定所 法務合同庁舎 裁判所 富岡公民館
館林郵便局 法務局館林出張所 館林厚生病院 館林職業安定所 館林土木事務所 館林保健福祉事務所	沼田市役所 法務局　検察庁 沼田女子高校 沼田公園 沼田郵便局 中央公民館	富岡警察署 県合同庁舎 富岡保健福祉事務所 富岡東高校
館林市文化会館 館林女子高校 館林市役所 市立図書館 館林消防署 食糧事務所支部 館林高校	裁判所 利根実業高校 奥利根流域下水道事務所 運動公園 老人福祉センター 勤労青少年体育センター 勤労青少年ホーム	中央公民館 市立図書館 公立富岡厚生病院 富岡税務署 富岡実業高校

等公共交通機関の利用を促進するような政策的誘導が必要である。

　そのための手法の1つとして，公共施設の駅周辺配置による公共交通機関と中心市街地の活性化を提言する。

　昭和40年代当初までの鉄道やバスが市民の移動のための主要な手段であった時代は，前橋駅や高崎駅を中心に商店街がを形成され，また，公共施設も比較的駅の周辺にまとまって設置されていて，人々が利用しやすい環境になっていた。しかし，モータリゼーションの発達した近年では，施設の大型化や地価の高騰に伴う建設用地取得上の問題もさることながら，自家用車の利用を前提に，市街地から相当離れた郊外に設置される例が多く見受けられる。自動車の

図1-6 公共施設の利用者からみた施設配置案

都市拠点駅からの距離	公共施設の種類	地域区分			年齢層		
		地元住民	広域圏住民	県外住民	若年者	一般成人	高齢者
0～500m圏	国行政機関	○	○	○		○	○
	県行政機関	○	○			○	○
	美術館	○	○	○	○	○	○
	博物館	○	○	○	○	○	○
500～1,000m圏	市役所	○	△		△	○	○
	文化ホール	○	○		○	○	○
	市立図書館	○	○		○	○	○
	都市公園	○	○		○	○	○
	市立体育館	○	△		○	○	○
1000～1,500m圏	県立高等学校	○	○	△	○	△	△
	国公立大学	○	○	○	○	△	△

(注) ○は利用者が多い，△は利用者が少ない。

 運転免許をもたない人や高齢者，子供などの交通弱者は，交通アクセスの悪さから施設を利用したくても利用できない状態にある。これからの時代は，4人に1人が高齢者という高齢化社会を迎えることになり，自家用車を使わなくても電車やバスの利用で主要な公共施設が利用できるようその設置のあり方を根本的に見直す必要がある。公共施設は，公共交通機関（特に鉄道）が利用しやすいような場所に重点的に再配置すべきであると考える。
 また，一概に公共施設といっても，その種類や内容によって利用者層が異なるので，図1-6のように分類，整理してみた。市役所，市立図書館，市立体育館，都市公園などは市民の利用が中心であり，自転車やバスの利用も十分考えられ駅からそれほど近くなくてもよく，1,000m位の圏域内にあれば良いと考える。管轄区域が市町村の区域を越える国や県の行政機関，県外の人々が訪れる美術館や博物館などは駅から500m位の圏域が，高等学校や大学は，体力のある若者が利用するという観点から1,500m位の圏域が適当であると思われる。

戦後の荒廃から立ち上がって50有余年，前橋・高崎地域においては，市民の日常生活に必要な文化会館，図書館，体育館など公共施設はほとんど整備され，今後，新たな施設整備はそれほど多くはないと思われる。むしろ，既存施設の老朽化に伴う建て替えが中心ではないだろうか。

　21世紀における公共施設の整備は，既存の鉄路による交通ネットワークを有効に活用し，施設の高層化等駅周辺の土地の高度利用を図り，公共施設を再配置しながら鉄道の利用を骨格とした公共交通体系を再構築することにある。すなわち，公共交通でアクセスできる公共施設の設置と公共交通の利用促進，中心市街地の活性化を相互に関連づけながら，コンパクトなまちづくりを行うことにある。

　鉄道交通のネットワークが十分に活用できるよう，前橋・高崎周辺にとどまらず，県内の全ての駅前に駐輪場や駐車場を設置し，その利用を高めることも必要であるし，大規模の公共施設を建設する場合には，既存の駅と駅の間に新たな新駅をつくることも考えられる。

　近年の県内の駅周辺への公共施設の設置事例としては，新前橋駅周辺の「総合交通センター」，「市町村会館」，「県社会福祉総合センター」があげられる。それぞれの施設とも新前橋駅からのアクセスは，徒歩数分から10分程度である。各施設とも駅から近いために鉄道の利用者はかなり多いと思われる。しかし，ここまで自家用車が普及している群馬県において，自家用車の利用を全く考えないことは非現実的であり，駐車場の設置は欠くことができない。問題は，駅からどの位の距離をおき，街のどこに駐車場を設けるのがベターか，なのであるが，現状では相当規模の駐車場を駅近く，街の中心地に保有している。

　ただ，前述したように，公共交通の利用の受け皿はできているのであり，こうした積み重ねが重要であり，本地域の公共交通の利用促進につながるのである。

　県内すべての地域に鉄道駅があるわけではなく，また，鉄道の建設は膨大な経費が必要である。前橋・高崎市内においてさえ周辺部地域は自家用車に頼らざるを得ない。時間をかけて，前橋・高崎中心地域の鉄道交通利用の環境整備

を図り，バス交通の利用促進も同時に進めながら，自家用車の利用を徐々に減らしていくことが現実的な対応ではないだろうか。

【引用・参考文献】

運輸省［1998］『平成10年度運輸白書』。

運輸省［1998］『平成10年度運輸経済年次報告』。

環境庁［1998］『平成10年版環境白書』。

群馬県［1999］『ぐんまの交通』。

―――［1994］『新たな生活交通の創造』。

―――［1999］『群馬県勢要覧』。

（社）群馬県バス協会［1999］『平成10年度群馬県乗合バス事業の現状と対策』。

上岡直見［1992］『交通のエコロジー』学陽書房。

北野大［1994］『地球環境にやさしくなれる本』PHP研究所。

『前橋市，高崎市，館林市，沼田市，富岡市エリアマップ』昭文社。

第2章　公共交通の変遷と地域構造との関係
　　　　──高崎都市圏を中心として──

津川　康雄

　本稿では群馬県及び高崎市を取り巻く交通環境を，地域構造との関係から明らかにすることを研究の目的とした。とくに，群馬県における交通手段の特性と時系列的な変化を分析し，公共交通の衰退傾向が急速なモータリゼーションによってもたらされたことを実証してみた。その際，モータリゼーションが急速に発展した要因についても言及している。また，都市機能の周辺分散が郊外に展開し，居住地の郊外分散と相まって，分散型ネットワークの交流空間形成へと結びついていることを検証してみた。そこでは，産業立地政策，市域の拡大，消費構造の変化などを取り上げ，地域構造の必然的周辺分散化が促されたことを明らかにしてみた。このような地域構造の変化と公共交通の関係は希薄にならざるを得ず，今後の交通政策にとって多くの課題が残されていることを指摘した。

第1節　群馬県の交通体系とその特性

(1) 交通特性とモータリゼーションの進展

　群馬県の交通体系が形成されてきた過程において，地形を中心とする自然条件や首都東京との位置関係を見逃すことはできない。群馬県は関東山地と関東平野にまたがる地域に展開し，とくに山地部においては利根川水系を構成する河川が樹枝状に河谷を形成している。このような地形条件が交通体系の形成にも大きな影響を及ぼし，古くから中山道，三国街道など諸国を結ぶ街道が河川沿いに形成され，宿場が中心地へと成長することも多かった。その後，これらの街道の大半は国道へと引き継がれ，国道17号・18号線の基盤となった。
　また，明治以降，養蚕を背景とした生糸輸送のための鉄道敷設も進められ，東京及び横浜への連絡が強化された。高崎市と小山市（栃木県）を結ぶ両毛線も前橋・伊勢崎・桐生といった製糸・機業（織物）地を結ぶ鉄道としての性格が強かった。その後，信越線や上越線が峠や山地部をトンネルの建設などで通過可能になったことにより長野・新潟方面が結ばれた。現在の鉄道路線はJRが高崎線，両毛線，上越線，信越線，八高線，上越新幹線，長野新幹線，その他上毛電鉄，上信電鉄，東武鉄道，わたらせ渓谷鉄道などが県内各地及び県外を結んでいる。第2次世界大戦後は新幹線や高速道などの高速交通機関の整備が進められ，関東と上信越の中間地点に位置づけられるなかで比較的恵まれた交通環境を保持している。
　高速自動車道は藤岡ジャンクションで分岐する関越自動車道，上信越自動車道が通過し，今後，北関東自動車道が整備されることにより，群馬県から東の栃木県・茨城県が結ばれることになっている。とは言え，国道120号線の栃木県境に位置する金精峠や，国道292号線の長野県境の渋峠においては積雪による冬期の道路閉鎖が実施されるなど，県内および隣接県とのスムーズな交通連

絡がなされているとは言い難い。平野部から樹枝状・放射状にのびる主要幹線道路は山地部に向かうため，道路と並行する山地部を横断して地域間が相互連絡される例は少ない。樹枝状に展開する河川の存在は架橋や護岸整備など道路整備の障害になることも多い。さらに，航空交通への対応はほとんどなされておらず，成田・羽田・新潟の各空港へは鉄道やバスによる連絡が行われるもののアクセスには数時間を要する。県はヘリコプター輸送を喚起するため県内の拠点にヘリポートを設置しているが，県民の直接的な需要を満たしてはいない（図2-1）。

　群馬県における交通体系と都市分布との関連を把握するために，県内11市相互の都市間距離（鉄道）を求めてみた（図2-2）[1]。それによると，前橋市の各市への総距離が261.7km（他市への平均距離が26.2km），高崎市281.1km，太田市422.9km，館林市の601.3kmなどの値が得られた。この値が小さければ，当該市から他市への鉄道アクセス距離が小さいことを示しており，逆に値が大きければ鉄道アクセス距離が大きくなることを意味する。言い換えると，当該市から他市への運賃負担の大小にも結びつく値となる。したがって，群馬県においては前橋市が他市への鉄道アクセスが最も容易な地点であり，続いて高崎市，最も他都市へアクセスしにくいのが沼田市や館林市という結果となった。あくまでも都市間の距離からみた都市のアクセス容易なポテンシャルを計測したものであるが，相対的に群馬県の都市の交通結節性が反映されており，県内11市のアクセスポイントとして前橋市，高崎市の重要性が示されていることが明らかになった。県央に位置する前橋，高崎両市から放射状に交通路が東毛・北毛・西毛方向へと延び，その延長上にその他主要都市が分布する構造を示している。

　県内の旅客輸送分担率をみると（図2-3），1965年（昭和40）においては，1.乗合バス（53.3％），2.JR（14.1），3.民鉄（13.6），4.自家用車（7.5），5.タクシー（6.2），6.その他（5.3）であったものが，1992年（平成4）では，1.自家用車（87.6％），2.JR（3.4），3.タクシー（2.1），4.乗合バス（1.7），5.民鉄（2.0），6.その他（3.2）と変化した。両年次を比較すると，自家用車を中心と

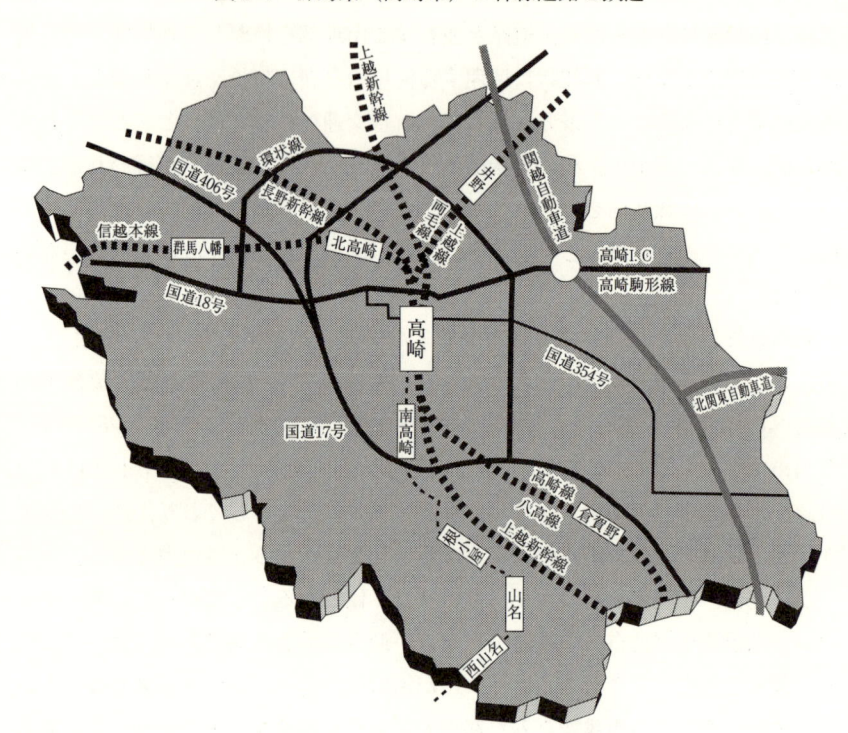

図 2-1　群馬県（高崎市）の幹線道路と鉄道

（資料）『高崎市勢要覧』[2000]。

するモータリゼーションの進展と同時に，県民の直接的な足として利用されてきた乗合バスの著しい分担率の低下やJR，民鉄の落ち込みに示されるように，公共交通機関の急激な衰退傾向を読み取ることができる。とくに，自家用車の増加や中山間地の過疎化，都市部の交通渋滞に伴う定時運行の確保が困難になってきた乗合バスの利用客の落ち込みは深刻で，路線の廃止が相次いでいる。行政サイドからは代替バスを運行するなど，路線バス廃止の影響を極力回避する努力を行っているが，補助金などの増加が財政負担を招いている。

このように，戦後の都市化やモータリゼーションの進行に伴う社会・経済状況の変化は中山間地域をはじめ，諸都市の地域構造変化や公共交通の衰退へと

第 2 章　公共交通の変遷と地域構造との関係　37

図 2-2　都市間距離（鉄道）

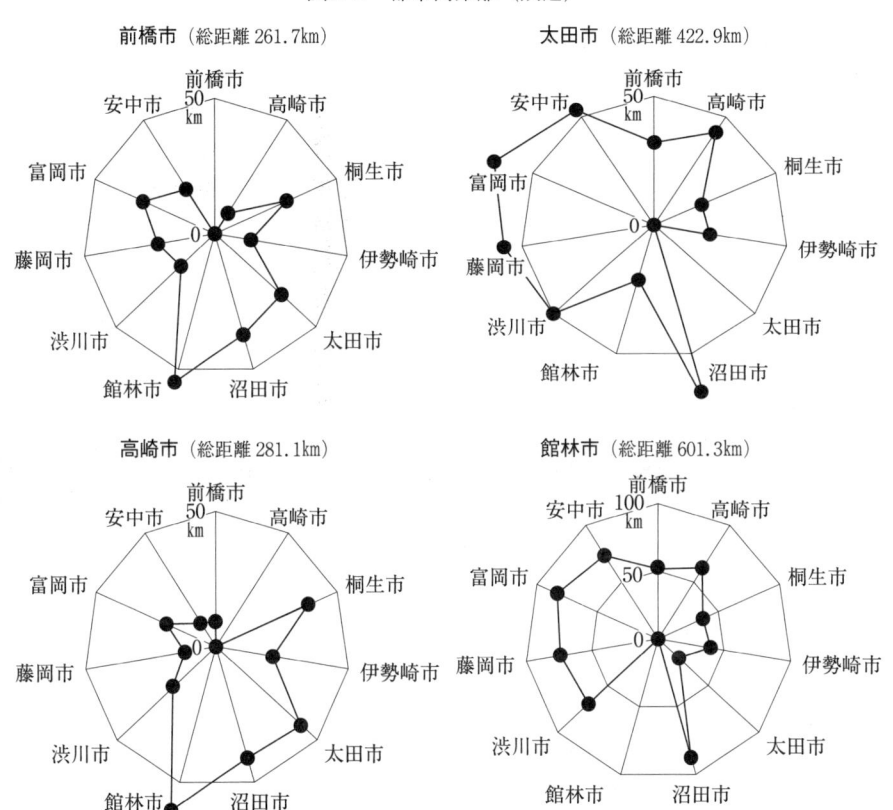

前橋市（総距離 261.7km）　　太田市（総距離 422.9km）

高崎市（総距離 281.1km）　　館林市（総距離 601.3km）

結びつき，住民生活にも多大の影響を及ぼしている。群馬県におけるモータリゼーションの推移とその特徴についてみてみると，全体では 1958 年に 36,510 台であった自動車総数が 94 年に 1,478,047 へと約 40 倍の増加をみている。その内訳を車種別の変化からとらえると，乗用車が約 432 倍となり，自家用車の利用がいかに急激であったのかが判明する。また，58 年では乗用車の 1,893 台に対して軽自動車が 20,181 台であったものが，94 年では乗用車が 817,623 台，軽自動車が 440,779 台と逆転しており，県民の生活水準の上昇が示唆される。なお，94 年では人口 1 人当たり台数が 0.74，1 世帯当たり台数が 2.28 で

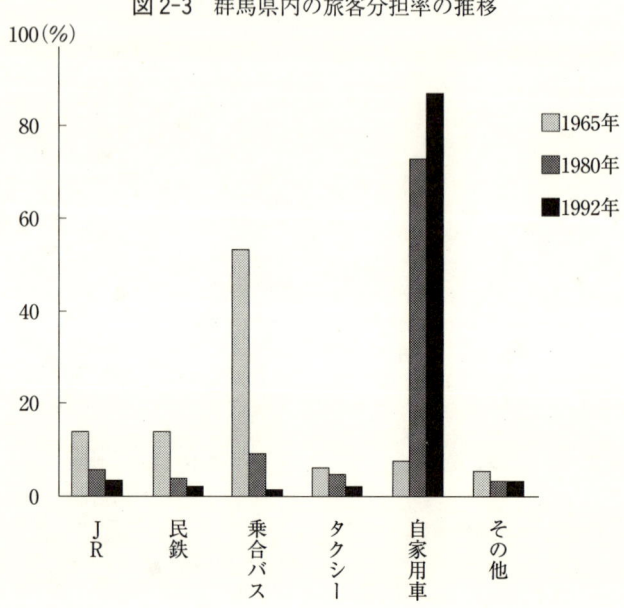

図 2-3 群馬県内の旅客分担率の推移

(資料) 群馬県 [1996]。

全国有数の値となっている。このような急激な自動車の増加が行政に対し，道路や都市基盤の整備といったインフラ整備を求めたのである。

ちなみに，都道府県別の消費支出全体に対する交通通信費割合（1996年）を見ると群馬県は11.7%であり，宮崎県（12.2），山口県（12.2），茨城県（11.7）に次ぐ値を示しており，家計に占める負担の大きさが明らかとなる。また，人口10万人当たりの交通事故負傷者数は1,115.2人で全国第1位（1996年）となり，自動車への依存度の高まりが危険度の増加へと結びついており，安全面の確保が求められている。

次に，地域別の傾向を市部（11市）と郡部（59町村）に大別し，乗用車数のデータからみると，1958年では市部（78.3%），郡部（21.7%）であったものが，94年に市部（63.0%），郡部（37.0%）と市部の減少，郡部の増加となり，各年

次ともその傾向に変化がない。したがって，市部も自動車の増加は著しいものの，都市周辺部への人口分散・都市化の進行を反映しているものと考えられる。自動車総数（94年）は，ほぼ人口規模に対応しており，第1位の前橋市，以下高崎市，太田市，伊勢崎市，桐生市といった順となっている。また，自動車増加指数（87年対94年）の上位20位までをみると，第1位の玉村町，以下，東村（佐波郡），藪塚本町，新里村，群馬町，箕郷町，富士見村と続き，高崎市，伊勢崎市，桐生市，前橋市など人口規模の大きな県内主要都市の周辺に位置する町村で占められている。

なお，1世帯当たりの自動車台数（94年）を見ると，嬬恋村（4.11），宮城村（4.03），昭和村（3.77），赤城村（3.43），小野上村（3.42）などとなり，高冷地農業で知られた村や火山山麓の畑作地域など中山間地域に位置する村が多く，移動手段や農作業や収穫物の運搬等に対する車利用がいかに大きな役割を果たしているかが明らかとなる。県内のモータリゼーションの進展は人口動態や社会状況の変化等に支えられて地域的に変化してきたものと言えよう。

このように群馬県のモータリゼーションが急速に進展した理由には以下の要因が考えられる。

① 自然的条件としては降雪が少なく，平野部では分散型都市配置となっており，主要都市間を結ぶ道路が多数存在し，多方向からの相互アクセスが可能であった。
② 道路行政では昭和40年代に神田坤六知事が自動車利用に対して前向きで，簡易舗装道などの道路整備を積極的に推進し，交通インフラの充実が図られた。
③ 県の政策として高速交通網を有効に利用するために，幹線乗り入れ30分構想を進めるためアクセス道路の整備を進めた。
④ 軽トラ文化などと言われるように，農業の近代化・機械化の一環として軽トラックが導入された。
⑤ 持ち家率が高く，敷地面積も比較的大きいことから駐車スペースの確保が容易であった。

⑥ 共稼ぎ世帯が多く，女性労働者が相対的に多く，車利用へ結びついた（女性免許取得率が高い）。
⑦ 都市配置が分散的で，都市周辺地域へ放射状に市街地が拡大し，都市間移動に鉄道路線などが対応しにくいこと。
⑧ 中島飛行機から発展した富士重工の工場が太田市を中心に展開していたこと。
⑨ 新車ディーラーや中古車市場に至る自動車の流通ルートが確立し，車入手が容易になったこと。
などがあげられる。

いずれにしても，群馬県における急速なモータリゼーションは，旧来の都市構造とのミスマッチを生じ，ほとんど例外なく都市部においては周辺部への人口のドーナツ化現象，公共交通機関の衰退と中心市街地の衰退化が引き起こされた。その半面，農山村地域においては移動時間の短縮など都市地域との関係が密になり，交流空間の拡大が促され消費生活や通勤圏の拡大など，大きな変化が生じている。

群馬県では1998年度の「群馬の道づくり」5カ年計画の中で，①豊かな生活の実現，②人，自然に優しい環境の創造，③魅力ある地域づくりへの展開を柱に，道路交通の円滑化や広域ネットワークの確立，交通弱者への配慮，安全・快適な歩行環境の確保を目指すと同時に，産業の高度化や効率化，中心市街地の活性化，信頼性や安全性の向上と沿線環境との調和，観光の広域化などを図るとしている。なかでも分散的都市配置をネットワーク化する観点から幹線道路網や鉄道網の整備促進を図り，県内いずれの地点からも30分程度で高速道路や新幹線などの高速交通網にアクセスできる道路整備として「幹線交通乗り入れ30分構想」を推進している。

(2) 高崎市の交通特性とその変化

高崎市は宿場町・城下町としての成立基盤の上に，1900年（明治33）に市

政を施行した。当時は人口3.2万人余りであったが，周辺町村を合併・編入し，現在24.3万人の都市へと成長している。市域内の人口は1955年（昭和30）に12.5万人を数え，旧市域が全体の32.2％を占めていた。それが99年（平成11）になると人口総数は24.3万人へと増加しているものの，旧市域が全体の6.2％へと低下しており，中心部の空洞化と郊外の人口増加が著しい。人口構成も高齢者率が市域全体の15.9％に対して旧市域が24.4％を示すなど，中心部と郊外との人口構成が変化しており，交通体系の対応・改善が求められている。

1974年と94年の地区別人口の推移を見ると旧市域が1.6％の減少，他地区はすべて増加し，八幡地区の3.8％を筆頭に，佐野地区3.6％，南八幡地区2.8％，中川地区2.0％などとなり，旧市を取り巻く各地区への同心円的人口増加が確認される。現在の交通体系としては，上越新幹線，長野新幹線をはじめとして多くの鉄道路線が交わり，関越自動車道を中心とする高速交通網の整備や主要国道の通過などにより「交流拠点都市」として商工業の発展が著しい。

明治以降，高崎は近世の宿場町・城下町の基盤を引き継ぎながら都市的な基盤を作り上げていった。城下町起源の他都市と同様に，城郭とその周辺及び街道沿いに中心地域が形成されていたため，行政・軍事機能は城郭内に集積し，商工業者は城郭周辺の町屋を中心とする地域で活動した。そのため，城郭内は公的空間として国立病院や市役所などが設置されていった。また，街路形態は徒歩交通に対応した格子型に区画され，南北方向を貫く旧中山道沿いに商店などの集積が認められた。

このような中で，高崎の都市構造に大きな影響を及ぼしたのが鉄道の敷設であり，東京・高崎間を結ぶ鉄道が1884年（明治17）に開通し，近代化の波が押し寄せた。高崎駅は城郭から東側の城郭外縁部に置かれ，駅を中心に線路が南北に敷設されたため，市街化の方向として東部地域の開発が遅れる要因ともなった。また，高崎と渋川の間を結ぶ路面電車が1908年に開通するなど県内都市間の連絡も密になった。さらに，富岡をはじめとする西毛地域の製糸業の発達に伴い，1897年に上野鉄道（現・上信電鉄）が開通し，高崎の鉄道拠点性

がより高まった。このような鉄道拠点性の高まりは中心市街地における内部構造変化へのインパクトとなっていった。すなわち，これまでの本町，田町といった旧中山道沿いの商業集積に対して，駅前への集積が促され，南北方向の都市軸に東西方向の都市軸が加わったのである。

　第2次世界大戦中，高崎は空襲の被害を受けるなどしたが，戦後はいち早く復興し，商工業化の道を押し進め，卸商業団地，工業団地の造成が行われた。交通面では，戦後，急激に進行する自動車交通に対応するインフラの整備が進められ，1966年には高崎・前橋バイパスが開通している。これは全国的にも早い国道のバイパス化であり，双子都市としての高崎と前橋の密接な交流が裏づけられている。

　その後，バイパス沿いに自動車ディーラー，ファミリーレストラン，ホームセンター（DIYショップ）などロードサイドショップの立地が促され，中心市街地における既存商店街の経営を圧迫していった。また，中心部から都市機能が周辺部に移転する例も増加し，1967年（昭和42）に高崎卸商業団地が完成している。これは日本で最初の卸売業の団地化であり，高崎卸商社街協同組合が63年に水田地域376,000㎡を造成して建設し，市街地での渋滞を回避し，その活動を円滑に発展させることを目的としていた。79年には市内に散在していた青果，水産，花卉を含めた6つの卸売市場を統合した総合地方卸売市場を市街地から東部の下大類町に建設した。

　また，教育機関にも周辺分散の傾向が現れ，高崎経済大学も1952年に市立の短期大学として城郭内に創立されたが，61年に市街地西郊の上並榎町に移転した。これらは都市機能が周辺地域に向かって合理的・再配置を求めていく過程であり，結果的に都市機能の周辺分散が促されていった。市内に4つある私立の短期大学も旧市街地に位置するのは1校のみで，他は中心部から5km以上離れた場所に散在しており，高崎駅からスクールバスを運行するなど通学者の足を確保している例も多い。

　このような状況に対応するため，高崎市は都市計画に基づく諸施策を実施し，「駐車場整備地区」を1989年に約172ha設定し，6つの駐車場を整備している。

鉄道駅周辺の路上駐輪の増加に対応するため井野，群馬八幡，高崎，北高崎の各駅に自転車駐車場（駐輪場）の整備も行われている。道路も60をこえる都市計画道路が路線決定された。なかでも，95年に全線が開通した環状線は市街地の渋滞緩和と国道17・18号線のバイパス的役割を担い，ロードサイドショップ等の集積と結びつき，高崎の都市構造変化に大きなインパクトをもたらしている。その他，国道18号線では豊岡バイパス，国道17号線では倉賀野バイパスが整備され，通過交通等に対する利便性が向上した。89年には城南大橋が完成し隣接する吉井町方面への渋滞が緩和された。また，JRによる東西交通の分断を解消するための道路の立体交差化が進められている。

さらに，1985年以降，検討が始まった駐車場への誘導を円滑化するための「駐車場案内システム」が88年に稼働している。都市化の進行に伴う人口の郊外及び隣接市町への流出が交通流動にも大きな変化を生じたため，新たな道路や橋が建設された。これらはいずれも，自動車交通の利便性を向上させるための施策であった。なお，80年に開通した関越自動車道には高崎ICが設けられ，96年には年間の入車数が273万台，出車数285部台を数え，高崎市と前橋市の境界付近の前橋IC，高崎市に隣接する藤岡市の藤岡ICもそれぞれ年間の入・出車数が200万〜300万台を数え，広域間交流の利便性が著しく向上している。

高崎の交通結節点として位置づけられる高崎駅は，1982年に上越新幹線開業に先駆けて新ターミナルビルが設けられた。92年には高崎駅西口広場が完成し，バスターミナルの整備や周辺の市街地再開発事業の進展とも相まって，新たな拠点づくりが行われている。とくに，高崎駅の東西では土地利用計画の高度利用地区として7地区が指定され，建築敷地等の統合促進，小規模建築物の抑制などが図られている。交通面のみならず，高崎の拠点性が明確に反映される地区として位置づけられている。

このように，高崎駅周辺は交通拠点性の向上や商業中心地区の整備といった課題に対して，都市計画事業のもとで諸施策が実行されている。なお，97年には長野五輪開催に向けて建設されていた長野新幹線が開通し，高崎駅は全国

でも数少ない新幹線の分岐点として、交通拠点性をさらに高めることになった。そして、首都圏の外縁部に位置することが衛星都市的な性格を高崎に付与することになり、高崎駅周辺のマンション建設および駐車場の増設によって、東京方面を指向する通勤者の利便性が向上している。

　1970年に125系統あり市民の重要な交通手段として位置づけられていたバス交通は98年に38系統まで減少した。その要因の1つは自家用車の増加にあるが、高崎市は交通弱者への交通手段の確保、公共施設の利用促進、商店街の活性化等を目的として、97年に市内循環バス「ぐるりん」（第6章参照）の運行を開始している。

　このように、高崎の交通状況は社会経済の動きに対応しながら変化してきた。そこには、高崎固有の地域特性とともに、広域化する人的・物的交流に対応する必要に迫られた結果が示されている。とくに、モータリゼーションの進展は高崎の都市的性格や都市構造に大きなインパクトをもたらした。市の施策もモータリゼーション追随型の交通インフラの整備が中心となってきたことは否めない。

第2節　公共交通の変遷と現状

(1) 公共交通の役割とその変化

　高崎の公共交通は明治期の鉄道・馬車などが先駆けとなり、その後、乗合バス・タクシーなどが、時代の流れに対応しながら複合的に利用されてきた。鉄道はJR（旧国鉄）が新幹線と在来線を運行し、市内5カ所に駅があり、年間13,603,177人（1996年）の乗降客を集めている。なかでも高崎駅が全体の約8割の乗客を集めており、広域・狭域レベルの交通拠点として位置づけられる。しかし、東京・新潟・長野といった広域レベルの都市と県内主要都市間の連絡に寄与することは大きいものの、高崎市内における日常的公共交通機関として

の役割は希薄と言わざるをえない。

とはいえ, ほぼ横這いの市内乗客人員にあって, 井野駅の乗降客数が増加している。井野駅周辺は前橋と高崎の間に位置し, 近年住宅地化が急速に進んでいることから, 鉄道利用の利便性の高さがその値に反映されているものと考えられる。したがって, モータリゼーションの影響で公共交通のすべてが衰退するとは言えず, 利便性の高さが確保されれば集客力も向上するものと言えよう。

JR は地域圏レベルの課題として, ① コストダウン, ② パークアンドライドの推進 (マイカー対策), ③ 地域, 行政と一体となった需要の創出, などを目標として掲げている。とくに, 地域密着型の経営にパークアンドライド方式が欠かせないとして, 駐車場整備の推進を図ろうとしている。また, 東京への通勤者対策として早朝の高崎発新幹線や駅周辺における駐車場整備に官民一体で取り組んでいる。

民営鉄道として明治以降, 西毛地域との連絡に寄与してきた上信電鉄は市内に 5 つの駅があるが, 1960 年に 1 日平均 8,164 あった乗車人員が 96 年に 4,004 人へと半減している。下仁田までの全駅をみてもその傾向に変化がなく, 厳しい経営状況が続いている。この鉄道は西毛地域の吉井町, 富岡市, 下仁田町との連絡鉄道としての性格が強く, 高崎市内の公共交通機関としての機能は希薄である。このような状況に対して沿線市町村 (高崎市, 富岡市, 吉井町, 甘楽町, 下仁田町, 妙義町, 南牧村) が地域住民の足を確保するために財政支援も含めて検討する委員会を 98 年に発足させた。また, 市内の根古屋駅と山名駅の間に, 高崎商科短大 (2001 年に 4 年制大学へ移行予定) の通学者の利便性向上のため, 新駅の設置が検討されている。

戦後の高崎市の公共交通機関として最も重要であった乗合バスは, 現在, 群馬バス, 群馬中央バス, 上信電鉄バス, 関越交通によって運行されており, JR 高崎駅から市街地を経由して前橋市, 箕郷町, 渋川市, 伊香保温泉, 榛名湖, 安中市, 玉村町, 伊勢崎市, 新町, 藤岡市など, 主として高崎市等広域市町村圏において運行されている。路線の行き先は都市間連絡 (主要鉄道駅), 観光地, 住宅団地, 学校, 病院, 行政施設などを目的地・経由地として運行され

る例が多い。また，路線の分布は高崎駅を中心に主要国道などを通り，周辺部に向かって放射状に延びる路線が多く，路線が交差したり，環状に設定される路線はほとんど認められない。

路線別乗車人数（1日平均）をみると，11系統を運行している群馬バスが1989年に11,949人であったものが96年の4,992人と58.1％減，10系統運行の上信電鉄バスが同4,322人から2,663人へと38.4％減，14系統運行の群馬中央バスが同3,127人から1,831人へ30.0％減，3系統運行の関越交通（94年9月まで東武鉄道）が同3,230人から862人へと75.7％減へといずれも30〜75.7％と大幅な減少となっている。乗合バスはこれまでの運輸省の許認可制度が影響しているためか，自家用車の急速な増加とフレキシブルな利用状況に柔軟に対応できていない。たとえば，都市圏全体において会社数・路線数ともに多く存在しているものの，より広範囲に展開していった人口の周辺分散・ドーナツ化現象に対応できていない。また，交通渋滞などの多発化が定時運行を困難にしているなど，住民のバス離れを招いている。

(2) 社会経済状況の変化と公共交通

第2次世界大戦後の急速な日本経済の回復と成長は，技術革新に支えられて人々の生活水準を大きく高めていった。1955年に通産省が提唱した国民車構想に応える形で自動車メーカーは開発にしのぎを削り，62年の乗用車新車登録が26万台から64年の37万台へと急増したことに対して，モータリゼーション（車の大衆化）という言葉が用いられるようになった。その後，"3C時代"と呼ばれる豊かさの象徴に，車が位置づけられたのである。高度経済成長に呼応した動きであり，人々の生活水準の向上と車の販売コストの低下がもたらした結果であった。

車の利便性は空間移動のフレキシビリティにあり，余暇空間の増大・多様化や価値観の多様化に伴って車利用が増加していった。もちろんモータリゼーションを支える交通インフラの整備と相まって進んでいくわけだが，自動車諸

税により道路整備などが進むと共に，石油会社各社による石油の輸入から精製，末端のガソリンスタンドへの輸送に至るシステムづくりがそれらを支えていった。

群馬県では自家用車が大衆化する前に，乗合バスが公共交通の中心となっていた訳だが，その後，各種の要因によってその座を自家用車に奪われることになった。高崎では主として高崎駅からバス路線が多方面に設定されたが，それ以上に広範囲に居住地が展開し，従業地との位置関係が多様化・分散化していったのである。たとえば，1960年代から市や県が主体となって20数カ所の住宅団地を造成していったが，市制施行当時の旧市街地で造成されたものは1つにすぎない。他はその後に合併・編入された地域で市域全面に分散配置されている。なお，市街地東部に位置する中居団地（103 ha）が最大の造成面積を持つもので，以下，北部の中尾団地（32 ha），城山団地（30 ha）と続き，その他は数ヘクタールと比較的小規模のものが多い。

高崎における公共交通の変化に大きなインパクトをもたらしたものの1つに産業立地政策があげられる。1959年の「八幡工業団地」から始まる工業団地の造成は2000年現在，造成中のものを含めて19団地を数える（図2-4）。1996年では，工業団地が市全体に対して事業所数162で製造業全体の22.9％，従業者数12,312人で全体の54.9％，製造品出荷額等4,595.4億円で全体の64.8％を占めるまでになった。これらはいずれも旧市街地から離れた地域に分散立地している。言い換えれば，1万数千人の労働力が周辺部で吸引されており，一部の工業団地を除くと鉄道からも離れ，公共交通機関の利用はきわめて難しい状況にある。したがって，一部の企業ではバスなどを用いた従業員の通勤の足の確保を余儀なくされている。高速道路の開通はインターチェンジ付近の企業集積，とくに運輸業を吸引する結果となり，車利用前提の地域が形成されているものと言えよう。近年では従業員の駐車場確保に頭を悩ませる企業も増加している。

このように，高崎市は歴史的核となる旧市街地を中心に周辺部を編入・合併した経緯から，旧市街地を取り囲むように東西南北に市域が拡大された。その

図 2-4 工業団地の所在地

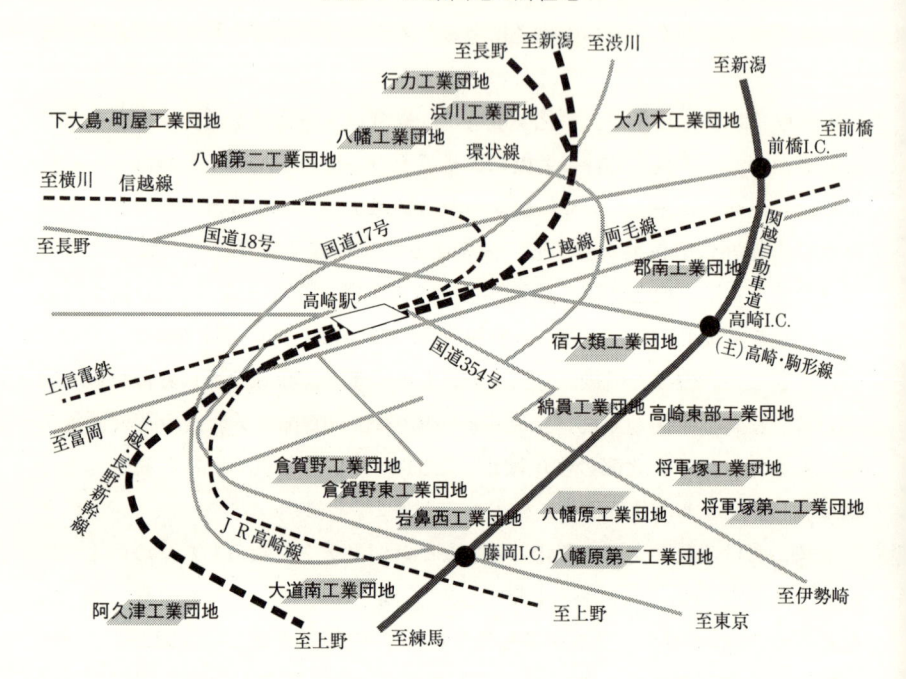

(資料) 高崎市 [1999]。

ため，人口増加に伴う市街地の拡大も必然的に周辺部へと展開し，学校をはじめ公民館・長寿センターなどの公共施設を分散的に配置せざるを得なかったし，住宅団地や工業団地も開発余地との関係で分散配置へと向かっていった。結果的に公共交通に依存する需要配分が政策的にとれなくなり，個人的な移動手段としての自家用車に頼らざるを得ない地域構造が作り出されてしまったのである。

公共交通の変化と密接に関連する事象の1つに消費構造の変化が挙げられる。第2次世界大戦後の高度経済成長に伴う大量消費社会の発展は，既存商業地の充実やデパートの立地展開によって支えられ，その後スーパーマーケットの立地展開によって新たな局面を迎えた。近年では複合的な大規模ショッピングセ

ンターが次々に誕生し，新たなワンストップショッピング可能な空間が成立している。大規模ショッピングセンターはパワーセンターなどと呼ばれることもあり，広大な敷地にシングルストアはもとより，食品スーパーマーケットやホームセンターなどを核店舗に家電量販店，専門衣料品店などを展開し，数千台に及ぶ駐車場によって特徴づけられる。

高崎市における第1種大規模小売店舗の立地展開は中心部と郊外において大きな違いが認められる。中心部においては，昭和50年代にデパートやスーパーマーケットが次々に開店するものの，昭和60年代にその大半が撤退している。それに対して郊外では昭和50年代以降，家具店やホームセンター（DIYショップ）が開店し，平成に入るとショッピングセンターの新規立地が相次いでいる。例外なく自家用車利用の顧客を対象とした経営形態で主要幹線道路へのアクセスと駐車場確保に力が注がれている。モータリゼーションの進展と相まって郊外での新規立地が継続している。消費者は自らの消費生活の中に，高額な費用負担が求められる自家用車利用を組み込み，欲求を満たしている。これらを可能にしているのは大都市などと比較して，空間に余裕があり，地価も安いことがその要因の1つと考えられる。

(3) 広域圏における高崎市

高崎市は地理的位置が大きく影響して，県央，西毛地域や前橋市との関係で前橋—高崎都市圏という位置づけが可能になり，また，広域圏の中心都市としての機能も保持している。そのため，公共交通を考える上で高崎市を取り巻く市町村との関係を無視することはできない。

まず，移動人口調査によって群馬県内の高崎市と周辺地域との関係をみると，1989年では高崎市から4,679人が転出し，4,151人が転入し，転出増となっている。転出先は前橋市（988），藤岡市（478），安中市（447），群馬町（406），玉村町（404），榛名町（280），箕郷町（194），吉井町（135），伊勢崎市（135）となっている。97年では高崎市から5,704人が転出し，4,659人が転入

し,転出増の傾向が継続しており,高崎市の周辺市町への人口流出がみられる。隣り合う前橋市とは人口移動からみても相互に流入・流出が多く,密接な交流が示唆される。

　また,相対的に地価が安く,戸建て住宅建築が数多く供給されている群馬町,玉村町,箕郷町など榛名山麓や利根川流域の鉄道利用が困難な地域への転出が増加しており,人口のドーナツ化現象およびモータリゼーションの進行を想起させる。逆に言えば,鉄道利用可能な地域においては駅とのアクセスにもよるが,地価の上昇へと結びつき,住宅の一次取得者等にとっては選択の幅の狭い地域となるのであろう。ちなみに,高崎市と隣接する玉村町は1991年に年少人口(0～14歳)割合が21.6%と県下最大で,ニューファミリー層の居住地域としての性格を呈していると言えよう。

　次に通勤・通学流動による周辺地域との関係をみると,近年では高崎市と周辺市町村との関係が強まっている。1995年のデータ(国勢調査)によると,高崎市の常住人口は23.8万人,昼間人口が26.5万人で約2.7万人の流入超過である。その内訳は通学0.65万人,通勤2.1万人であり,同市の人口吸引力の高さが示されている。

　高崎市への従業者・通学者数(1995年に高崎市を第1・2位に指向している市町村)は前橋市,伊勢崎市,渋川市,藤岡市,富岡市,安中市,榛名町,倉渕村,箕郷町,群馬町,榛東村,新町,鬼石町,吉井町,下仁田町,甘楽町,松井田町,玉村町であり,高崎市に隣接・近接している地域,県央諸地域や西毛地域などが含まれている。1970年と比較すると減少しているのは下仁田町のみで他の市町村は全て増加している。その中でも,伊勢崎市が7.6倍,玉村町4.8倍など,高崎から東部に位置する市町との関係が強まっている。また,藤岡市2.3倍,群馬町2.3倍,榛名町1.7倍など高崎市に隣接する市町の増加が著しい。

　1970年の高崎市からの従業者・通学者(第1・2位指向先,全体の1%以上)10,190人の内訳は,前橋市,藤岡市,安中市,新町,富岡市,伊勢崎市の順であったものが,95年には29,764人へと増加し,前橋市,藤岡市,安中市,

群馬町，玉村町，伊勢崎市の順へと変化した。その間の増加指数の著しい市町をあげると，玉村町（11.2倍），吉井町（8.2），群馬町（6.8），箕郷町（6.3），伊勢崎市（4.4）などとなっている。

　人口流動に関する諸データからみると，高崎市と直接鉄道などで連絡されていない周辺市町との交流が密になっており，モータリゼーションの進展と地価の問題から人口のドーナツ化現象が市域を越えて周辺の市町に広がったものと言えよう。また，就業地の拡大・分散も進行し，高崎市周辺の市町村との関係も強くなっていることが明らかになった。このような行政域を越えた人・物の流動に対応するため，高崎市は「高崎都市圏構想」を打ち出し，周辺10市町村との連携強化を模索している[2]。

　また，周辺市町村との関係の深まりと同時に，県内各地への通勤・通学者の増加も認められる。例えば，1970年に高崎市から10人以上が通勤・通学している県内市町村数は30であったが，95年には50へと増加している。明らかに勤務地の広域化と多様化が進んでおり，固定化された公共交通機関の利用ではなし得ない自家用車利用の進行が裏づけられている。

第3節　公共交通の課題と展望

(1) モータリゼーションの本質と問題点

　公共交通の諸変化は急速なモータリゼーションによって引き起こされたものと言えよう。そして，既存の交通体系や都市基盤が急激なモータリゼーションの変化に対応できない点が問題点として浮かび上がる。群馬県・高崎市においては空間的フリクションの小ささが，大都市などと比較して自家用車利用に有利な条件をもたらしたとも言えよう。人々はその時代に持ち得た最も有利な条件の交通手段を選択し，目的に応じて自らのライフスタイルとマッチングさせてきた。

モータリゼーションの中で自家用車利用の本質は，個人的空間移動のフレキシブルな欲求を満たすものである。とくにそのドア・ツー・ドアで移動可能な利便性の高さは他の交通手段に求めることは難しい。戦後の所得水準の向上と交通インフラ整備の進行，余暇時間の拡大・多様化，ライフスタイルの変化，価値観の多様化など自家用車利用に拍車がかかる条件が満たされていった。また，自家用車利用は日本の産業構造とも密接に関連し，一躍重要な輸出産業となった自動車産業による大量生産システムが自動車価格の低廉化へと結びつき，その利用を促進したことも否めない。近年，急速に普及している携帯電話をはじめとする移動体通信手段は，個人レベルでの情報伝達手段として自由度の高いサービスが提供され，家族・友人による自家用車での送迎が容易になり，時間・場所の制約を受けやすい公共交通機関の利用が益々遠のく可能性が高い。

　交通需要は大半が人々の居住地と社会・経済・教育活動等を通しての通勤・通学先，消費地，余暇空間との物理的隔たりによって生じる。居住地の選好は相続，地価や個人所得などの状況によって制約を受けながら決定され，多様化・個性化した通勤・通学先，消費地，余暇空間との間に空間的関係が結ばれる。その組み合わせは，一定の流動傾向は表面化するものの，社会が複雑化するにつれて膨大なものとなる。

　自家用車の大衆化は，人々の居住地や勤務地等の選択の幅を大きく広げたのである。また，産業の高度化・多様化は工場立地の分散化に結びついた。このような人々の生活の多様化・個性化は空間的分散化へと向かい，行政域を越えた分散的ネットワーク型の交流空間を生み出しつつある。モータリゼーションの進展は，既存の都市を中心とする階層的ネットワーク型の交流空間にマッチングしながら，新たな交流空間へと変化し始めた。それに対して，公共交通の本質は一般に公平・安全の原則のもとでの大量輸送が求められ，階層ネットワーク型交流空間に対応するものであり，本来，公共性は個人の自由な活動と乖離する傾向が大きく，分散的ネットワーク型の交流空間には対応しにくい特性がある。言い換えると，多くの交通需要が発生し効率よくそれらを運ぶことが求められるのである。

公共投資の面からは分散的ネットワーク型交流空間の発達や都市の郊外化が進行すると，その費用負担が増加して財政を圧迫するという意見が多い。しかし，一面では災害面などから見ると，住宅地の分散化と住宅間のスペースの確保は危険性回避へと結びつき，道路整備はモビリティの高い物流等のバックアップシステムを形成していることにもなる。したがって，区画整理・都市再開発を行い郊外化を抑制し，コンパクトな都市を目指す方向と，災害の危険性を回避するための開発は，公共投資負担とのコストバランスを考えて実行される必要があろう。

近年，モータリゼーションの進行によって引き起こされる問題が顕在化している。地球環境問題（地球温暖化）と資源の枯渇，高齢者・年少者などの交通弱者に対する対応などがその例としてあげられる。ここまで急速に成長を遂げてきたモータリゼーションではあるが，排気ガスによる二酸化炭素や窒素酸化物による地球温暖化や，高齢者・年少者・身体障害者など交通弱者に対する不十分な対応など数多くの問題を抱えている。とくに，交通弱者にとって免許取得や運転能力の制約から，全ての人々に自動車利用ができないといった点は平等・公平な社会形成が成されているとは言えない。加えて交通安全に対する配慮は欠かせない。都市構造上では人口のドーナツ化現象の進展とともに郊外化がより広域に進行し，郊外型・ロードサイド型大型店の出店ラッシュが中心市街地の衰退を深刻なものとしているし，バス交通の衰退は補助金行政へと結びつき財政圧迫の一因ともなっている。今後自動車の増加がこれまで以上に進行すると空間の摩擦が生じ，交通流動性が低下する可能性が高い。

(2) 公共交通の方向性

高崎市は広域レベルから狭域レベルにいたる交通特性を保有している。それは，高崎市が置かれた地理的空間により，首都圏，隣接諸県，県内（西毛，前橋—高崎，県央），隣接市町村（広域圏），市内など様々な位置づけがなされることに付随する。したがって，交通政策も各レベルに応じた対策が求められる。

地域構造の変化に対して，公共交通がいかに対応するのか難しい側面もあるが，交通需要の変化とその内容や人々の社会・経済生活のニーズを把握する必要がある。人々がどこへ，何の目的で移動しているのかといった交通流動の傾向を見極め，臨機応変に対応していく必要がある。交通手段の特性を活かしながら，総合的な交通環境の整備が求められる。

　鉄道に関して言えば，高崎は鉄道の集中・分岐点であり，広域〜狭域レベルを統括可能な交通拠点である。特にJR高崎駅が果たす役割は大きい。議論は分かれるところだが，首都圏への通勤拠点としての駅周辺の駐車場整備や，中・長距離バスターミナルの整備（空港バス・観光バス）などをはじめとする高崎・群馬の玄関としての位置づけが求められる。また，市内に位置する駅の利便性を高めるために，サイクル・アンド・ライド用駐輪場や駅前広場等の整備を行い，駅を中心とした交通結節性の向上や公共交通対策が求められよう。

　乗合バスは，運行バス会社それぞれが高崎駅から放射状の路線配置を行ってきたことが路線相互の連絡を困難にしている。そのため，複合的交流ネットワークの形成がはかられていない。これまでは放射状の路線配置で対応できたが，人口の周辺分散による顧客の誘導に際しては，環状型の路線配置を組み合わせるなどの対策が求められよう。高崎市内を循環している「ぐるりん」も東西南北それぞれの循環路線を左右に運行されているが，路線相互に乗り継げる箇所は高崎駅・市役所前など限られた地点しかなく，今後，検討されるべき課題が残されている。

　運輸省は2001年を目標に，路線バスの運行業務参入を免許制から許可制へと緩和する方針を打ち出している。本質的に乗合バスは，様々な需要に臨機応変に対応可能な交通手段であり，適切な需要把握を行い様々なサービスを展開することで復権可能であろう。そこには，交通弱者対策も含めて単なる商業主義的な運行・管理にとどまらず，公的資金を活用した福祉対策の一環としての対応も必要となろう。

　都市圏レベルでの交通対策は県や当該市町村との関連もあろうが，行政域を越えた人的・物的な交流が現実化していることから，総合的な交通体系の確立

が求められる。とくに、比較的恵まれた交通環境を有する県央の高崎と前橋を中心に分散的な他都市との連携を図る必要があろう。

　公共交通対策を考える上で、衰退傾向を示す中心市街地を活性化することは大きな課題である。すなわち、高崎の顔となる中心市街地の活性化は高崎のみならず、周辺地域との関連で捉える必要がある。2000年に高崎市は「中心市街地活性化基本計画」を策定し、①音楽と歴史のあるまち、②歩いて楽しいまち、③中心部に快適住宅のあるまち、④商店街がにぎやかなまち、⑤交通体系と都市基盤の整備されたまち等の目標を設定した。基本的には空洞化した中心部に人口を還流させ、歩いて楽しい空間の創出を図り、公共交通機関の利用を促進することに留意している。高崎の中心部は高崎駅に近接しており、駅と中心商店街等の連携が取りやすい。このような利点を活かしながら再開発を含めた地域整備が望まれる。しかし、歩いて楽しいまちづくりのスローガンは、歩行者空間の整備や自転車利用者への配慮等と相まって、パーク・アンド・ライド、駐車場整備など自家用車対策が欠かせず、多くの課題を抱えている（詳しくは第5章、第8章参照のこと）。

　21世紀となり、高崎はその恵まれた交通拠点性をどのような形で維持し、都市発展に結びつけていくのか残された公共交通の観点からその課題は多い。

【注】
1) 具体的には11市の中心駅から各市の中心駅への最短経路を計測し、相互の距離と総距離を求めた。たとえば前橋市は高崎市へ9.8km、伊勢崎市へは12.8km、総距離が261.7kmとなる。言い換えれば、前橋市から他の10市へは平均約26kmで到達できる位置関係にあることを示している。
2) 高崎市をはじめとして、安中市、榛名町、群馬町、箕郷町、倉渕村、松井田町、吉井町、藤岡市、新町、玉村町の3市7町1村である。

【引用・参考文献】
総務庁統計局［1997］『社会生活統計指標—都道府県の指標—1998』（財）日本統

計協会。
群馬県［1996］「新たな生活交通の創造―生活者の視点に立った交通ビジョン」。
高崎市［1996］「高崎の都市計画」。
―――［1999］「高崎市工業振興ビジョン」。

第3章　群馬県における乗合バス縮小期にみる諸問題の考察——主として東武バスの事例をとおして——

大島登志彦

　1960年代後半以降，地方で進展したバス離れの最大の要因は，言うまでもなく，モータリゼーションの進展にあろう。とりわけ群馬県のバス輸送人員や輸送分担率の減少率は全国1であった。群馬県の自動車普及率が長らく全国1だったことは，その傾向と密接に関係していることは確かだろう。しかし，筆者は，四半世紀にわたる路線バスに関わる研究を通して，統計資料や記録に残らない事項のなかに，群馬県でとくに顕著だったり他県にみられないバス離れに拍車をかけた諸要因が潜在したと確信してきた。本章では，群馬県内の乗合バスに関して，急速に縮小した1970～90年代前半にかけてのおおまかな変遷事情や，かつて群馬県内の過半のバス輸送を担いながら現在県内から全面撤退した東武バスの断片的な運行事例をとりあげながら，群馬県特有の乗合バスの諸問題やバス離れを誘引した潜在的要因を考察していく。

第 1 節　群馬県の乗合バス縮小のおおまかな特性

　第 2 次世界大戦後に急増し続けた全国の乗合バス輸送人員は，地方においては 1964（昭和 39）年頃から，横這いから減少傾向，すなわちバス離れ現象に転じる。この年は，東京オリンピックの開催や東海道新幹線の開通等，わが国の高度経済成長を象徴するニュースが続いたし，国民生活は，この頃には電気製品が庶民に普及する等，急速に近代化した時期でもあった。

　乗合バスの利用状況は，年間輸送人員や輸送分担率の変遷で，おおまかな実態を把握できる（表3-1）。それらの統計数値でみるバス離れは，全国的傾向であることは言うまでもないが，地方において顕著で，群馬県においては突出している。すなわち，乗合バスの年間輸送人員は，全国的には，近年でも 1965 年の過半を確保しているが，群馬県では 1/10 以下に落ち込んでいる。また，交通機関別の輸送分担率を見ても，53.3→1.0％ に減少，逆に自家用車の分担率は，この間に 7.5→91.8％ に急増しているのである。こうした群馬県のバス輸送人員や分担率の減少率は全国 1 であり，全国平均を大きく下回っている。

　バス離れの最大の要因は，いうまでもなく，モータリゼーションの進展にあり，とりわけ群馬県は，自動車の台数が長らく全国 1 であったことも手伝っていよう。すなわち，庶民にも自家用車が急速に普及し，自家用車の利便性が路線バスの需要を縮小させた。また，自動車の

表 3-1　乗合バス輸送人員・輸送分担率の推移

	乗合バス輸送人員(100万人) (（　）内は 1965 年を 100 とした時の％)		乗合バス輸送分担率(％)	
	全 国 計	群 馬 県	全国平均	群 馬 県
1965	9,862(100)	146(100)	32.0	53.3
75	9,119(92)	87(60)	19.8	16.4
85	6,998(71)	37(25)	13.0	5.8
95	5,756(58)	15(10)	6.9	1.4
97	5,400(55)	13(9)	6.4	1.0

（資料）「運輸の動き―メトロポリス 93―」（1993,関東運輸局）。
　　　「数字で見る関東の運輸の動き 2000」（2000,関東運輸局）。

写真1 乗合バス全盛時には、多数のバスがずらりと並ぶバス会社の営業所が県内に点在し、とりわけ東武バスは、東毛・北毛地域に8つの営業所が所在した（大島撮影、沼田・1981）

増加は、道路渋滞を招き、バスは定時運転を困難とさせた。そのことはさらに、バスに対する信頼性の喪失や運行効率の悪化ももたらした。一方で、道路整備も進み、それは、初期においてはバス路線の拡大につながったが、やがては、バス離れと自家用車の普及をさらに助長するだけとなった。バス離れに伴う輸送人員の減少は、バス事業の経営悪化を招き、事業全体が縮小・合理化を推進させ、それはまた輸送人員の減少につながるという悪循環にはまっていったのである。

しかし、鉄道をはじめとする関連交通機関の変容、バス事業者や地方行政の対応、地域住民のバスに対する認識の変化等も、路線バスの存続や発展にはマイナスに作用したことも見逃せないし、そうしたマイナス要因は、地域毎に多様で、群馬県では極めて強かったと考える。すなわち、バス利用者が減少して事業が縮小される過程で、バス事業者及びその労働組合は、利用者を減らさないように利便性を最大限確保しようとする意欲が不十分であったし、市町村や地域住民サイドでは、不親切や非効率的な運行に対して、改善を要望できないまま諦めてしまう傾向だったように思う。

筆者はこれまで、群馬県を中心に、乗合バスの変遷と地域社会の関係[1]～[4]

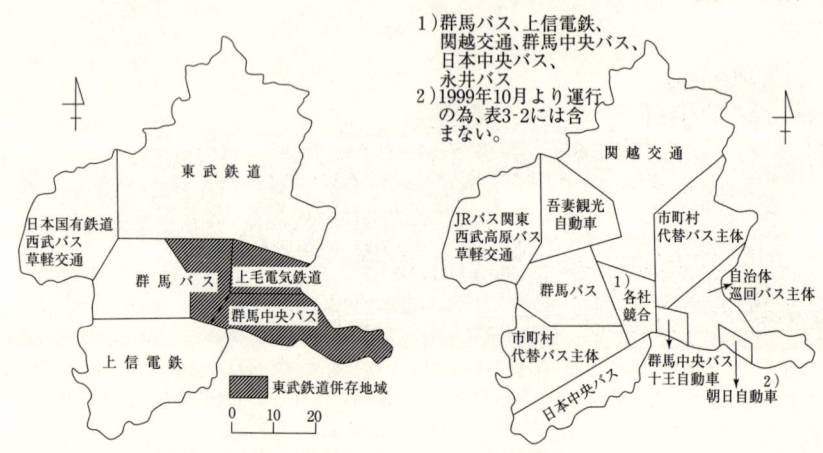

図 3-1ⓐ 群馬県乗合バス事業者支配地域の概要　(1950〜80年代)

図 3-1ⓑ (2000年現在，代替バス委託等も考慮して区分)

1) 群馬バス，上信電鉄，関越交通，群馬中央バス，日本中央バス，永井バス
2) 1999年10月より運行の為，表3-2には含まない。

（図中の地名・事業者名）
東武鉄道
日本国有鉄道
西武バス
草軽交通
群馬バス
上毛電気鉄道
群馬中央バス
上信電鉄
東武鉄道併存地域
0　10　20

関越交通
JRバス関東
西武高原バス
草軽交通
吾妻観光自動車
市町村代替バス主体
自治体巡回バス主体
群馬バス
各社競合
市町村代替バス主体
日本中央バス
群馬中央バス
十王自動車
朝日自動車

や，地方私鉄における鉄道と当該社の乗合バスの関係[5)・6)]のほか，国鉄・JRのローカル列車の運行事情の変遷と地域社会の関係[7)・8)]等を研究してきた。本稿では，これまでの研究業績もふまえて，1965年以降の乗合バスの縮小傾向を，群馬県内の具体的な運行事情の変遷をとりあげてバスをとりまく諸事象の変容を概観しながら，これまでほとんど考察されてこなかったモータリゼーション以外の乗合バス縮小の要因を，具体的にいくつかの顕著な事例を取り上げて考察していく。

なお，運行時刻を決めて不特定多数の旅客を輸送する「路線バス」は，

① 一般乗合旅客運送事業によるもの＝乗合バス
② 乗合バスの廃止された路線に市町村主導で運行されるバス＝市町村代替バス（大部分貸切方式か自家用）
③ 従来の乗合バスとは関係なく自治体（市町村）が独自に運行するバス＝自治体巡回バス（コミュニティバスと総称されるものも含め，自治体が独自のルートで運行するもの，乗合方式と貸切方式が共存するが一部に自家用もある）

表3-2ⓐ 群馬県の乗合バス事業者とその規模
(1980年3月現在)

事業者名	免許キロ	車両数
東武鉄道[1]	1,037.95	357
群馬バス	449.01	186
上信電鉄	368.96	119
群馬中央バス	241.37	95
上毛電気鉄道	47.50	15
草軽交通[1]	119.62	13
西武バス[1]	67.82	8
日本国有鉄道[2]	287.20	53

(資料) 群馬県陸運事務所 [1981]「陸運事務所要覧」。日本国有鉄道は長野原営業所提供資料。

表3-2ⓑ
(1999年3月現在)

事業者名	免許キロ	車両数
東武鉄道[1]	47.8	37
群馬バス	214.8	44
上信電鉄	67.5	25
群馬中央バス	164.7	45
草軽交通[1]	69.5	5
西武高原バス[1]	66.7	72
ジェイアールバス関東[2]	171.6	5
吾妻観光自動車	21.7	5
関越交通	299.2	80
十王自動車	16.0	6
日本中央バス	66.5	8

・本文で記入した②③に類似したものでも乗合免許のものを含んでいる。　・高速バスは除く
(資料)「群馬県乗合バス事業の現状と対策」1999年度（群馬県バス協会）。

(注) 1. 群馬県内事業所の担当分のみの数値。　2. 長野原営業所（支店）担当分。

に大別される。なお，この呼び方は，制度的にも地域的にも共通認識されたものではなく，筆者の主観も含めた呼称である。②③は，運営の主体は市町村にあって補助制度も共通になったため，最近群馬県の行政サイドでは，②③を含めて「市町村乗合バス」と称することが多い。しかし，運行開始の経緯は異なっているし，運賃は，②は従来の乗合バスの水準を踏襲しているのに対し，③は，100円・200円均一または無料等々，極めて割安に設定されるものが多い。最近の傾向としては，上記②は横這いから微増，③は急速に増加傾向にあり，路線バス全体では，むしろ増加・活性化傾向にあろう。本章では，従来路線バスの大半を占めていたが，旅客の減少と不採算で縮小した乗合バスを主体に議論を進める（以下「乗合バス」と表記し，それ以外のタイプも含める場合「路線バス」表記）。

　群馬県の乗合バス事業者は，図3-1・表3-2のとおり，従来8社，現在11社で運行されており，事業者によってこの間の対応や変遷傾向は異なるし，すべてを同一基準で考察することは不可能であろう。そのなかで，かつては過半

のバス事業を有しながら，1999年度までに県内から全面撤退した東武鉄道のバス（以下，バス事業に限定して記す場合「東武バス」と記す）[9]には，他県では類をみない縮小を象徴する変遷事情が，数多く散見できた。すなわち，東武バスの変遷傾向は，群馬の乗合バス全体への影響は大であったし，全国一乗合バス縮小県群馬を象徴するようにも思える。そのため，乗合バスに関する基礎資料は少ないし，個々の住民の交通選択の変化や考えは資料として存在しないので，推測の域をでない記述も折り交ざるが，筆者の蓄積した資料や体験・関係者からの聞き取り等ももとに，東武バスの事例を主体に考察していく。

第2節　鉄道の近代化と乗合バス

　鉄道は，本来，乗合バスと協調して地域交通の利便を保つべきであることは，鉄道事業者の多くが乗合バスを兼営してきたことからも理解できよう。しかし，わが国では，戦前のある時期に，鉄道が，大量輸送という本来の特性を発揮できない地域までも開通したのに，1950～60年代にかけて乗合バスが高度成長する過程で，地方鉄道は乗合バスに需要を奪われて相次いで廃止される等，互いに対立関係にあった。そして，60年前後は，「鉄道は便利なバスに乗客を奪われた」といわれる時代であった。しかし，60年代後半以降から事情は逆転していくのである。

(1) 長距離急行系統の縮小

　長距離急行バスは，乗合バス発展期に，道路整備が進んで車両性能も向上したためにバスの長距離運転が容易になったことを契機に，都市間や都市と観光地を直結するために，1950年代後半から全国各地で誕生した。群馬県内でも，東武バスを主体に，多くの系統が開設された（**表3-3，3-4**）。しかし，一般系統や鉄道で輸送補償できるし，主要道路の渋滞が顕著になって（急行バスは主

表 3-3　東京と群馬県を結ぶ東武バスの長距離急行バス

整理番号	運行系統	経由地	系統キロ	運行開始年月日	運行回数	休廃止年月日	備考
①	東京八重洲口—桐生天神町	太田・広沢	109.7	1953. 3. 1	1)	1971.7. 1	
②	〃　—	太田・足利	118.7	〃	3→6→0.5	1969.7. 1	
③	〃　—伊香保温泉	熊谷・高崎	144.0	1961. 6. 1	5→3	1967.3. 1	
④	〃　—前橋(県庁前)	熊谷・伊勢崎	116.6	〃	4→1	1967.5.16	
⑤	〃　—猿ヶ京	〃・〃	172.3	1962. 4. 1	2	〃	
⑥	〃　—谷川ロープウェイ駅	〃・〃	180.5	1962.12. 1	1	〃	
⑦	〃　—苗場スキー場	〃・〃	192.6	1962.12.22	1	1970.3月末	⑦の運行日は1回、12月下旬〜3月下旬2)運行

(資料)　東武鉄道 [1964]『東武鉄道六十五年史』、他。
(注)　1.　3→5→10.5→6→3
　　　2.　初めは冬期間毎日運行していたが、1967年12月より往路休前日・復路休日のみの運行。

要道路を主体に運行）定時運転が困難な傾向になったので、乗合バスの輸送人員が減少して事業の合理化が検討される段階に入ると、まず合理化の対象となったのであろう。

　東京と群馬県を結んだ急行系統は、1966年8月8日、東京—伊香保線が、5→3回に減回されるが、翌67年には、4系統が廃止される（表3-3）。かつてドル箱で11回も運行されていた東京—桐生線は、首都圏と桐生を直結する鉄道が不便なため、しばらく存続したが、69年9月20日より、東武鉄道浅草—赤城間に専用ロマンスカーを投入した急行「りょうもう」号が運転されると、利用者は激減した。冬季運行の東京—苗場線も、スキーが大衆化する中で数年間は存続したが、運賃や乗心地の点で時代にそぐわなくなり、廃止に至った。

　県内の長距離急行も、一般系統が頻繁に運転されている中で渋滞を抗して高速運転するメリットは薄れ、1965年以降は縮小の一途となった。途中で一般系統の本数が少なくなる区間を直通する寄居—伊香保線や館林—伊香保線（最終時には北前橋発着）は、比較的遅くまで存続したが、76年8月1日には全廃された。

　県内の急行バスは、東武バス以外に、群馬バスが高崎—軽井沢・榛名湖・薬

表3-4 群馬県内を中心とした東武バスの長距離急行バス（1950〜80年頃まで）

整番	運行系統	経由地	系統キロ	運行開始年月日	運行回数	休廃止年月日	備考
①	館林駅―県庁前	大田・駒形	52.2	1955.11.25	4	1976. 8. 1	③廃止後の代替系統
②	〃 ―北前橋	〃 〃	54.0	72.12.21	6	72.12.21	
③	〃 ―伊香保温泉	〃 二の宮・渋川	74.2	56年頃	4→6	65.10. 1	1965.10.1より快速便
④	桐生天神町駅―〃	〃 〃	55.3		3	70. 1.12	
⑤	新伊勢崎駅―〃	新町・〃	41.5	50. 4.21	4→1	70. 1. 1	
⑥	寄居駅―〃	渋川・〃	73.9	55. 3.15	4	67. 1. 1	
⑦	〃 ―四万温泉	渋川・高槻	53.3	58〜59年頃	4.5→6→5	71. 1月頃	
⑧	新伊勢崎駅―〃	〃 〃	52.7	67. 3. 1	3	71. 4.18	⑦の代替系統
⑨	〃 ―〃	〃 〃	72.7	50. 4.21	3→1	72. 4.18	1967.2.28までの普通便
⑩	高崎駅―〃	〃 龍ヶ鼻	58.3	58〜59年頃	5→3→2→1	69. 9.16	
⑪	〃 ―渡戸橋		45.5	63年頃	2→1	70. 5. 3	
⑫	〃 ―猿ヶ京	〃 川・沼田	48.9	58〜59年頃	2	67. 3. 1	
⑬	新伊勢崎駅―〃	渋川・二の宮	59.5	67. 3. 1	2→1	68. 5月頃	④廃止後の代替系統
⑭	〃 ―湯檜曾	〃 〃	77.5	60. 2.16	3→1	67. 3. 1	
⑮	高崎駅―〃	渋川 沼田	80.2	60. 2.16		67.10月頃	
⑯	〃 ―〃	〃 〃	67.5	59. 1.10	2		
⑰	〃 ―車田		62.5	68. 6月頃	1		
⑱	〃 ―水上		61.2	67.10月頃	1	65. 2. 1	1968年からの運行は普通便
⑲	〃 ―鎌	渋川・老神	69.9	60. 2.16	3→2→4→1	69. 4月頃	⑮の代替→⑭〜引継
⑳	沼田駅―〃	〃 薄坂峠	71.2	64〜65年頃	2→1	68. 5月頃	
㉑	新伊勢崎駅―赤城山大洞	二の宮前	66.0	66. 5.16	2	73. 4.11	
㉒	高崎駅―〃	バイパス	45.9		2	67年より止め	季節運行（春・秋）
㉓	〃 ―〃		41.8	67. 3. 1	5	69年頃	季節運行（夏）
						70年頃	1968年頃から季節運行（夏・冬）
㉔	川越駅―赤城利平茶屋	大田・大間々	101.1	59〜61年頃	1	67. 8.31まで	季節運行（冬）
㉕	桐生天神町―国鉄日光駅	大間々・足尾	77.5		1	68. 2. 9	1964年頃より季節運行（春〜秋）
㉖	沼田駅―〃	鎌田・湯元	102.1				季節運行（春〜秋）
㉗	〃 ―中禅寺温泉	〃 老神	86.7	65.10. 6		71年より止め	〃
㉘	〃 ―日光湯元	〃 丸沼温泉	72.5	65.10. 6	→1	80年代まで存続	〃

（資料）東武鉄道［1964］『東武鉄道六十五年史』、他。
（注）整番の・印は普通便であるが急行の性格を有するもの。空欄は不詳。

師温泉線等観光的性格強い長距離路線，上信バスで前橋—下仁田線・群馬中央バスで前橋—館林間等の前橋と周辺都市間連絡系統で見られ，一般系統に比べてかなり速達傾向だった（例：1966年高崎—松井田間普通便58分・急行40分）。乗合バスが生活交通の主体だった時期には，これら急行系統の運行意義は大だったろうが，道路渋滞でメリットは薄れ，さらに普通便も減回される過程で，経営的にも利便性からも存続意義は消失したのであろう。

　経済の高度成長期を通して栄えた長距離急行バスは，群馬県においては，鉄道の利便性がまだ不十分だった時期に，東京との連絡や県内都市間輸送の一端を担ったこと，観光・温泉地の知名度を高めた意義をもとう。また，全国的に見ると，全交通機関の中で路線バスの輸送分担を再認識させた効果を持つであろう。

　乗合バス縮小が進む中で，東武バスでは，上越新幹線の開通に前後して，沿線観光地の活性化と利便性を向上させる目的から，1982年より高崎—伊香保急行線（2回），1985年より水上—鬼怒川特急線（夏期1回）運行されたが，知名度や利用状況は十分実績のないまま短期間で廃止された。

　長距離急行バスは，70年代後半以降全国的に高速自動車道路が整備されるなかで，従来の乗合バスのネックだった所要時間や道路渋滞の問題がかなりクリアーされることによって，高速バスとして全国的に再度発展する。群馬県内でも，成田空港や羽田空港・池袋・新宿と直通する系統が95年以降開設され，再度活況を呈するようになっている。

(2) 鉄道沿線の都市間輸送

　かつて乗合バスは，十数km以内の都市間輸送において，もっとも有効に機能しており，「ドル箱」といわれ，運行頻度は極めて高かった。鉄道が並行していても（というより，鉄道並行区間は全需要が多いためにバスも利用者も多い），乗合バスは，時刻表を必要とせぬ程頻繁に運行され，所要時間も鉄道と大差なかったため，生活交通の主力だった。一方，国鉄の都市間ローカル列車は，現

表3-5 1960年代後半の鉄道に並行した群馬県内都市間バスの運行事情の事例

路線	経由地	事業者名	日中のおおむね運行間隔	最終便[1]	2000年現在の運行事情
高崎―前橋	芝 塚	群馬・群馬中央バス	5～7分	23:00	30分毎
高崎―前橋	バイパス	群馬・群馬中央バス	10分	21:07	平日8回・休日4回
高崎―安中	豊 岡	群馬バス	10[2]分	22:30	10回
高崎―沼田	渋 川	東武バス	20[3]分	21:40[4]	渋川以北代替バス
高崎―藤岡	新 町	上信バス	10～15分	22:40	新町まで10回
桐生―足利	小 俣	東武バス	5～10分	22:20	廃 止

(注) 1. 左側記載の都市発。
 2. 磯部・松井田行等も含める。
 3. 前橋―沼田直通便のみ，前橋―渋川間は他系統も多発。
 4. 渋川行は22:35。
(資料) 筆者所蔵の時刻表などから作成（1965～69頃を基準）。

在より格段に利便性が悪かったため，定期の割引率が高い通学輸送を除くと，数十km以上の移動に限定される傾向にあった。しかし，60年代後半になると，バスが道路渋滞で所要時間の増大や遅延で敬遠される一方，わが国の鉄道の定時制は世界的に高水準を保ったし，幹線では電化・複線化，地方でも電車・気動車化でスピードアップされる。

群馬県内の国鉄では，高崎線と上越線は早くから電化されていたが，1962年に信越本線高崎―横川間，67年に長野原線渋川―長野原間，68年に両毛線全線が，それぞれ電化される。複線化についても，63～66年にかけて上越線，65～68年に信越本線，両毛線も電化に際して一部区間が，それぞれ複線化された。こうした近代化を通して，各線とも，ローカル列車はかなりスピードアップされた。

国鉄の分割民営化に前後したローカル列車の増発も見逃せない。すなわち，県内の都市間JRローカル列車は，1時間に最低1本程度のフリークエンシーが確保され，終便も遅くなったのに対し，乗合バスは，70～80年代に減回され続けて終便も早まったため，バスの方がむしろ利用しにくくなった。そのため，鉄道沿線の公共交通需要は，大部分鉄道（主として国鉄）に転移したと考える。かつて乗合バスの幹線ルートだった鉄道並行路線は，今や廃止されたり，1日数回という最小限の運行にとどまっている（表3-5）。

第3節　路線の縮小に関わる考察

　利用者の減少に即してまず実施される根本的な合理化は，路線廃止である。群馬県内の乗合バスの免許キロは1968年が最大で以降減少している。本稿では，個々の路線廃止を考察することは，ボリュウム的にも煩雑化する点からも困難なので，図3-2と3-3（次ページ）を比較参照した上で，傾向を考察することのみにとどめる。

(1) 利根・吾妻地域の東武バス

　山間地域の路線廃止は，まず，生活圏の境界に当たる峠越え区間で顕著だった。当該地域で早期に廃止された主な区間として，苗場―二居間（1970年），大岩―（暮坂峠）―草津間（71年），大道―入須川間（70年），仙石―子持牧場間（72年）等があげられる。いずれも，道路開通や観光開発に伴って開通した区間だったが，観光開発が十分達成されなかった区間や峠越えで生活圏の境界となる区間であり，全国的にも同様の傾向がみられた。

　並行したルートのあるバス路線（市街地で複雑に入り組んでいる路線も含めて）でも，早期に廃止された事例が多い。中之条―（原町）―沢渡線，沼田―（薗原）―老神線等が該当しよう。前者のタイプは，生活圏の境界にあたるためもともと輸送需要は些少であったろうし，後者のタイプは，他の路線を利用することで，途中の一部区間で支障を来すだけで輸送需要は確保できたためであろう。

(2) 平野部における路線の縮小

　路線の縮小は，沢づたいの山間地域よりも平野部において顕著だった。自家

用車の普及に伴って，網の目のように道路が建設されるなかで，バスが運行できる道路は限定されたために，バスの運行が住民のニーズにそぐわない地域が多くなってきたことにあろう．また，運賃の高騰によって，従来バス通学に頼っていた高校生が自転車通学に切り替えたことや，前記のように鉄道に転移した需要も大きかった．

東毛地域においては，東武鉄道が都市間を結合しているが，鉄道に並行する

図3-2　1968年12月の群馬県におけるバス路線網

第3章 群馬県における乗合バス縮小期にみる諸問題の考察　69

しないに関わらず，かつては東武バスが，都市間も郊外集落へもほとんどくまなく運行されていた。しかし，館林市が全国唯一バスなし市となったり，公共交通機関が全くない町村が数カ所存在した等，現在乗合バスとしては埼玉県境を跨ぐ2路線を除いて，廃止されている。

図3-3　1992年7月の群馬県におけるバス路線網
（この頃県内の路線バスは最も縮小した）

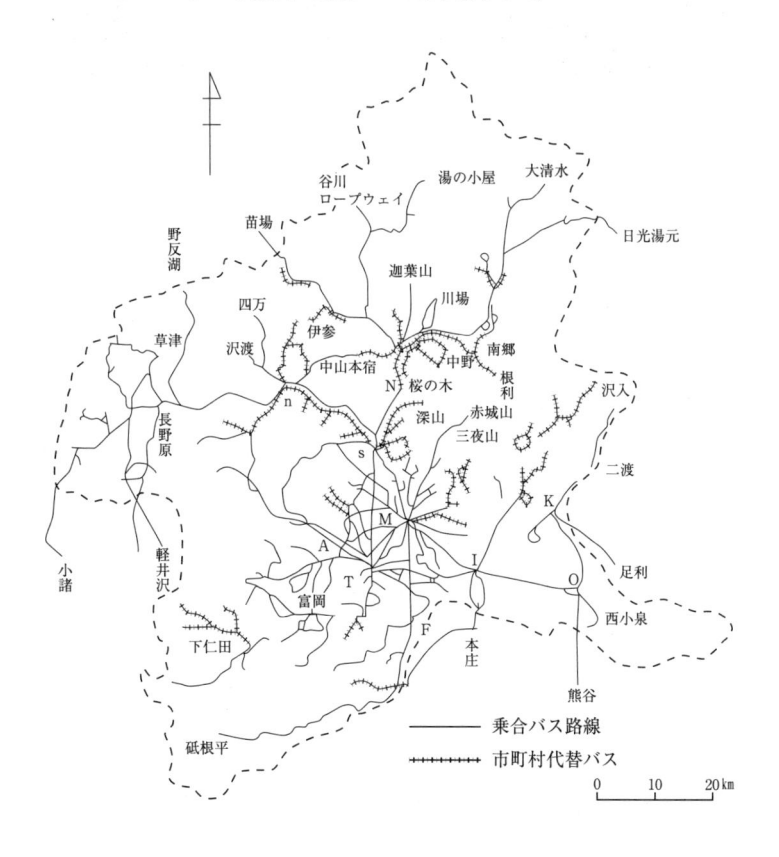

写真2　かつては山間の小集落までバスが走っていた（大島撮影，中之条町内・1981）

第4節　乗合バス運賃の高騰

　乗合バスの運賃は，戦後の高度成長期前半1965年頃までは概して安定していて，65年頃までは，鉄道とバスはほぼ同等であった。しかし，60年代後半から70年代にかけては，ほぼ隔年に大幅な運賃値上げが続いていた。
　群馬県の東武バスの基準賃率は，1965年に3.90円だったが，67年に4.90円に，70年に6.30円にあがり，以降ほぼ2年毎に大幅に値上げされた。そして，90年には42.4円と，四半世紀間に10倍以上となった（県内他社・全国的にも類似の傾向）。一方国鉄は，一時大幅値上げもしたが，運賃値上げ法案が度々国会で廃案になっており，バスに比べて割安感が強まった。そのため，バスは，地方においては，かつての「安くて便利」の常識は崩壊して，「タクシー相乗りより高くて，いつ来るか（着くか）わからなく安心して乗れない」乗り物という認識が強くなっていよう。
　乗合バス運賃の高騰は，鉄道沿線では乗客の鉄道転移を一層促進したし，鉄道が並行しなくても，平野部においては，前節でも記したように，高校生を中

心にかなり自転車にシフトしたことは確かである。一方, 山間地域においては, 自転車を利用しにくいため, バスの需要は極端に減少していないと考える。路線・運行回数をみても, 東武バスに関しては, 平野部では幹線ルートも急速に縮小したが, 渋川—伊香保線や沼田—猿ヶ京・鎌田間等, 山間地域の幹線ルートは, バス最盛時以降あまり減回されることなく, 近年関越交通に肩代わり[9]されている。

第5節　群馬県内のワンマンバスの運行

(1) ワンマンバスの概要

　ワンマンバスは, 1960年以降全国的に拡大し, 群馬県では, 63年12月1日, 群馬バスの前橋市内循環線で登場したのが最初である。ワンマンバスは, 当初均一運賃路線に限定して導入され, その後, 申告制でもワンマン化されるようになったので, 運賃区界の少ない大都市域では, 65年頃までに, かなりワンマン化が進んだ。

　ワンマン化の初期の目的は, 表向きは車掌不足を解消することにあった。しかし, 次第に合理化目的に変わり, 群馬県では, 前橋—高崎バイパス線の開通時に前後して多区間整理券方式が導入されて以降, 運賃制の如何に関係なくワンマン化が進展した。そして, 群馬バス・群馬中央バス・上信バスでは, 1970年頃までに主要路線の多くはワンマン化され, 短期間で車掌の乗ったツーマンバスは激減した。また, ワンマン化が遅れた道路狭隘路線でも, 車両・案内や運賃精算方式はワンマンバスと同等として, 車掌は保安のための添乗とした「ワンツーマン」方式が主体となった。

　初期のワンマンバスは, 運賃の支払いや乗降・運賃精算方式が会社によって多様であり, 両替機や運賃表等の車内設備も貧弱だったため, 運転手と乗客間のトラブルが後を絶たず, 不評だった。しかし, 群馬県では, 71年, 東武バ

スで後乗り前降り・運賃後払い方式のワンマンバスが大量に投入されたことを契機に，同方式に集約されていく。また，各種機器が整備されてワンマンバスが急速に普及すると，ワンマンバスは当然の既成事実として，苦情はもみ消される風潮となっていった。

ワンマン化の基準は，原則として，道路の幅員が6m以上で，バックしないで方向転換できる折り返し場所を有することである[10]。しかし，合理化や人手不足の解消を理由に，運輸行政サイドもワンマン化を推進していたため，ナローバス[11]やバックテレビの導入，道路ミラーの設置等でその規準は緩和され，道路条件の悪いことが理由でいつまでもツーマンで残った路線は全国的にも希であった。ただし，ワンマン化は，各事業者とも労働組合と協定した上で実施されるため，進捗状況は，個々の路線の道路事情よりも事業者毎に異なる傾向が強かった。とりわけ，東武バスは，車掌要員の確保がそれほど深刻でなかったことや，労働組合が強力にワンマン化を阻止した経緯から，全国レベルでみても，国鉄バスと並んでかなり遅かった。

(2) 群馬県内東武バスのワンマン化の進展

群馬県の東武バスの最初のワンマン化は，1966年だが（最初は埼玉県内の路線，群馬県内では12月1日に群大病院線で実施），その後の進展は遅かった。他のの民間事業者ではかなりワンマンバスがかなり普及していた70年でも，前橋市内や桐生市内の運賃区界2～3の系統で申告制で行っていただけで，ワンマン車両も，その時点では，計十数両だった。また，ワンマン化を意識してか，ツーマン専用車両こそ，68年以降投入されなかったが，ワンマン改造された車両は，その後も些少な台数にとどまっていた。

しかし，71年以降，整理券方式のワンマン車両が逐次大量に投入され，75年頃までには，幹線道路を走る系統はほとんどワンマン化された。さらに78年8月よりナローバスが投入されて，81年までに全路線がワンマン化された。

(3) ワンマン化に伴う利便性の喪失

ワンマン化は，道路事情に多少とも制約を受ける部分があったし，運転手は，従来の車掌の業務も負担させられることになる。そのため，労働組合が労働条件の見直し・緩和を要求する一方で，利用者の利便性を損なう事例も生じた。

前橋—沼田線は，ワンマン化（1973年1月20日）に際して，**表3-6**でみるとおり，ほぼ同本数（沼田—渋川間は48→47回）走りながら，従来の20分毎等間隔運行がくずれたうえに日中と夜間に直通便がなくなる等，利便性はかなり喪失した。これは，従来前橋—沼田間を2往復して1ダイヤとしていたのに，ワンマンで2往復することを労組サイドで否定して，全ダイヤとも1往復半（前橋営業所受持ダイヤは沼田1往復と渋川1往復，沼田受持ダイヤは前橋1往復と渋川1往復）としたことと，朝夕混雑時の割増所要時分確保と乗務員の休憩時間のからみから生じた結果と想定できよう。

前橋—桐生線，桐生—伊勢崎線も，ワンマン化に際して，同様に運用全体が見直され，時間帯によって直通便は皆無になる等，利便性はかなり低下した。全国的に鉄道並行路線は縮小される傾向にあったとはいえ，一旦このようにダイヤが改悪されてしまうと利用者は減少して，時刻改正毎に一層不便なダイヤになる悪循環となろう。前橋—沼田線については，1981年10月9日には直通系統は全廃され，その数年後には渋川—沼田間は代替バスが乗り継ぎで数回が運行されるだけとなるなど，その典型だったと思える。桐生—伊勢崎・前橋線については，今や代替バスも寸断されている。こうした利便性より事業者・労働条件を優先させたダイヤ改悪を伴うワンマン化が，利用者の減少も促進させたことは確かであろう。

ワンマン化は，路線の縮小にも間接的に影響した。すなわち，表向きの廃止事由は旅客の減少等でも，路線末端の道路狭隘区間を廃止してワンマン化されたり，最後までツーマンで残った路線が廃止に至るケースが，東武バスで数路線で散見できた。ワンマン化完了間際の1979~81年までツーマンで残ってい

表 3-6 ワンマン化に伴う東武バス前橋駅―沼田線[1]の運行時刻の変化

時	ワンマン化以前 前橋駅発 沼田行		ワンマン化(1973.1.20)以降			
			前橋駅発 沼田行(無印) 渋川新町行[2](△印)	渋川新町発[2] 前橋駅行	沼田発 前橋駅行(無印) 渋川新町行(△印)	渋川駅発 沼田行
5		沼田発前橋駅行は左欄と同じで6時から21時まで毎時00・20・40			40	
6	00, 20, 40		00, 20, 35, 55,		00, 20, 35, 55,	
7	00, 20, 40		15, 35, 55,		15, 35, 55,	
8	00, 20, 40		15, 40,		15, 35, 55,	
9	00, 20, 40		00, 20, 40,		15, 40,	
10	00, 20, 40		00, 20, 40,		00, 20, 40, △55	
11	00, 20, 40		00, △20, △45,		△15, △35, △55,	
12	00, 20, 40		△10, △30, △50,	20, 45	△15, △35, △50,	12, 32, 52
13	00, 20, 40		△15, △35,	10, 30, 50	△15, △35, △55,	12, 32, 52
14	00, 20, 40		00, 30, 55,	15, 35,	10, 35, 55,	07, 27, 52
15	00, 20, 40		20, 40,		15, 30, 45,	
16	00, 20, 40		00, 20, 35,		05, 25, 55,	
17	00, 20, 40		00, 20, 40,		20, 45,	
18	00, 20, 40		00, 20, 40,		10, 30, △48,	
19	00, 20, 40		△05, △35,		△15, △40,	
20	00, 20, 40		△10, △40,	05, 35,	△00, △20, △40,	08, 32, 57
21	00, 20, 40		△00, △20,	10, 40,	△00, △15,	17, 37, 57
22				00, 20,		17, 32,

左枠20分毎の運行は1960年代中期以降、右枠は1978年頃まで同じで以降減回。
(注) 1. 沼田の発着は、1977年6月まで材木町、同年7月より三軒屋。
2. 前橋―渋川線は前橋駅―沼田線と関連ダイヤの県庁経由の便のみ。
(資料) 東武バス前橋地区(1975年2月1日現在)沼田地区(1977年8月10日現在)時刻表(筆者所蔵)。

た二渡―馬立間・小仲橋―小仲間・渋川―中野間・伊参―大道間・牧場―大岩間等が事例路線(区間)である。

第6節　運行時刻設定と「遅れ」の問題

(1) 運行回数・間隔に関する考察

　主要バス路線では，かつては本数が多いことや最終便が遅いだけでなく，等間隔ネットダイヤで運行される路線が多かった。乗合バスが縮小される過程で，不採算路線の運行回数を少なくして（減回）合理化を図ることは，従来のバス事業経営の趨勢だった。また，本数の多少にかかわらず，等間隔ネットダイヤで運行されていたほうが利便性が高いことは言うまでもない。

　群馬県内では，かつては第3節の表3-5でみたような主要路線はほとんど等間隔ネットダイヤで運行されていたし，1時間に1本程度の路線でも，毎時○○分に発車する路線も多かった。しかし，東武バスでは，第5節の(3)のようにワンマン化される際にネットダイヤがくずれる路線が生じたし，他社で比較的おそくまでネットダイヤを維持した路線でも，平均1時間に1本程度まで減回されるとそれがくずれる傾向にあった。現在群馬県内でほぼ完全にネットダイヤで運行が継続されているのは，前橋―高崎線（群馬中央バス）と太田―熊谷線（朝日自動車）（ともに日中30分ヘッド）程度しかなくなっている。

　ネットダイヤがくずされる要因として，第5節(3)でみた時間帯による所要時分の差異や乗務員の休憩時間とのからみ，減回に伴って同一ダイヤの行路が複数路線にまたがるようになるため等間隔で発車させることに対する困難性，等々の要因が考察できよう。しかし，他県ではまだまだネットダイヤで運行される路線が多い現状をみると，群馬県では，ネットダイヤを存続して事業者労使・自治体が協調して利便性を確保しようとする認識が弱かったことが痛感できる。このように，単なる減回だけではなく，それに伴うネットダイヤの解消も，第7節でみる時刻表の普及が十分でなかったことも相俟って，バス離れに拍車をかけたことは確かであろう。

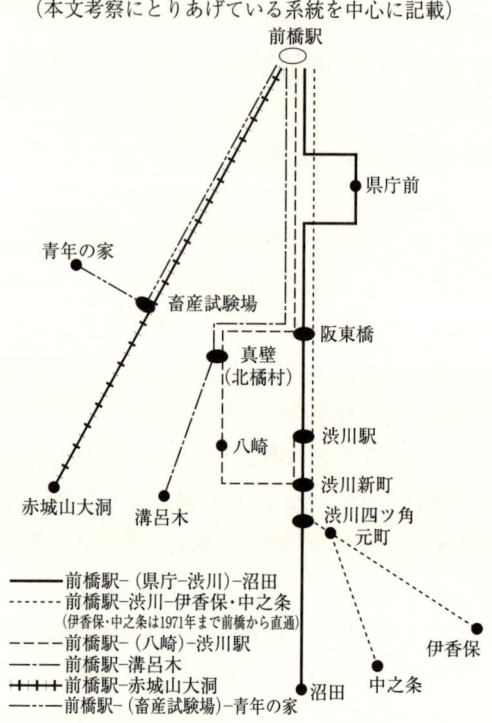

図 3-4　前橋駅より北方への東武バス運行系統概念図（1975年頃）
（本文考察にとりあげている系統を中心に記載）

凡例：
── 前橋駅－（県庁－渋川）－沼田
----- 前橋駅－渋川－伊香保・中之条
　　（伊香保・中之条は1971年まで前橋から直通）
----- 前橋駅－（八崎）－渋川駅
-・- 前橋駅－溝呂木
+++ 前橋駅－赤城山大洞
──・── 前橋駅－（畜産試験場）－青年の家

(2) 系統ごとの運行時刻の問題

　路線バスは，等間隔・ネットダイヤがくずれて運行間隔が不規則だと，前便と間隔が開く便は，各停留所にたまった旅客を拾うために遅れ気味となって，ますます間隔が開く傾向にある。間隔が短い便はその逆で，いわゆる「ダンゴ運転」になりやすい。しかし，群馬県内では，1960年代に都市間のかなりの系統で等間隔で運行されていた頃でも，同一方向に向かう複数系統相互で運行間隔を調整されていた路線は少なかったし，縮小期になると，前記前橋—沼田線のように，むしろ等間隔が解消されてしまった系統が多かった。

筆者の経験として，60年代の前橋—渋川間は，日中でも確実に毎時10本以上運行されていたが，15分程度待つことはしばしばだった。これは，前橋—渋川新町・沼田・中之条・伊香保等の同一方向複数系統の各々が，連携のない時刻設定（ネットダイヤに近い系統も多かったが）で，既記のダンゴ運転も生じたことに起因しよう。このように本数の多い利便性の高い幹線系統でも，なかなか来ない場合が多く，それがバスに対する不信感へもつながっていた。

1975年は，すでに乗合バス事業の経営が厳しくなって，バス事業者は，合理化する際にも，利便性が最大限確保できるような事業計画を検討すべき重要な時期であった。ところが，当時まだ不親切な運行事例が各地で継続していた。

表3-7　前橋駅発北橘村方面と赤城山方面行東武バス時刻

（1975年2月現在）

行先	真壁（北橘村）方面		赤城山方面	
	溝呂木	八崎経由渋川	赤城山大洞	畜産試験場
6	25, 40,	20,	—	—
7		40,	05,	45,	27, 43,
8		50,	45,		△10, 35,
9	30,	30,	20	00, 25, 41,
10	30,			△10, 35,
11	20,	05, 30,	20,	00, 23, 39,
12	00,	55,	45,	△08, 24,
13	00, 50,	50,		00, 40,
14		50,	30,	△05, 58,
15	10,			47,
16	15,	00,	40,	△22, 56,
17	40,	15,		30,
18		25,	15,	05, 55,
19	00,	40,		30,
20			10,	50,

（平日・休日とも同一時刻）　△：青年の家行

(注)　太字は，2台が接近して走る不適切な運行時刻の便。

(資料)　東武バス前橋地区時刻表　1975年2月1日現在（筆者所蔵）。

例えば，前橋から北橘村方面に向かう溝呂木・八崎経由渋川の2系統は，それぞれ平均1時間1本程度の運行であったから，両系統が交互に30分毎に運行されるのが好ましい。ところが実際には，過半数の便が接近して運行されているため，前橋から北橘村へ行く人には，不親切な運行時刻であった（表3-7）。また，前橋から赤城山方面についても，午前中は，途中の畜産試験場行きと続行する時刻設定で，このように設定時刻そのものが「ダンゴ運転」になってい

る場合も見受けられた。

　もちろん，こうした不親切な運行は全体からみれば一部で偶然に生じていたのであろうが，不等間隔や不親切な時刻設定やそこから生じるダンゴ運転等は，バスへの信頼性を多少とも喪失したことは確かであろう。また，地元自治体が，住民の利便を確保してもらうようにバス事業者に請願する努力は乏しかったことを象徴していよう。

　(3)　乗合バスの「遅れ」に関する考察

　モータリゼーションが進展しながら，まだ乗合バスが重要な生活交通として機能していた頃，「バスは渋滞で遅れる」ことがよく話題になった。もちろん，バスの遅れの最大の要因は道路渋滞だったが，多少の遅れは必ずしも渋滞だけによるものではなかった。

　バスは，日々の道路事情や乗客の乗降事情によって所要時分が著しく異なるが，多くの事業者では，所定の標準所要時分を基本として，朝夕は多少多めに，深夜早朝は多少少なめに，運行時刻や各停留所の通過時刻を設定している。しかし，所要時分は，現実的な運行に多少余裕をもたせる必要があろうし，労組サイドでは，ハンドル時間（所要時分）を多めに要求する傾向にある（所要時分を少なめにして速達制をアピールする急行バスもあるが）。そのため，定時に発車して道路がすいていれば，途中で早発してしまう危険もあり，「のせてやる」時代の乗合バス全盛時には，早朝・夜間などに途中で早発してしまうケースもあった。また，途中で早発しないように，始発を5分程度意図的に遅れて発車するケースは全国各地でみられたし，群馬県内でも，一部の路線・地域でそれが慣例化していた。

　例えば始発地を5分遅れて発車すると，信号の多い市内では，渋滞はなくとも遅れは回復しにくいので，5分遅れで走行することになる。この5分の遅れは，郊外に出てから回復し始めるので，定刻に到着することはできる。しかし，郊外に出て定刻に戻った恩恵に授かる範囲で乗車する人は少ないため，多くの

乗客には市内の5分遅れが印象づけられることになろう。

バス離れや路線縮小が社会問題になって、事業者サイドでも乗合バス復権策を真剣に取り組んで運行管理を厳しくするなかで、近年はこうした意図的に遅れて発車するケースは、全国的にも非常に少なくなっていよう。しかし、運行時刻に多少の余裕はもたせてあろうし、そうかといって途中で早発してはならない。そうしたバス運行特有の難関に対して、近年では、全行路に少しずつ余裕をもたせてこまめに時間調整させる、終着1つ手前のバス停まで最小限の所要時間で組み（道路がすいていて旅客が少なくても早発しないように）、終着地で余裕をもたせる（この場合、多少早着する場合が多いが、早着は乗客にむしろプラス）等々、事業者毎に対応・工夫しているのである。

第7節　群馬県の乗合バスの新たな改善事例

(1) 循環系統の設定

循環バスは、かつては前橋・高崎等大都市市街地で盛んに運行されていたが、自家用車・自転車が普及してバス離れが加速する過程で、群馬県内ではほとんど廃止された。代わって、1980年以降、山間地で循環系統が相次いで誕生した。

1日数回しか運行されない山間地では、それ以上減回できないし、かといって、通学時間には各路線の運行を確保するため、1台で複数系統を交互に運行することもできない。そうしたなか、東武バスの山間地のローカル路線の合理化の一環が、循環系統の開設である。すなわち、接近した2系統の終着地を短絡させて循環する1系統として運行する方策で、沼田を起点とした川場循環・越生中野循環、中之条を起点とした伊参赤坂循環、大胡地域の三夜沢新井橋循環等で代表される。この場合1回の走行距離は1.3倍程度で2系統をカバーできる。一部の利用者が迂回乗車を強要される不便はあったが（この場合、運賃

は割増にならないよう配慮），従来減回・廃止による合理化一辺倒だったのに対し，車両・ダイヤとも合理的な運行形態となった。これら循環系統の多くは，まもなく代替バスに受け継がれており，もともと需要の少ない地域の有益な運行形態として定着した。

　(2)　時刻表の作成

　群馬県内では，利用者向けにバス時刻表を作成・配布する事業者もあったが，事業者が競合するため，該当する地域の全バスを網羅するものではなかった。また，平野部で過半の運行を担っていた東武バスでは，利用者向けの時刻表を見かけることは少なかったし，路線毎に不規則な時期にダイヤ改正されていた。そのため，常に時刻を事業者に確認しないと安心して利用できず，乗りたくても乗れなかった（最初からバスに乗るのを諦めたり，バス停に行ったら時刻が変わって乗れなかった等々）状況が多々潜在したと考える。

　他県の1事業者集約地域では，毎年冊子の時刻表が作成されるケースが多く，それがあるとバスを気軽に利用できる一助となる。しかし，多くの事業者が競合する群馬県で，それをバス事業者に要求することは難しかったであろう。

　1991年10月，群馬県バス協会から，全県下の冊子形式のバス時刻表が発行されたが，その後も同協会は，同種の時刻表を計6回発行して[12]，その気運は定着してきた。また，県内幾つかの財務事務所（現在は行政事務所）が，管轄地域ごとの路線図・時刻表を作成する傾向にある[13]。バス協会や広域行政サイドから時刻表や路線図が作成されることは，バス活性化の一環として喜ぶべきことである。ただ，作成時期が不規則であること，事業者によって不規則な時期にダイヤ改正される点を改善していく必要があろう。

おわりに

　本章では，1960年代後半以降，バス離れが進んで乗合バスが縮小される過程で，群馬県におけるバス事業者サイドや行政の対応の一端を考察してきた。

　鉄道の近代化や多少の路線縮小，運賃値上げ，ワンマン化等々は，時代の変遷と合理化の促進から止むをえない状況であろうが，第5節(3)にみるワンマン化に伴う弊害や6節(1)～(3)における運行時刻の設定や遅れの問題は，バス事業者が，車両や乗務員の運用を優先する風潮の一端であろうし，行政が連携して利用者の利便性確保しようとする意欲が弱かったことが考察される。本稿においては，東武バスの具体的事例を主としてとりあげて考察し，他事業者の傾向はかなり異なる場合もあろうが，概して群馬県内では，利用者の利便を最優先した事業計画は，縮小初期の70年代までは十分なされていなかったことは確かであろう。

　80年代に入ると，第7節(1)で記したようにバス事業者は運行体勢を見直しながら効果的な合理化を検討し始めたり，90年代以降は，同節(2)のように県や協会によって時刻表が作成される等行政サイドからもバス活性化のに対する意欲が直感できるようになったが，すでにかなりバス離れが進んでからの手遅れの時期であった。現在県下多くの自治体が運行している自治体巡回バスに関しては，各市町村とも，大型・色刷りの時刻表や路線図等を作成している。バス離れの最大の要因は，モータリゼーションの進展にあろうが，路線バスに対して，各自治体が，バス事業者と連携して自市町村内の乗合バスの時刻表や路線図を作成する等々，住民のバス離れを食い止めようとする認識が70年代から芽生えていれば（それなりの対応はしていたのであろうが），現在の群馬にみられる極端なバス離れには至らなかったと考える。

　本章でみてきたような路線バスの適正な運行と地域社会の関係を考察は，表向きの統計資料や一般的傾向，さらにはアンケート等でも読み取れない傾向が

強く，こうした具体例と時刻表や路線図等の資料の蓄積に基づいた考察が，今後一層必要であろう。また，乗合バスの縮小期における問題は，本章で取り上げた以外にも考察すべく項目は多く，それらは別著で改めて考察したい。

【注】

1) 大島登志彦 [1983]「群馬県におけるバス路線網の変遷」『新地理』31-2，1～24ページ，注4) に所収。
2) ─── [1987]「群馬県におけるバス交通についての最近の状況」『昭和61年度会誌』(群馬県高等学校教育研究会　地理部会) 第17号，11～18ページ。
3) ─── [1987]「沖縄・奄美大島のバス事情」『BUS MEDIA』3-2．13～23ページ，注4) に所収。
4) ─── [1991]『バス交通の地域的研究』(群馬工業高等専門学校) 93ページ。
5) ─── [1986]「上田交通における鉄道は廃止とバス事業との関係」『鉄道史学』第3号，21～34ページ，上記4) に所収。
6) ─── [1993]「上毛電気鉄道の地域社会との関連とその変遷」『鉄道史学』第12号，7～15ページ。
7) ─── [1997]「ローカル列車の運行から考察される生活圏と地域社会」『群馬高専レビュー』第15号，43～49ページ。
8) ─── [1999]「ローカル列車の適正な運行と車内設備に関する一考察」『群馬高専レビュー』第17号，31～40ページ。
9) 比較的おそくまで存続した主要路線は，群馬県内の東武鉄道関連会社である吾妻観光自動車，関越交通，十王自動車，朝日自動車に肩代わりされて，乗合バス路線として継続されている (図3-1参照)。
10) 「ワンマンバスの指定基準」(昭和45年，東京陸運局，群馬県企画部 (1978)『群馬県の公共交通──現状とその対策─』に所収)。
11) 当時，全長8～9m，全幅2.2～2.3mの中型バスに対する多くの事業者での通称だったが，後に車両が多様化したため，現在では用いられない呼び方となった。

12) 「WE LAVE BUS 群馬県路線バス時刻表」(群馬県バス協会, 1991・1992・1993・1994・1996・1998 年)。
13) 最初高崎財務事務所で 1995 年に作成され, 以降前橋, 渋川, 沼田で作成された。

第4章　中心市街地活性化と交通・交流条件の整備
　　　　　——高崎市の事例を中心に——

長谷川　秀男

　長い歴史の中で地域の文化・伝統を育んできた「まちの顔」ともいうべき中心市街地は，急速なモータリゼーションの進展，消費者のライフスタイルの多様化，中心市街地の地価高騰，人口の郊外転出，都市機能の分散等の影響を受けて衰退し，その果たすべき役割が形骸化しつつある。

　高崎市および高崎商工会議所では，「高崎市中心市街地活性化基本計画」や「高崎商業タウンマネージメント構想」を2000年度に策定し，その再生のためにいろいろと知恵や工夫を凝らそうとしている。それらは，「音楽とアメニティに満ちた歩いて楽しい」中心市街地に再生することをめざしている。

　本稿では，中心市街地再生の1つのポイントは鉄道時代の交通拠点の意味を問い直すこと，バス等を含めた公共交通機関のあり方を再検討することにあるという認識から，また『計画』や『構想』が出されたばかりなので，交通・交流条件の整備に限定して，実現可能性は乏しいが，大胆な提言を行っている。

第1節　高崎市にみる中心市街地の衰退傾向

(1) 中心市街地の衰退傾向

　高崎の商業集積は旧中山道沿いの商店街が当初中心であったが，明治期の国鉄高崎線の開通や陸軍高崎連隊の設置等に影響されて，中心地はしだいに現在の高崎中央銀座商店街や高崎中部名店街などの道筋とか，高崎西口駅前通りへと移行していった。

　さらに，戦後の高度経済成長を経て，スズラン，高島屋，田原屋（1986年移転）などの大型店が立地した慈光通りと大手前通りの連結道路沿いに中心地が移っている。

　道路網の整備に加えて，鉄道も7路線が高崎駅に乗り入れていることもあって，集客力のある商業地として発展してきた中心市街地の商店街は，隣接市町村や周辺地域への大型店の進出，交通アクセスの悪化，駐車場問題などを背景に，空き店舗が増え続け，衰退しつつある。

　いってみれば，中心市街地の衰退については，モータリゼーションの進展に伴うバイパス・環状道路の建設整備，都市計画の郊外地への拡大に伴う周辺地域や隣接市町村における住宅環境の整備（人口移動）や商業機能の充実（大型店・中型店の進出）などにより，中心市街地商店街への交通アクセスの悪化，駐車場問題などがよりいっそう顕現化し，空き店舗が増え続けるといった過去の都市整備の経緯から生じている要因が1つ考えられる。

　もとより，商店街や個店が抱える経営上の問題点に起因する要因等中心市街地の衰退の要因は多様であるが，ここでは高崎市における中心市街地衰退の傾向を生活の場，産業拠点および交流の場などの側面からみることにする。

① コミュニティの空洞化

　一般的に，各都市とも中心市街地の活力の源泉たる人口が減少し，高齢化が進んでいるが，高崎市もその例にたがわず，人口の減少と高齢化が進み，それが中心市街地の衰退の原因となっている。

　そこで，高崎市内全体の人口，中心市街地（「高崎市中心市街地活性化基本計画」に基づく範囲）の人口および区域内児童数（中央小，東小，南小，北小，城東小，高松中，第一中，塚沢中及び佐野中の校区へ通学している児童数）の推移をみることにする。

　中心市街地の人口割合は1955年の32.2％（市内総人口125,453人のうち40,386人）から99年には6.2％（同243,327人のうち15,194人）と大幅に落ちこんだ（75年は210,864人のうち24,701人，95年は240,814人のうち16,292人）。

　中心市街地における児童数の割合も，65年の20.6％（3,104人）から80年に7.6％（1,624人），99年には7.0％（1,002人）と大幅に減少している。

　それらから明らかなように，市全体の人口が増加しているにもかかわらず，中心市街地内の人口は減少し，就学する児童の比率も低下して，年齢構成では極端に高齢化が進んでいる。いわば，中心市街地のコミュニティの空洞化が進み，中心商店街の活力の低下の一因となっているのである。

　それゆえ，中心市街地の人口の減少と少子・高齢化の問題等に対応するために，商業機能のみならず公共施設等の拡充整備により，中心市街地における集積の利益，中心市街地への居住や来街のメリットを増幅し，人口の回帰や来街者を政策的に誘導することを狙って，中心市街地活性化対策が高崎等全国各地で取り組まれるようになったといえる。

② 産業の空洞化

　表4-1は，高崎市の中心市街地と郊外における小売商業の動向について店舗数，売場面積および年間売上高から捉えたものである。それから明らかなように，79年から97年までの間に，中心市街地における小売業の店舗数の全市に対する比率は43.1％から33.6％に低下し，年間販売額の比率は49.5％から

表 4-1 高崎市の商店数・年間販売額・売場面積の推移（小売業）

		中心市街地〈旧市域〉		郊外〈旧市域を除く市域〉	
		実　数	比率(%)	実　数	比率(%)
商店数（店）	1979年	1,575	43.1	2,077	56.9
	97	1,012	33.6	1,996	66.4
年間販売額(万円)	1979	1,001億1,646	49.5	1,019億7,897	50.5
	97	1,077億9,976	26.0	3,072億7,514	74.0
売場面積(m²)	1982	149,971	57.5	110,812	42.5
	97	110,073	31.4	240,401	68.6

(出所) 高崎市 [2000]『高崎市中心市街地活性化基本計画』より再編。

26.0% に低下している。小売業の売場面積についても，82年の57.5%から97年には31.4%まで急激に低下している。

この結果から，中心市街地の吸引力が低下し，そこに立地する小売業の魅力が周辺地域の郊外店や他市町村の店舗に比べて相対的に低下しているものと考えざるをえない。

事実，人口の郊外化，モータリゼーションの進展，市街地の地価高騰，環状道路の建設整備等を背景に，次のような郊外型新商業地が近年形成され，その影響を受けている。① ロードサイドへの商業機能の集中であって，特に第1種大型店も4店立地している高前バイパスと環状道路との緑町交差点を中心とした半径500〜600mの圏内，② 96年に開店したハイパーモールメルクスとアピタ高崎店を核に市内南部で形成した地区，③ 大型店赤まる市場とアメリカ資本として有名な大型玩具店トイザラス（前橋市地番）が立地した高前バイパス沿線の前橋と高崎の境界地区などである。

いってみれば，大店法の規制緩和に伴う大型店・中型店の立地展開や，営業時間の延長・休業日数の削減等の供給サイドの経営努力によって，競争環境が激化し，消費者の選択の機会が拡大したのに対して，中心地の商店街や個店の競争環境への対応が遅れてしまい，衰退傾向が顕著になるにつれ，個店経営者の商業継続に対する意欲が積極的なものと消極的なものに分化し，商店街のまとまりがなくなってしまうといった，商店街・個店が抱える経営上の問題点に

起因する要因が作用しているのである。

その意味で，中心市街地における商業活動の衰退原因の明確化，商店街ごとの活性化への一致団結した努力が求められるが，ここで筆者もワーキングに参加した「高崎商業タウンマネージメント構想策定委員会」で検討した高崎市の中心商店街の問題点を列挙すると，次のとおりである。

- 商店街の衰退，空洞化
- 魅力の感じられない商店街
- 公的集客施設の欠如
- 空き店舗，空き地の増大
- 魅力ある吸引施設の不足
- 商店街の集積感の不足
- 歩行者通行量の少ない商店街が多い
- 非店舗の増大により，とくに日曜，夜間が淋しい
- 老朽化した商店街施設
- 見苦しい商店街
- 必要な業種が揃わない商店街
- 夜間人口が激減している
- 経営意欲を喪失した店も多い
- 後継者が少ない商店街も多い

③ 都市空間の空洞化

長い歴史の中で地域の文化・伝統を育んできた街の顔である中心市街地には，かつて集客性の高い公共施設や通勤・通学者の多い施設等が立地し，居住者も少なくなく，それらが中心商店街の活力の一因となっていた。

ところが，モータリゼーションの進展に伴う交通渋滞による流通機能の低下を回避するため，郊外に日本第1号の問屋団地が造成されるとか，あるいは都市化の進展による教育環境の悪化に伴い県立の高崎商業高校や高崎女子高校が郊外へ移転するなどの事例が示しているように，モータリゼーションの進展等

と相まって集客性の高い公共施設や通勤・通学者の多い施設等の郊外への新設や移転が多くみられた。

郊外への産業施設の立地や新たな住宅地の拡大は，結果としてスプロール的な都市構造＝都市化を後追いする分散的な公共投資を導き，地域バランス論に立脚した周辺地域の拠点整備が進むなかで，中心市街地の相対的なポテンシャルの低下をもたらした。

その結果，「比較的よく行く商店街の魅力度」では（図4-1），東京や大宮の商店街との比較で劣位になることはともかくとして，群馬県内の前橋や伊勢崎よりも劣るという商都高崎としては，かつて考えられなかったような事態が発生している。

なぜ，前橋の方が高崎よりも評価が高いのかについて，高崎市・高崎商工会議所「買物行動と意識に関する調査報告書」［93年3月］を通じてみると，次の項目があげられる。

- 品物の値段が安い

図4-1 比較的よく行く商店街の魅力度

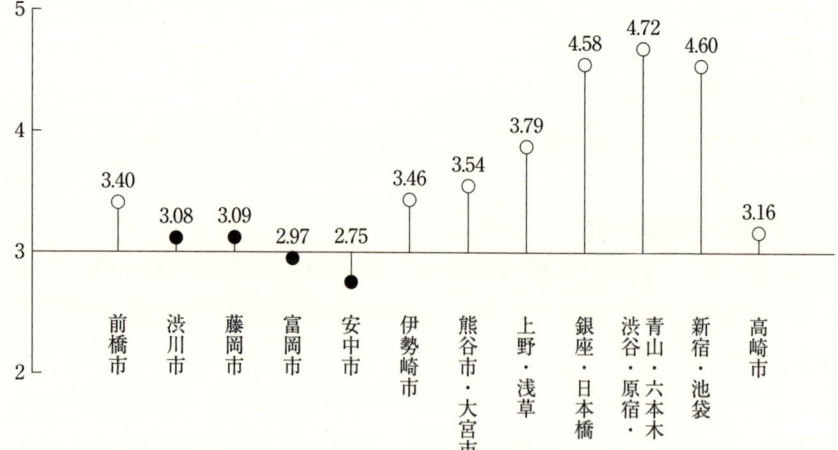

都市	魅力度
前橋市	3.40
渋川市	3.08
藤岡市	3.09
富岡市	2.97
安中市	2.75
伊勢崎市	3.46
熊谷市・大宮市	3.54
上野・浅草	3.79
銀座・日本橋	4.58
青山・六本木・渋谷・原宿	4.72
新宿・池袋	4.60
高崎市	3.16

（注）○は高崎市中心街より魅力度評価が上，●は下を表わす。
（出所）高崎商工会議所［2000］『高崎商業タウンマネージメント構想』。

- 商店（街）のサービスがよい
- 交通の便に恵まれている
- 落ち着いて買物ができる
- 事故などの心配をしないで街を歩ける
- 近くに公園や緑があり自然に恵まれている
- 文化的施設や雰囲気に恵まれている
- 街に集まる人々のかもしだす雰囲気がよい
- その街独特のムードや情緒がある

　この調査結果から考えさせられることは，値段が安い，サービスがよいことを除いた商店街の環境や商業機能以外の文化機能や情緒などの都市機能の側面で，前橋に対する評価の方が高いことである。いわば，中心市街地における都市空間の空洞化が前橋より進んでいるといえよう。

　日本列島のほぼ中央部に位置し，日本海側と東京や太平洋側とを結ぶ重要な結節点にあり，上越新幹線及び長野（北陸）新幹線，関越自動車道，上信越自動車道及び北関東自動車道といった高速交通体系の拠点となっている高崎市にあって，交通拠点としての優位性を都市づくり・中心市街地活性化のため最大限に活用して，「拠点性」や「求心性」を高めることができていない点を強く意識させられた。

　モータリゼーションの進展と相まって鉄道を中心とした交通拠点性の要素が相対的に低下し，集客性の高い公共施設や通勤・通学者の多い施設等が郊外へ移転・新設されたり，大型店・中型店の立地が郊外や隣接市町村に多くみられるなかで，公共交通機関の利用率が低下するに伴い，不採算路線の廃止や本数の削減などサービスの縮減がみられる。いわば，公共交通機関の低利用と衰退の悪循環に陥っている。

(2)　主な中心商店街における問題点等

　高崎市には，現在商店街が67，うち振興組合が4，その他法人が8ある。とり

わけ，TMO事業構想の範囲内に存在する24の中心商店街の活性化を目指して，いろいろな対策が講じられてきた。

詳細は後述するが，たとえば中心市街地7ブロック単位の案内板と，そのブロック内24地点にある個別案内板の2種類で構成されている駐車場案内システムが，87年から3年間かけて段階的に整備されている。

また，再開発事業と区画整理事業等により電線の地中化，歩道のカラー舗装，街路灯の設置なども，中心市街地の商店街，特に21階建ての市役所と高崎駅とのアクセス道路に接した各商店街を中心に行われている。

ソフト面でもいろいろと工夫が凝らされている。たとえば，中心市街地の17商店街で組織している「高崎商店街連盟」が運営主体の共通駐車券システムが導入されている。

商業イベントとしては，えびす講市や商都フェスティバルが毎年1回開催されている。骨董市が田町繁栄会主催で毎月最終日曜日，フリーマーケットが中部名店街で毎月第3日曜日に定期的に開催されていたが，今日ではもてなし広場（市庁舎跡地）における「人情市」に発展している。

さらに，16店舗で組織している「ひゃくてん会」がポイントカードへの取り組みを96年より本格化させている。100円の買い物につき1ポイントで，年2回行われる抽選会の福引の権利を500点で取得し，はずれの時に500円の商品券として扱われるという仕組みになっている。

このように，ハード，ソフト両面からいろいろと，中心市街地の商店街活性化のための対策が講じられてきてはいるが，すでに前述したような衰退傾向をくい止めるような効果は発揮されたと言い切れない状況にある。

以下に，筆者もワーキングに参加した「高崎商業タウンマネージメント構想策定委員会」が調べた中心商店街の特にコア部分の商店街における問題点について列挙しておく。

❶ 高崎駅前通商店街（振）

業務ビルや駐車場は多いが，建物は老朽化し，カラー舗装が時代遅れで，電線や電柱も目立ち，商業集積に欠けるところがあるので，商店街とは言い難い。

少なくとも，24万都市の駅前商店街としては貧弱である。

しかも，再開発ビル，ラ・メルセの2,3階はほとんど空き店舗で，オフィスビルにおいてもテナントが撤退している。

❷ (協) 高崎駅西口中央名店会

この商店街には駅前通りの角地の大駐車場と，もう1つ駐車場がある。空き店舗があり，中心街なのに石屋さんも残っていて，老朽化した両側のアーケードも景観をそこなっている。中心商店街としては，集積感に欠け，淋しい。

❸ 西一条通り商店街組合

空き地，空き店舗が見苦しく，つながりがいまひとつであるが，なかには良い店もあるから，今後中心商店街の一角を形成・発展する潜在的な可能性は秘めている。

❹ 新町南大通商店街

業務関係は多いが，物販は少ない。カラー舗装は新しく整備されているが，商店街としてまとまりが悪い。

❺ (振) 高崎中部名店街

H字型の商店街で，商業的にはよくまとまっている。しかも，百貨店スズラン，スズラン別館をはじめ商業集積が大きく，良い店が揃っており，中心商業核を形成している。

南北の通りの「さやモール」等舗装が整備済みで，デザインのよい街路灯やパサージュ的な魅力をもった小路があり，市街地居住者にとって重要な食品関係が充実し，とくに魅力的な八百屋がある。

映画館もあり，魅力的な街区を形成しているが，駐輪場はみにくく，パチンコ屋の撤退した大きな空き店舗があるといった問題も存在している。

❻ 高崎中央銀座商店街 (振)

大きな空き地や大きな駐車場が目立ち，空き店舗もいくつかみられる。がんばっている良い店も見受けられるが，非常にひどい店もある。舗装も古くなり，デザインの悪さが目につき，北側になるほど飲食店が多くなっている。

パチンコ，ゲームセンター，映画館など立地しているが，商店街の魅力形成

という観点から今ひとつ問題がある。旗を飾りにぎやかさを演出しているが，街区の途中からアーケードの老朽化が目立つ（とくにに横から見るとひどい）。

❼ 大通り商店街組合

市営駐車場はあるが，片側ずつのアーケードは老朽化している。商業集積はかなりあり，商店街の名に値するが，24万都市の中心商店街としては風格に欠ける。

❽ 大手前慈光通り商店街組合

歩道部分の整備事業は完了し，中心商店街の名にほぼふさわしい商業集積を形成しつつあるが，大通り等の道路で分断され，連結性がそがれている。

交通行政や商店経営者の意識が変わらない限り，実現不可能な話ではあるが，パーキングの撤去と歩行者天国の恒常化が問われている。

第2節　高崎市の商店街活性化対策

(1)　中心市街地の商店街区活性化対策

高崎市では，まちづくり・市街地再生等のため，再開発等のハード事業を積極的に行うとともに，さまざまなソフト事業を実施している。それらのうち，中心市街地における商業活性化や市街地整備改善事業を中心に，主だったものを列挙してみた。

❶　中心地区小売商業販売促進支援事業

事業概要：商都フェスティバル・えびす講市等の販売促進事業に対して支援し，小売商業の振興発展と商圏の拡大を図る

事業手法：（高崎市）小売商業販売促進支援事業

実施時期：事業年度1972年度から

実　施　者：高崎市，高崎市商店街連盟

❷　商店街イメージアップ事業

事業概要：商店街電飾事業，街かど美術館，街かどコンサート等を支援し，商店街のイメージアップと競争力の強化を図る
事業手法：（群馬県）商店街競争力強化事業
実施時期：事業年度 1994 年度から
実 施 者：商店街（会）組合

❸ 民間駐車場設置奨励事業（場所：駐車場整備地区内）
事業概要：民間駐車場の設置を奨励するため，固定資産税・都市計画税相当分の補助および借入金の利子補給を行う
事業手法：（高崎市）民間駐車場設置奨励及び設置資金利子補給事業
実施時期：事業年度 1988 年度から
実 施 者：高崎市

❹ 空き店舗活用支援事業
事業概要：商店街団体（法人）が空き店舗を借り上げ，コミュニティ施設等として活用する場合の店舗改装費・家賃補助を行い，商店街活動を支援する
事業手法：（群馬県）商店街づくり総合支援事業
実施時期：事業年度 1998 年度から
実 施 者：法人格を有する商店街組合等

❺ 中心商店街誘客調査事業（場所：全市および周辺市町村）
事業概要：通行量調査（毎年）および買物行動と意識に関する調査（5年毎）を実施し，商業振興策策定の基礎データとする
事業手法：（高崎市）通行量調査事業，買物行動と意識に関する調査事業
実施時期：事業年度 2000 年度から
実 施 者：高崎市

❻ 公衆トイレ整備事業（場所：八島町，新町）
事業概要：快適ショッピング空間創出にむけ，来街者の利便性の向上を図るために整備する
事業手法：（通商産業省）商業・サービス業集積関連施設整備事業

実施時期:事業年度2000～2005年度
実 施 者:高崎市

❼　コミュニティ道路整備事業（場所:市道A612号線，他9路線）
事業概要:高齢者をはじめ，誰もが安心して歩ける歩行環境を形成するため，
　　　　　コミュニティ・ゾーンを設定し，商店街をひとつの「面」と考え，
　　　　　歩行者優先の道づくりを推進する
事業手法:（通商産業省／高崎市）商業・サービス業集積関連施設整備事業
実施時期:事業年度2000～2010年度
実 施 者:高崎市

❽　旭栄町線街路事業（地下歩道整備）
事業概要:JR信越線，上越線と交差している本道路に地下歩道を併設し，
　　　　　歩行者の安全を確保する（内容:幅16m，延長200m）
事業手法:（建設省）街路事業
実施時期:事業年度1997～2003年度
実 施 者:高崎市

❾　住民意識喚起事業
事業概要:地区住民のまちづくりの研究・取り組みを支援し，市が一体とな
　　　　　り，各種事業を展開して，将来のまちづくりの指針づくりを行う
事業手法:（群馬県）まちうち再生総合支援事業
実施時期:事業年度1999年度から
実 施 者:高崎市，民間（高崎中山道元気会）

❿　ようこそたかさき人情市
事業概要:中心市街地の賑わいおこしを目的として開催
事業手法:（高崎市）
実施時期:事業年度1999年度から
実 施 者:高崎観光協会，民間

⓫　高崎駅西口北第一地区第一種市街地再開発事業（場所:旭町）
事業概要:土地の合理的かつ健全な高度利用と都市機能の更新を目的とし，

もって来街者の増加及び周辺環境の整備による生活環境の向上を図る（立体駐車場）

地区面積：0.66 ha
事業手法：（建設省）市街地再開発事業
実施時期：事業年度 1998～2000 年度
実 施 者：民間

⓬ 宮元町（お堀端）地区優良建築物等整備事業

事業概要：土地の合理的かつ健全な高度利用と都市機能の更新を目的とし，もって定住人口増及び周辺環境の整備による生活環境の向上を図る（分譲住宅）

地区面積：0.17 ha
事業手法：（建設省）優良建築物等整備事業
実施時期：事業年度 1998～2000 年度
実 施 者：民間

⓭ 城址周辺土地区画整理事業（場所：宮元町，他）

事業概要：高崎駅西口線の全線開通，大手前石原線のショッピングモール化，城址公園の修景と合わせたお堀端通り線整備等，中心市街地の都市基盤整備による都市改造を主眼とし，併せて宅地の利用増進を図る。さらに，ふるさとの顔づくりモデル地区として，高品位の整備を進める

地区面積：8.2 ha
事業手法：（建設省）土地区画整理事業
実施時期：事業年度 1980～94 年度
実 施 者：高崎市

⓮ 西口線周辺土地区画整理事業（場所：新町，他）

事業概要：高崎駅周辺（西口），城址周辺地区とともに高崎駅と城址地区を結ぶシンボルロード高崎駅西口線の一体的整備を図り，アーケード等を撤去し，街路樹による風格ある緑の回廊を造り，アメニ

ティーの高い街路空間を創出する。さらに,市街地再開発事業,建物の高度利用化などにより活性化を促進する

地区面積：2.6 ha
事業手法：(建設省) 土地区画整理事業
実施時期：事業年度 1990～95 年度
実　施　者：高崎市

(2) 高崎市における車客対応のソフトシステム

　上述のように,高崎市では,中心市街地の中心性を維持するための方策として,再開発等のハード事業を積極的に行うとともに,さまざまなソフト事業を実施している。それらのうち,車客対応のソフトシステムとして注目されているのは,中心市街地の 17 商店街で組織する「高崎商店街連盟 (商連)」が,85 年 11 月から,買物客を対象にサービスを開始した共通無料駐車券システムである。
　また,高崎市には,85 年に民間の方々からの提言に基づき具体化された駐車場案内システムがある。関係者のご協力のもと,85 年,86 年の 2 カ年間検討を行った高崎市駐車場案内システムは,全国初の建設省補助事業として採択され,補助金,民間からの負担金,道路開発資金の借入金などによって,87 年から 89 年度までの 3 年間で整備された。
　以下,これら 2 つの車客対応ソフトシステムの概要について叙述したい。

　① 共通無料駐車券システム
　中心市街地の 17 商店街で組織する「高崎商店街連盟 (商連)」では,85 年 11 月から,買物客を対象に「共通無料駐車券」のサービスを開始した。このシステムの参加店は 508 店であるが,第 1 種の大型店を除き,商連傘下の商店街会員であれば,業種を問わず,参加できることになっている。指定駐車場は市営 5 カ所 (992 台),民営 27 カ所 (2,715 台) で,民営の駐車場は「高崎駐車

協会」を組織している。

　本システムの最大の特徴は，共通駐車券の料金精算を後払いにし，3ヵ月の有効期間を設定したことにある。本システムによらない時間貸の30分換算駐車料金は，民営が150円から200円まで10円刻みの6段階，市営が150円，県営が160円で一般客に利用されているが，本共通駐車券の料金システムでは次のように行われている。

　すなわち，「商連」では，① 民営駐車場分は一律143円の価格（当初120円でスタート）で各駐車場から仕入れ，145円から150円，155円，165円までの4種類の価格で参加店に販売し，② 市営駐車場分は142円の価格で（当初108円でスタート）仕入れて，145円の統一価格で販売し，③ 県営駐車場分は143円の価格で（当初117円でスタート）仕入れて，145円の価格で販売している（仕入，販売とも消費税は内税）。

　料金の精算はいずれも後払いであるが，特筆すべきことは，市営分についての後払方式を実現するため，市が条例改正を行って対応したことである。なお，参加店は共通駐車券1枚当り3円の印刷実費をあらかじめ負担する。つまり，紛失等の無駄が発生しやすい無償方式をとっていない。

　これら販売と仕入の差益は，所要の経費に充当され，収支の均衡がはかられている。ただし，発足時には，システムのPRと立上りに必要な費用のうち217万円，翌年度，翌々年度には運営費の一部として，それぞれ87万円，106万円の補助を高崎市から受けている。

　ついで，利用実績についてみる。85年11月の発足時，3,163枚でスタートした月間利用枚数は順調に伸び，93年の11月時には39,701枚に達した。この大きく伸びた要因としては，① JR高崎駅前再開発による新設の大型テナントビルや，新規に参加したパチンコ店，エステティックサロンなど大口需要者の出現，② 市営駅前立体駐車場の新設，大型店跡地利用駐車場の本格稼働と，受皿となる駐車場が整備されたことなどがあげられる。

　しかし，利用者が93年度をピークに減っているところは，気になるところである。システムの定着とその効果となると，なかなか判断に苦しむところで

ある。一応個店からみた効果としては，従来個店が独自の駐車券提供サービスをするため特定の駐車場と契約するには，相当の発券枚数を約束しなければならなかったが，この共通駐車券によって，その店の規模に応じて月に数枚から数千枚まで，柔軟な対応が可能となったことがあげられる。

いいかえれば，参加各店は無理のない形で駐車券を提供することができるようになったため，この種のサービスが継続し，一方顧客にあってもそのサービスの活用が定着したため，販売促進策としての効果をもつといえる。

高崎商工会議所サイドの認識では，商店街のメンバーシップや求心力の向上に果たした間接的な効果も見逃せないという。それまで，商店街活動に熱心とはいえなかった大手の業務サービス企業や遊戯場等が，共通駐車券の参加店資格を得るため積極的に商店街に加盟し，その事業活動にも協力するようになったことなどをその事例としてあげている。

なお，システムの概要，料金清算，有効期間等について列挙すれば，次のとおりである。

① システムの概要（図4-2）

㋑参加店は，買上額に応じて1～4枚程度の共通駐車券を客に進呈する。

㋺客は，入庫した指定駐車場に対し，1枚30分間の駐車券としてこれを使用する。

㋩指定駐車場は，共通駐車券を1カ月分とりまとめ，「高崎市都市整備公社」（市営）または「高崎駐車協会」（民営）に代金請求の依頼を行う。

㊁「公社」または「協会」は，指定駐車場の請求額一覧を「商連」に呈示する。

㋭「商連」は，外部の計算センターに委託して，駐車場別・商店街別・商店別に共通駐車券を分類集計し，これを商店街宛請求する。

㋬商店街は，参加店ごとにその代金を請求し，集金した上で，「商連」へ支払う。

㋣「商連」は，指定駐車揚ごとの銀行振込で代金を精算する。

なお，当初，参加店は，自店で発行した共通駐車券の使用済券そのものが呈

図 4-2　共通駐車券及び事務処理の流れ

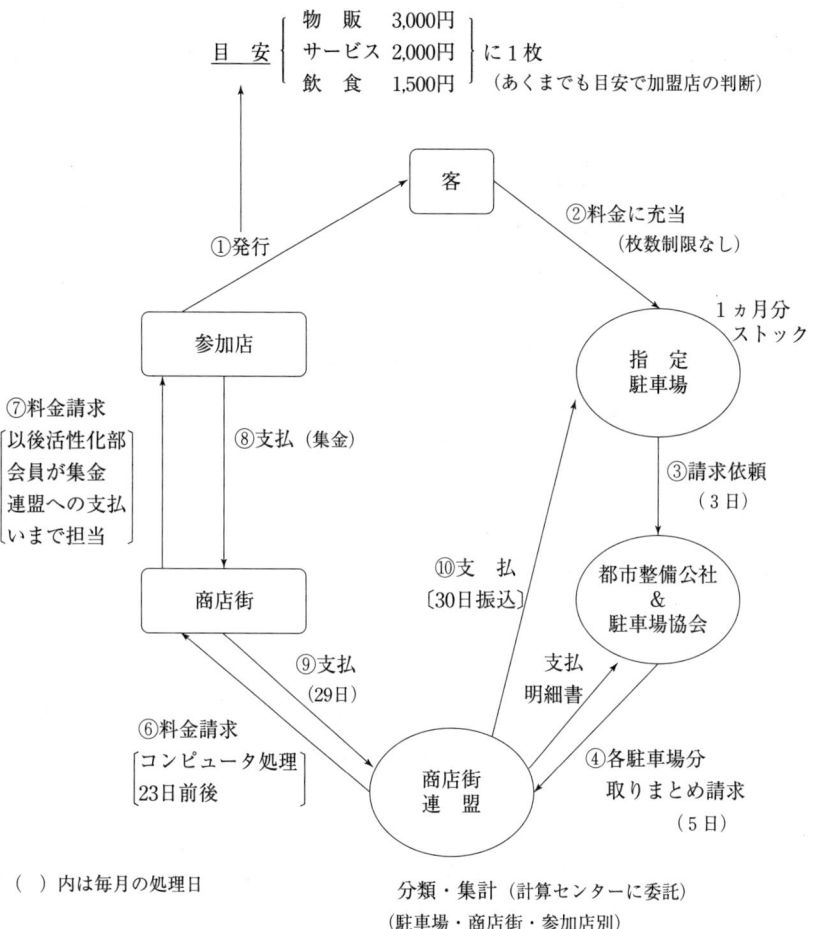

目安 ｛ 物販　3,000円／サービス　2,000円／飲食　1,500円 ｝ に1枚
（あくまでも目安で加盟店の判断）

- 客
- ①発行
- ②料金に充当（枚数制限なし）
- 参加店
- ⑦料金請求〔以後活性化部会員が集金連盟への支払いまで担当〕
- ⑧支払（集金）
- 商店街
- ⑨支払（29日）
- ⑥料金請求〔コンピュータ処理 23日前後〕
- 商店街連盟
- 分類・集計（計算センターに委託）
- （駐車場・商店街・参加店別）
- 指定駐車場　1ヵ月分ストック
- ③請求依頼（3日）
- 都市整備公社＆駐車場協会
- ④各駐車場分取りまとめ請求（5日）
- 支払明細書
- ⑩支払〔30日振込〕

（　）内は毎月の処理日

◆券の印刷・交付
　　商店街連盟（@3円で頒布）──→商店街──→参加店
◆券は1枚30分の単位1種類で有効期間は3ヵ月
（出所）　高崎商工会議所。

示されてから，それと引換えに料金を精算するという仕組みであった。しかし，その後の省力化を目指した電算集計への移行に伴い，使用済券の現物は商店街連盟の保管とし，明細書のみの呈示で請求できるように改めた。また，参加店の倒産など万一の揚合，料金後払いのリスクは各商店街が負うよう取り決められている。

② 料金精算：料金後払い
- 参加店の経費負担が軽くすむ……客が実際に共通駐車券を使用した場合のみ参加店側の料金支払いが発生するので，ムダがない。当然，発行枚数より回収（被請求）枚数のほうが少なくなる。
- その結果，参加店が心理的に発券しやすくなる……DMへの同封といった使い方も考えられ，制度の普及をはかりやすい。
- 指定駐車場の料金をあえて統一してもらう必要がない……客がどの価格帯の駐車場を利用しても，後払いなので対応できる。
- 客の利用駐車場選択情報が把握できる。

③ 有効期間：3カ月有効方式
- 客にとって使い勝手がよい……当日使い残しても後日また使える。
- 客の来街を間接的に誘引する……客がサイフの中に共通駐車券を所持していれば，遊びや買い物の出向先として高崎を選択する確率が高まる。DM同封など，有効な販売促進策として活用できる。

② 駐車場案内システム

高崎市では，中心市街地に来街する車客の入庫待ちや空き駐車場探しの混雑を緩和するため，87年から3年間かけて「駐車場案内システム」を段階的に整備した。案内の対象は，市営・民営の一般時間貸駐車場，大型店・ホテルの自営駐車場など32カ所（5,847台）である。

この事業のイニシャルコストは3億9,800万円で，負担の内訳は国1億700万円，県5,000万円，市2億1,600万円，民間2,500万円（駐車場1,050万円，大型店800万円，商店街650万円）となっている。また，年間1,000万円のラン

ニングコストは，市が負担している。

システムは，駐車場入力端末，中央制御装置（センター），ブロック案内板，個別案内板で構成されているが（図4-3），併せてオンライン制御の枠外でシステムを補完する補助案内板も併用している。また，センターと入力端末および案内板の情報伝達には，NTTの電話回線を使用する。

ついで，導入の効果についてみることにする。システム導入前には，ブロック内の特定の駐車場に利用が集中していたが，案内板の適切な情報により，利用者が混雑する駐車場を避けて，空いている駐車場を利用していることが明らかとなった。また，特定の駐車場の駐車待ちによる附近道路の混雑を回避できるようになったことはもとより，駐車場の利用効率の向上と同時に，利用の平準化にも寄与している。

システム稼働後に行った駐車場や利用客への実態調査から，次のような導入効果がみられたといわれている。

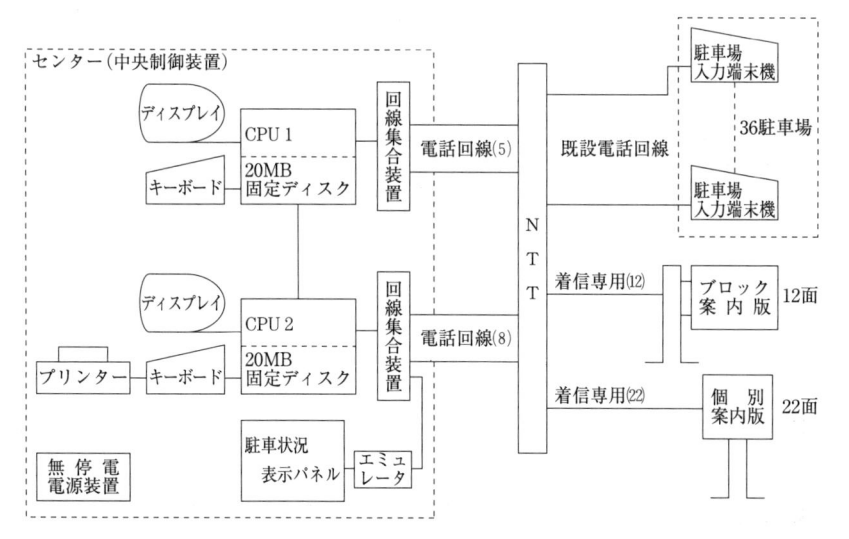

図4-3 駐車場案内システム全体構成図

(出所) 図4-2に同じ。

- システムを導入したブロックの駐車場の利用台数が，23～26％増加した。
- 満車率（入庫している台数÷収容可能台数）が，8～16％増加した。また，満車率80％以上の継続時間帯も，正午から午後4時頃までと限界近くにまで伸長した。
- 普段，利用率の低い駐車場の満車率も大幅に伸びた。2倍近くに増加した駐車揚もめずらしくない。

なお，案内方式とシステムの概要を列挙すると，下記のとおりである。

① 案内方式：案内情報は，中心市街地を7つに分けたブロック単位の案内と，そのブロック内にある個別駐車場案内の2段階となっている。

[ブロック案内]

ブロック案内では，市街地への進入口にあたる道路12地点に「ブロック案内板」を設置している。この案内板により市街地に入ろうとする車に対し，各ブロック内の駐車場の混雑状況を以下の3とおりの電光表示で予告する。

「満」（赤）ほとんどの駐車場が満車

「混」（橙）駐車揚によっては待たされる

「空」（緑）ほとんどの駐車場が空車

[個別案内]

個別案内は，ブロック内に進入してきた車に対し，そのブロック内における個々の駐車場の満車・空車などの状況を歩道に設置した「個別案内板」で知らせる。設置は市内24地点で，案内情報は以下の3とおりである。

「満」（赤）満車

「→」（緑）空車，駐車場の方向を示す

「休」（橙）その駐車場が休業

② システムの概要：補助案内板を除き，運用はオンライン即時処理で，稼動時間帯は午前9時～午後7時，元日と高崎まつりの期間以外は無休である。

[駐車場入力端末]

駐車場の満空情報をセンターに送信するための装置で，各駐車場に1台ずつ設置されている。情報は，係員が装置のボタンを押すことにより，自動的に送

信される。満車・空車の判断の目安は，次のとおりである。

　　増加傾向の時　　95％で満車
　　減少傾向の時　　97％で空車
［センター］
　駐車場からの満空情報を受けて，案内板の表示内容を制御する。運用はすべて自動で行われるが，朝の立上りとシステム停止時には，念のために係員を配置している。
［ブロック案内板］
　センターからの指令により，着信専用電話回線を介してブロック単位の表示情報を受信して表示する。
［個別案内板］
　ブロック案内板同様，センターからの指令により，着信専用電話回線を介して個別駐車場単位の表示情報を受信して表示する。
［補助案内板］
　個別案内板と駐車場との間に補完的に設置されているもので，固定した矢印表示で駐車場の方向のみを案内する。

第3節　高崎市にみる中心市街地活性化の基本計画・構想

(1)　中心市街地活性化基本計画の概要

　中心市街地活性化の基本的方針は，「高崎市のイメージアップを図り，求心性を高める」「高崎市の歴史・文化等の蓄積を有効に活用し，その魅力を高める」「高崎市の交流拠点都市としての機能を高める」「環境共生型都市づくりを進める」「交通弱者が安心して暮らせる都市づくりを進める」などの中心市街地活性化の目的を明示のうえ，「高崎市の位置づけと将来像を方向づける基本的な枠組み」や「高崎市総合計画と都市計画マスタープランにおける中心市街

地の位置づけと将来像」を踏まえてうちだされている。
　また，中心市街地において実現しようとする将来像を「音楽とアメニティに満ちた歩いて楽しい中心市街地」とイメージし，その方向で中心市街地活性化をはかるにあたって，次の基本的施策を示している。
　①音楽と歴史・文化をテーマとした集客性のある個性づくり
　②歩いてショッピングを楽しむまちづくり
　③中心市街地居住の促進
　④商業活動等の活性化
　⑤交通体系の見直しと都市基盤の整備
　さらに，中心市街地活性化の具体的施策は，これら基本施策の枠組みのなかで多様に展開されているが，ここでは拙稿のテーマとより関係の深い提言をピックアップして下記に列挙する。
　❶　音楽による広域的集客機能の強化
　(i) 新シンフォニーホール（県立）誘致の働きかけ，(ii) 群馬音楽センターのグレードアップと音楽による発信性の強化（市民による支援システムの強化，ハイブリッド音楽の創造と振興，音楽登竜門形成のためのイベント誘致，音楽による国際交流の振興，その他），(iii) シンフォニー・ロード等を活用したシンボル性の強化
　❷　音楽活動とまちづくり・商店街づくりと連携の強化
　(i) 音楽と連動した食文化の振興（パスタとラテン音楽など），(ii) 特定音楽をCIとする店舗づくりの振興（特定ジャンル，特定作曲家，特定歌手等にこだわる店舗など），(iii)「音」の風景（街角音楽，環境音楽など）づくりの推進と音のディスアメニティの排除
　❸　歴史・文化の掘り起こしとまちづくり・商店街づくりへの活用
　(i) 内村鑑三，村上鬼城などの高崎の先人たちの業績を記念する文化イベントの開催（年間を通して高崎に来れば，先人の作品にふれられる環境を創造），(ii) 街なかのミニ資料館づくりの推進（古民家等を活用した独立資料館，老舗等における民族資料等の展示スペースの確保，商店街単位の古看板，古ポスター等の共同

展示など），ⅲ 古寺社めぐりルートの開発・連携イベント開催などの促進，ⅳ 旧中山道の街並復元・ストリートイベント開催の推進，ⅴ 山車・山車ばやしを有効活用し，生活共同体の再構築

❹　国際的に貢献する文化教育施設の誘致

ⅰ 環日本海・環太平洋の交流文化の振興や人材育成を目的とした国際貢献型の国際機関（または国立・県立の機関）の誘致への働きかけ，ⅱ 高崎経済大学等を核とした国際的な地域づくり研究と国際的な貢献活動の促進

❺　コンベンション機能の強化

ⅰ 本格的なコンベンション機能を持つシティホテルの誘致，ⅱ 音楽を中心としたアフターコンベンション機能の強化，ⅲ コンベンション拠点への物産観光展示宣伝機能の付加

❻　徒歩回遊路の重点整備と案内機能の充実

ⅰ 高崎駅・市役所・音楽センター・もてなし広場と総合文化センターを有機的に結ぶ徒歩回遊路の重点整備，ⅱ 歩行者空間の確保と高品質化，ⅲ 街路周辺の景観形成とアメニティ化

❼　歩行者天国の頻繁な実施とイベントの開催

ⅰ 高崎まつり，音楽祭などの従来からのイベント開催に合わせた歩行者天国の実施，ⅱ テーマごと・地区ごとの歩行者天国と結びつけた中小イベントの企画および実施，ⅲ「歩いて楽しむショッピング」への市民の認識を深めるためのイベントの開催（朝市，その他），ⅳ 地区ごとに特色あるイベント開催ができるような小広場，小公園，集会施設等の確保および整備

❽　公共交通機関を中心とした中心市街地交通の整備

ⅰ 徒歩優先地域設定，ⅱ 自転車交通のあり方，ⅲ ぐるりん・民営バスの路線のあり方，ⅳ「歩いてショッピングを楽しむまちづくり」を前提とした駐車場配置，ⅴ 駐車場案内システムの強化，一方通行の活用等による自動車通行の効率化，ⅵ イベント開催時，臨時バスの運行，ⅶ インターネットによる街中交通情報の提供

❾　公共交通機関を重視した交通体系の見直し

ⓘ 民営バスの路線の見直し, ⓘⓘ「ぐるりん」の路線の見直し, ⓘⓘⓘ JR および私鉄のダイヤ及び駅のあり方の見直し, ⓘⓥ 人が集まる公共施設（学校等）の配置の見直し, ⓥ 高崎・前橋間の新交通システムの研究

❿　中心市街地の交通機能の整備

ⓘ 都市計画道路, 広場等の整備, ⓘⓘ 中心市街地の公共交通システムの拡充, ⓘⓘⓘ 駐車場の整備, ⓘⓥ 一方通行等の有効活用, ⓥ 駐車場案内システムの高度化, ⓥⓘ 徒歩, 自転車による交通の計画的促進

⓫　市街地空間の整備

ⓘ 土地区画整理事業の推進, ⓘⓘ 市街地再開発事業の推進, ⓘⓘⓘ 公園・緑地, 街区公園等の確保, ⓘⓥ 集合住宅の立地促進, ⓥ 福祉・文化施設の立地促進, ⓥⓘ 商店街の集約・再編, ⓥⓘⓘ 施策目的に合った街路の整備, ⓥⓘⓘⓘ 低未利用地の集約化と有効活用, ⓘⓧ 公共下水道事業の推進

⓬　歩行者空間の整備

ⓘ 回遊路の整備とそのネットワーク化, ⓘⓘ 休息, イベント開催などに便利な小広場, 小公園などの確保と整備, ⓘⓘⓘ 段差の解消その他のバリアフリー化, ⓘⓥ 無電柱や街灯, ストリートファニチャー及びギャラリーボードのデザイン化などによる街路の高品質化

　以上, 拙稿のテーマに関係ある交通・交流条件の整備にかかわる提言をピックアップしてみた。ここにあげられた項目については, 人によって好き嫌いがあるとしても, ほとんど市民の望んでいるものである。

　しかし, 中心市街地における公共事業の優先的, 重点的な実施を想定しているが, このことについて市民的合意をどう形成するかが大きな鍵となろう。官依存体質から脱皮して, 地域社会のコミュニケーションや支援, 共生のあり方, 自助努力等の見直し, つまり「私」「共」「公」がトライアングルに機能する社会システム, 互助（私助, 共助, 公助の総合概念）型地域社会システムを確立することが重要である。

(2) 高崎商業タウンマネージメント構想の概要について

　高崎商業タウンマネージメント（TMO）事業構想（中小小売商業高度化事業構想）は，高崎市において策定された「高崎市中心市街地活性化基本計画」を受けて，商業等の活性化のための事業構想をより具体的に述べるとともに，それを推進するために地元商業者を中心として高崎商工会議所，高崎市，関係各機関，市民等が連携して事業を推進するための指針を示している。

　このTMO構想では，これまで高崎中心部を対象に策定されてきた各種の計画や，地元商店街における活性化への取り組み状況とか，商業者，市民，商工会議所関係者の商業活性化とまちづくりに対する意見などを反映させて，商業等の活性化の方向をとりまとめるとともに，この事業構想を推進するための高崎TMO（タウンマネジメント機関）のあり方と事業内容についても大まかな方向を示している。

　ここでは，紙数の制約上後者に絞って例挙すると，次のとおりである。
　(i) すぐに実行する事業・実現させることが望ましい事業
① TMOが行う事業
- TMO計画策定事業
- 共同駐車場利用券の発行
- 共通バス利用券の発行
- 人材バンクと人材育成
- 商店街の空き店舗対策事業（国，県の補助事業）
- 歩行者天国の実施
- 情報化事業（国，県の補助事業）
- FAXネットワークと共同宅配事業（国，県の補助事業）
- 商店街マップの作成
② 商店街との共同事業，あるいは指導・相談事業
- 各種イベント事業

- リサイクルショップ
- フリーマーケット

(ii) 2～5年をめどに実現させたい事業

① TMOが行う事業
- 共通商品券の発行
- 商店街の空き店舗対策事業
- 情報化事業
- まち・商店街情報誌の発行

②商店街との共同事業，あるいは相談・指導事業
- アンティーク市
- FAXネットワークと共同宅配事業

③TMOがコーディネート及び指導を行う事業
- パティオ事業
- 商店街の整備事業（とくに中央銀座商店街のアーケードの改修）

(iii) 5～8年をめどに実現したい事業

① TMOがコーディネート及び指導を行う事業
- 共同店舗事業（中央銀座商店街）
- 商店街の整備事業

(iv) 市／商工会議所／市民等と連携し県への誘致の働きかけを継続的に行う事業
- 公的集客施設（県立）の誘致

(v) 高崎TMOの当面の体制
- 当面はTMO構想を作成した高崎商工会議所がTMOの役割を担う。
- 準備期間を経て，第3セクターのまちづくり会社を組織してまちづくり会社がTMOの役割を担う。
- 事業を円滑に推進するために，幅広い人材が参加したTMO事業推進委員会を設置する。

(vi) まちづくり会社の出資・法人の性格，組織，財源

- 高崎市，高崎商工会議所，商業者，大型店，商店街連合会，金融機関などが出資した第3セクターの株式会社
- 人的な組織としては非常勤役員，常勤職員，プロパーの職員で構成
- TMOの運営のための財源として主として次のものを充てる。
    共通駐車場利用券発行手数料
    共通パス利用券発行手数料
    共通商品券発行の手数料
    各種イベントの企画，相談の企画・相談料

(ⅶ) TMOの主な事業目的
- 都市開発に関する企画，調査，設計及びコンサルタント業務
- 市街地の商業の振興を図るための経営，技術，販売，財務等に関する指導及び情報の提供業務
- 共通駐車サービス券の発行及びその事業の運営
- 各種イベントの企画，運営及び受託
- 商店街の販売促進のための共同事業に関する企画，調査，設計及び受託
- 土地，建物の有効利用に関する企画，調査，設計及びコンサルタント業務
- 駐車場，会議施設，コミュニティホール等の商業基盤施設の企画，建設
- 共同店舗，集合店舗等商業施設の企画，建設その他

　以上の高崎商業タウンマネージメント（TMO）事業構想は実現性を重視したものである。そのため，「まちづくり会社」の出資・法人の性格，組織，財源については抽象的な表現にとどめている。作業部会で到達点にあった意見よりも後退しているが，TMOを本気で進めるつもりであるならば，これらの詰めは重要である。また，地価の高止まり，複雑な権利関係，人口のスプロール化のなかで，整備主体の自助努力をいかにして担保できるか，気になるところである。絵に画いた餅にならないよう努めて欲しいものである。

(3) 上記『基本計画』『構想』の実現のために

　周知のように，上記の『基本計画』及び『構想』は「まちづくり三法」を踏まえて策定された。その三法については，それぞれ次のような意義や狙いがある。
　すなわち，① 大店立地法の意義は，大型店が周辺地域の生活環境との調和を図っていくために，大店立地法を制定し，その施設の配置および運営方法について適切な配慮がなされるよう，一定の手続きを定めたことにある。
　② 都市計画法が改正され，地域の実情に的確に対応したまちづくりの推進を図るため，特別用途地区の種類・目的を市町村がベースとなる用途地域の趣旨の範囲で柔軟に定められるようになったことは，地域分権的な視点からすれば，大いに望ましいことである。
　③ 中心市街地活性化法は，空洞化の進行している中心市街地の活性化を図るため，「地域の創意工夫を活かしつつ，市街地の整備改善及び商業等の活性化を一体的に推進するための措置を講ずることにより地域の振興と秩序ある整備を図り，もって国民生活の向上及び国民経済の健全な発展に寄与すること」（第1条）を目的として制定された。
　このような意義や狙いは評価に値するが，懸念される問題もないわけではない。ここで，留意すべき点を若干指摘しておきたい。

❶　中心市街地活性化総合対策を各省庁との連携で推進するというが，タテ割行政の壁をどのようにクリアしていくのか。併せて，これら施策を担当する各省庁が相互に連携・協力を行っていくことが不可欠である。
　国は，市町村が策定する活性化策やこれを実現する事業に対して，活用可能でかつ柔軟なメニューの整備を行うという立場でこれに望むべきである。国の支援にあたっては，人口等一律の基準によるものではなく，地域の特性を踏まえた，熟度の高い優れたプランを有する地域が対象とされるべきであり，バラマキ的な支援を避け，真に効果的な支援が可能となるような仕組み

が構築される必要がある。
❷ 各種街づくり関連事業への市町村の支援を求めているが、財源逼迫の折り、どこまで取り組めるか。周知のように、地方財政はかなり厳しい状況にある。
❸ 整備主体の自助努力を強調しているが、地価の高止まり、複雑な権利関係、人口のスプロール化のなかで、積極展開を行うものがはたしてどれだけいるであろうか。地元商業関係者や消費者・生活者等の対応が、活性化の成否を握る極めて重要な要素である。
❹ 中心市街地における公共事業の優先的、重点的な実施を主張しているが、市民的合意をどのように形成するか。高齢化の進展や、エネルギー消費・環境負荷の小さい街づくりの必要性などを背景に、質の高い街づくりが重要になっている。21世紀に向けて活力ある経済・社会を構築していくうえで、中心市街地のみならず拠点地区における商業・サービス業機能の集積を図っていくことが重要である。
❺ 都市計画法改正に伴う土地利用の特別地区用途指定ができるかどうか。
　商業地域等において、商店街を中心に中小商店の集積・展開による街並みの形成を図るため、大型店等の立地を制限する「中小小売店舗地区」のような特別用途地区を、はたして各市町村が設定できるかどうか疑問である。
　なお、大型店の出店調整にあたって、まちづくり発想や生活視点が欠けているということから、ゾーニング手法の導入が必要だという意見は以前からあった。小売店は立地制約を強く受けるので、まちづくりや景観保護などの視点から、小売店舗の立地規制を見直すのに、ゾーニング手法は有効だといわれている。しかし、後述のポートランドの事例が示すように、それには住民参加の息の長い取り組みによる都市計画マスタープランの策定が前提となる。
　はたして、欧米流の都市計画理念に基づいた土地の用途指定ができるかどうか。日本的な意志決定・合意システムや風土などを背景に培われてきたゾーニングの方法・運用を特別用途地区指定の弾力化等を中心とする都市計画法の改正だけで、欧米との差異を埋めることができるかどうか。楽観は許

されない.むしろ,地域の実情からいえば,「中小小売店舗地区」といった特別用途地区の指定は困難と思われる.

市町村の決定については「知事の承認」,知事の決定については「大臣の認可」が必要で,用途地域の設定・見直しについてはすべて建設省(現国土交通省)の通達でガイドラインが全国に流布されるといった,「承認」と「認可」という縦の系列で,最終的に地域が国にコントロールされる日本の仕組みが本当に変わるのかどうか.地方分析による地方自治が2000年4月より実行段階に入ったとはいえ,補助金でコントロールされる仕組みは依然として残っている.

アメリカの場合,都市計画はそこに住む人々がつくるという原則が確立している.州で決めた基本方針を参考にして,市町村が住民参加にかなり配慮して独自に都市計画を策定している.たとえば,オレゴン州の最大都市ポートランドでは,住民の意図が都市計画に反映され,住民参加の都市づくりが行われている.ポートランド市は以下のような過程を経て市民参加のまちづくりを実現した(五十嵐・小川 [1993：55-56]).

① 76年1月,市民参加委員会を発足させ,同年3月には計画策定への市民参加の方法を提案した.
② そのうえで,総合計画づくりの方法をめぐって市当局は,各種団体や一般市民と60回におよぶ対話集会を重ねた.
③ この対話集会にもとづき,市議会は77年5月に,総合計画の策定計画を採択した.
④ 77年秋から,総合計画の内容に関する調査,情報提供,専門家と市民の検討会,会合などがはじまった.
⑤ こうした議論を活発にするために,市当局はポートランドの将来像について3つの計画案(選択肢)を作成し,これにしたがって各地域ごとの将来像についていくつかの計画案に整理した.
⑥ これらは,78年4月に,都市計画地域別版として発表し,同時に市民の意見を探るために3,300人にアンケート用紙を送付した.

⑦ こうした作業の末，79年1月に，市の計画原案が市民に公開された。
⑧ 同年の1月から6月までの半年にわたる市民による検討期間の間に，計画局のスタッフが出席する市民との対話集会が80回以上開かれた（3人以上の市民からの要請があれば説明に出向く）。
⑨ そのほか，各高校の集会所で都市計画委員会主催のタウン集会が9回，市民総会が2回開催された。
⑩ このような長期にわたる多様な参加の機会を通じて表明された多数の市民の意見を取り入れて，都市計画委員会は総合計画素案を作成した。
⑪ この素案について，都市計画委員会は8回の公聴会を開き，そこでの意見を取り入れて修正案をつくった。
⑫ 都市計画委員会はこの修正案を委員会案として79年11月に採択し，翌80年1月に市議会に付託した。
⑬ 市議会は80年2月から6月にかけて公聴会を開き，80年10月16日にポートランド市総合計画を市条例150580号として決議，採択した。

このように，ポートランド市の総合計画は，第1段階として計画の準備と手続きを決めるのに3年の歳月をかけ，ついで市民の検討と市や市議会の手続きを経て決定までに3年かけている。途中で重なっている時期を除いても5年の歳月をかけて策定された。

アメリカのポートランド市の事例が示すように，住民参加のもとで，住民本位の都市計画マスタープランが十分に時間をかけて策定されること，それがまちづくり条例に生かされることを期待したい。

しかしわが国の場合，果たしてこのような住民参加のまちづくり，商業施設の適正配置ができるのかどうか，小手先の都市計画の改正だけでは確信をもてない。合理的な判断を下す欧米と，人情が入り込む日本的風土の違いを埋めることは困難でなかろうか。

おそらく，官から官への単なる権限移譲にすぎない現在進行中の分権化ではなく，本格的な地域分権システムが確立されない限り，住民参加の都市づくりは無理であろう。長期的に克服しなければならない課題である。

第4節　高崎市にみる交通・交流条件の整備（試論）

(1) 試論の展開にあたって

① 試論の範囲，取組の経緯・背景

　試論の展開に先立ち，試論で取り扱う範囲・限界や，本テーマに取り組むことになった経緯・背景について言及したい。まず，プロジェクト研究のコンセプトを踏まえ，分析内容に具体的な提言を必ず含めるようにという意向に添って，高崎市を中心とした分析を試みたが，ハード，ソフト両面から「まちづくりマスタープラン」を本格的に検討したわけではない。いわば執筆者の関わってきた各種の委員会や市民とのコミュニケーションを通じて耳にしてきた市民ニーズに少々工夫をこらした程度の試論，規範的な方向づけにすぎない。

　また，プロジェクト研究のコーディネータ戸所隆氏の「公共交通体系の再構築と新しい都市圏の構築——鉄道とバスの連携を軸に——」となるべく重複しないように心がけた。戸所教授は，都市構造の理論分析をはじめ，前橋・高崎連携都市圏の骨格づくり，その発展について，鉄道，バス，人的交流からアクセスし，その実現に向けての提言を具体的に明示しているが，拙稿ではそれとの重複をさけるため，事実関係や提言に関する叙述にあたって，項目の建て方に留意し，重複しそうな項目はできるだけ文脈の中での言及にとどめ，かつ高崎市に関する叙述に限定した。

　この重複問題とも関連するが，拙稿は主に商工業政策，観光政策の観点から展開することにしたい。商工業政策重視といっても，中心市街地の活性化にあたって，中央省庁再編（2001年1月6日実施）前の政府13省庁にわたる総合的な施策展開がなされているように，個店や特定商業集積，商店街の整備施策だけに言及するというわけでなく，より広い「面的」展開を視野に入れた提言に配慮した。

なお，交通・交流条件の整備といっても，個店や特定商業集積，商店街が活性化するような交通のハード面の整備についてこと細かくふれるわけでない。交流についても観光にスポットを当てた展開にとどめておきたい。

ついで，本テーマに取り組むことにした経緯・背景について言及したい。第1に，中心市街地の活性化と交通・交流条件の整備というテーマに取り組むことにしたのは，魅力的な「地域」空間を構成する要素として，交通体系や産業インフラの整備が重要だからである。

筆者が高崎経済大学附属産業研究所の特定課題研究の一環として実施した「地域の魅力に関する調査」結果から判断する限りでは（表4-2），「風土，文化，産業活動，レジャー等の環境に恵まれているので，総合的な魅力がある」という地域魅力の総合評価を決めるうえで，「高速交通体系，高度情報通信システム等の整備が図られ，産業活動に役立っている」「商業施設，飲食店等が多く，買物，遊興・娯楽の満足感が与えられる施設が整っている」「人々をひきつける社交，娯楽施設が整い盛り場的雰囲気や活気がある」などの要素がより強く関係している。市民はこれら交通条件や産業インフラの整備に強い関心をもっているのである。

第2は，「中心市街地活性化のための総合的な取り組み方向」という産業構造審議会流通部会・中小審議会流通小委員会合同会議の中間答申が契機となっている。この中間答申では，商業・サービス業の振興，街路や駐車場等インフラの整備，公共施設の配置，公共交通機関の整備，住居の整備等の総合施策が一体的・連携的に進められるべきだと提言している。

その背景には，急速なモータリゼーションの進展，消費者のライフスタイルの多様化や中心市街地の地価高騰の影響を受けて，人口の郊外への移転，これに伴う大型小売店など商業施設の郊外展開や各種公共施設の移転など都市機能が分散したため，まちの中心部に空き店舗が増加し，いわゆる空洞化現象が生じたという現実がある。

自然がいかに素晴らしくとも，それだけでは生活できない。教育や医療が充実していることを人々は望む。ショッピングを楽しんだり，音楽を聞いたりし

表 4-2　居住地域の満足度と数量化Ⅰ・Ⅱ類レンジ表

満足度	項目	1995年調査A		1995年調査B		1991年調査A	
		順位	レンジ	順位	レンジ	順位	レンジ
3.1261	素朴で郷土色に溢れた風俗, 習慣に富む	18	0.0718	24	0.0711	11	0.1914
2.7155	地方色と魅惑に富んだ郷土芸能が多い	19	0.0645	6	0.3251	23	0.0756
2.4010	街並には情緒的で古風な伝統の美と落ちつきがある	8	0.1159	13	0.1996	18	0.1173
2.3892	文学, 映画等の舞台となった名所, 旧跡が多い	16	0.0771	9	0.2506	22	0.0894
2.7026	伝統と芸能的色彩の豊かな文化財に恵まれている	22	0.0452	17	0.1564	16	0.1615
2.7950	著名な神社, 仏閣などの宗教施設がある	20	0.0596	16	0.1571	15	0.1645
2.9957	多くの史実に刻まれた歴史風土をもつ	23	0.0423	11	0.2162	7	0.2181
2.7842	国・県の指定文化財等があり格式の高い文化財に恵まれている	10	0.1056	19	0.1516	5	0.2395
2.3918	大学, 短期大学, 専門学校等の教育研究施設が整っている	24	0.0323	18	0.1524	12	0.1901
2.6414	保険・医療, 社会福祉等の施設が充実している	12	0.0959	22	0.1004	19	0.1169
2.4949	住宅対策, 高齢者対策等住みよい生活環境の整備が進んでいる	9	0.1148	21	0.1065	4	0.2490
2.5072	歩道・街路樹・公園・遊歩道が整備され都市景観が素晴らしい	15	0.0831	23	0.0895	9	0.2142
3.2823	大自然の風物や静けさに恵まれた素晴らしさがある	21	0.0471	15	0.1712	21	0.0994
2.6339	自然や街並等地域資源がよく保持, 環境保全が行き届いている	11	0.1045	8	0.2661	10	0.2074
2.1675	鉄道, バス等公共輸送網が整備され生活交通の利便性が高い	17	0.0767	20	0.1268	24	0.0426
2.4933	郷土の特色を生んだ地場産業の施設に恵まれている	5	0.1764	10	0.2183	20	0.1072
2.1573	優れた商品・サービス開発力を持つ企業, VBやNB等が多い	4	0.1977	14	0.1794	8	0.2157
2.1685	高い技術力の企業等多く魅力ある職場に恵まれている	14	0.0870	7	0.2761	13	0.1880
2.5598	土産物, 郷土料理, 地酒, 銘菓など郷土の味覚に富む	13	0.0908	12	0.2002	17	0.1518
2.4536	新しい観光商品を創り出す努力がなされている	7	0.1330	5	0.3352	6	0.2330
2.2217	ホテルや旅館だけでなく保養所等の宿泊施設にも恵まれている	6	0.1396	4	0.3664	14	0.1712
2.1208	魅力的な社交・娯楽施設が整い盛り場的雰囲気や活気がある	3	0.2076	2	0.8023	2	0.2814
2.4616	買物, 遊興・娯楽の満足感が与えられる商業施設が整っている	2	0.2345	3	0.6575	1	0.5561
2.6516	高速交通体系, 高度情報通信システム等の整備が進んでいる	1	0.3326	1	0.9822	3	0.2552
2.5110	風土, 文化, 産業活動, レジャー等の点で総合的な魅力がある	—	—	—	—	—	—

(注)　満足度は5段階評価に対して, 1, 2, 3, 4, 5のウエイトづけして算出した。
　　　目的変数は「風土・変化・産業等総合的魅力がある」。
　　　分析手法：Aは数量化Ⅱ類, Bは数量化Ⅰ類。
(資料)　長谷川秀男 [1998]。

て，「モノの豊かさ」や「心の豊かさ」を求める。仮に，自然に恵まれた住宅地が整備されているとしても，高次都市機能が充実して都会的魅力が充満していなければ，若者や知識労働者は定住しないであろう。

② 『拠点性』『求心性』の見直しについて

　長い歴史の中で地域の文化・伝統を育んできた「まちの顔」ともいうべき中心市街地は，交流人口を誘引する場としての役割を果たす。経済機能が集中的に立地し，経済活動が効率的に行われ，ビジネス・チャンスのポテンシャルの高い地域であるから，複合的なサービス業務の集積の利益を生かして，多様で高次のサービスを提供するとともに，アクセス条件を左右する交通インフラの整備，公的施設等高次都市機能の集積・アメニティの向上により，そうした中心市街地の役割はいっそう増幅するといえる。

　「まちの顔」たる中心市街地が空洞化し，その果たすべき役割が形骸化しているのであれば，その再生のためにいろいろと知恵や工夫を凝らす必要があろう。その際，なによりも地域の個性を生かし，アイデンティティを形成することが重要である。地域のアイデンティティは，地域の人々に地元を愛する意識をもってもらう契機になると同時に，より広域から人々を引きつける要素にもなる。

　その意味では，① どんな人を集めるか，② どのように集めるか，③ 守り育てるものをどうするか，④ 取り除くものはなにか，⑤ 足りないものをどう充足するか，⑥ 整備すべきものはなにかなどの視点から，地域の歴史・文化を見直すことが肝要である。

　特に，高崎の場合，長い歴史的経緯の中で形成されてきた交通拠点としての優位性を都市づくり，中心市街地活性化のための重要な「資源」として最大限に活用し，「拠点性」や「求心性」を高めることが重要な課題となっている。鉄道の時代を端緒に形成されてきた交通拠点としての優位性は，高崎市の都市づくり全体の方向性に大きく影響するとともに，高崎駅西口を中心とする徒歩圏に位置する中心市街地の活性化のあり方に大きな影響をもっている。

しかし，現実には車の時代にあわせて，マイカー中心の活性化対策を講じてきた。モータリゼーションの進展に古い町並みが適合しなかった時代には，それはそれとして意味あることであったが，それにもかかわらず「まちの顔」たる中心市街地が空洞化し，その果たすべき役割が形骸化しているのであれば，その再生の1つのポイントは鉄道時代の交通拠点の意味を問い直すことである。いいかえれば，バス等を含めた公共交通機関のあり方をいろいろな視点から再検討する必要がある。

確かに，商店経営は立地条件に制約されるから，モータリゼーションの進展にあわせた活性化対策は必要であった。しかし，地域条件を無理に車主体という時代の環境にあわせようとするため，駐車場の整備が優先され，個々の商業者の経営努力不足が覆い隠されてしまった可能性がある。地域特性（他にないもの）を生かすことにより，優位性を発揮するような商業者の自助努力が望まれる。

21世紀は，むしろ中心市街地を自家用車中心のモータリゼーションに適合した場所に転化させていくことよりも，人々が徒歩で回遊しながらショッピングを楽しみ，街角や店舗内でゆったりした時間を過ごす場所にシフトさせていくこと，いわば「歩けるまちづくり」の条件整備が重要である。

かつて私は，1974～75年にパリⅩ大学（ナンテール校）客員研究員として滞仏した折に，ドイツのドルトムント，ケルン，ミュンヘン，ハイデルベルグなどの歩行者天国をつぶさに見聞する機会があった。その規模と内容に目を見張るものがあって，わが国の中心市街地も将来このような展開をみることができたらと大いに期待し，機会あるごとにその方向を提言した。

しかし，わが国の中心市街地における歩行者天国の多くは，（土・日曜日実施の）一時的なもの，ないしは季節的でイベント中心発想で実施されているにすぎず，常在的なケースはあまりみられないといってよい。マイカーの利便性を優先する市民意識，その成熟度がまだまだヨーロッパに追いつかないとみるべきなのであろうか。

歩行者天国の規模といえば，2000年8月に訪問したストックホルムの中心

市街地のメインストリートである Drottninggatan 通り商店街には驚かされた。3つの他のメインストリート (Klarabergsg, Mäster Samuelsgatan, Kungsgatan) およびその他10のストリートが横切っているとはいえ，ストックホルム大学付近の Rädmansgatan 通りとの交差点から国会議事堂・王宮まで延々と3km弱続く「通り」が「歩行者天国」となっている。さらに，その通りは国会議事堂・王宮のスポットを介して，旧市街のメインストリート (Västerlanggatan, 約1km) の商店街に接続しているのである。

写真1 ストックホルム Drottninggatan 通り商店街。

たまたま，見聞した8月26〜27日の土・日曜には，この「通り」を利用して，日本では想像できないような延々とおよそ700〜800m続く「古本のフリー・マーケット」が開催されていた（**写真1**）。この通りには，ストックホルム市内7車線中4車線が乗り入れている地下鉄駅（T-Centralen Stockholm C）および横断通りにある3つの地下鉄駅からアクセスできるようになっている。まさに公共輸送機関の充実が中心市街地の「賑わい」，その活性化に大いに役立っている事例だといってよい。

いうまでもなく，公共輸送機関の充実等「歩けるまちづくり」の整備により，限られたエリアの中に商店が集積している歩行圏で，買い物が楽しめるという中心市街地の強みを見直すこともできよう。その意味で，高崎の市内循環バス「ぐるりん」等公共交通機関の充実に期待したい。

「ぐるりん」バスが走行して間もないので，いますぐとはいかないかもしれないが，中心市街地に乗車料金100円ないしは低額，場合によっては無料のミニバスを走らせることも考える必要がある。1994年7〜10月，文部省在外研

写真2 ストックホルムの路面電車。

究員として滞在したフランスのリヨンの中心市街地を走行していたミニバスを利用したことがあるが，このバスは市民の足として大いに役立っていた。

つけ加えると，鉄道の時代「高崎」への回帰的発想から考える限りでは，東京や大宮の副都心等への通勤者のために，高崎駅周辺に高層の駐車場を設置することも有用であろう。また，日本火薬への旧引込線の跡地を活用して，群馬の森（県立博物館，県立美術館，日本原子力研究所）と高崎～倉賀野間の新駅（操車場跡地）とを結ぶ路面電車またはトロリーバスの運行も実現したいものである。

環境共生型の都市づくりをめざしているストックホルムでは，中心市街地の一角ニーブロ広場と，市の東方に浮かぶ1,000 haの島デュールゴーデンにある野外博物館スカイセン（Skansen, 近代化によって失われていくスウェーデンの伝統的な暮らしを後世に伝えるため，30万m^2の巨大な土地に，全国各地から選ばれた中世以降の教会，農家，民家など150棟配置）とを結ぶ路面電車が整備されている（**写真2**）。

高崎市でも，かつては高崎―渋川間で路面電車を運行していた時代があつた。それへのノスタルジアではないが，群馬の森～新駅間の路面電車を走らせることは間違った選択ではない。2000年10月28日に，姉妹都市の5都市が参加して2000年記念事業「高崎環境サミット」が開催されたばかりである。高崎市が環境共生型都市づくりを本気で考えていくのであれば，このテーマは格好の課題となろう。

中心市街地は日常生活に必要な機能が集積している場でもある。交通弱者が

安心して暮らせるような都市づくりや，環境共生型の都市づくりにも，配慮する必要がある。また，生活の場として中心市街地を捉えるとき，良好な生活環境づくりを目指して郊外居住の基盤づくりを進めることとの兼ね合いの問題も見落とすわけにはいかない。

郊外居住地において生活上の諸ニーズを完結させるという当然の要請に応えることと，「まちの顔」中心市街地といった戦略的拠点としての位置づけに基づき活性化対策を講じることとの間に発生するパラドクス，この調整の問題も重要である。

いうまでもなく，住民参加の下で，住民本位の都市計画，マスタープランを十分に時間をかけて策定し，それがまちづくり条例に生かされるなかで，調和のとれた都市づくり，まちづくりを行うことを忘れてはならない。

さらに，観光振興に対する住民参加の効果を上げるためには，地域生活者同士や観光開発関係者などとの合意形成のプロセスが重要である。地域社会での意志決定方法を主体別にみると，① 長老格の人に委ねる方式，② 強い政治権力や経済力を持った人による独断的決定，③ 投票による意志決定，④ 専門家あるいは専門家集団による決定，⑤ 当事者の話し合いによる意志決定（パートナーシップ方式），⑥ 現場参加型意志決定（現場体験に基づき決定していく方式），⑦ その他，緊急事態発生・避難型やインターネット形等の意志決定の方法もある（田中 [1996：131-133]）。

地域問題は多様で，かつ複雑であるから，これらの合意形成の手法はうまく適応するものもあれば，なかには適当でないものもある。観光振興といえども，これらのどの方式がよいかどうかの選択だけでなく，既存の法律，規則，慣例などを生かして新しいモデルを常に希求することが望まれる。

(2) 具体的な提言

「高崎市中心市街地活性化基本計画」及び「高崎商業タウンマネージメント構想」において，具体的な施策が多様に展開されている。内容の豊かな『計

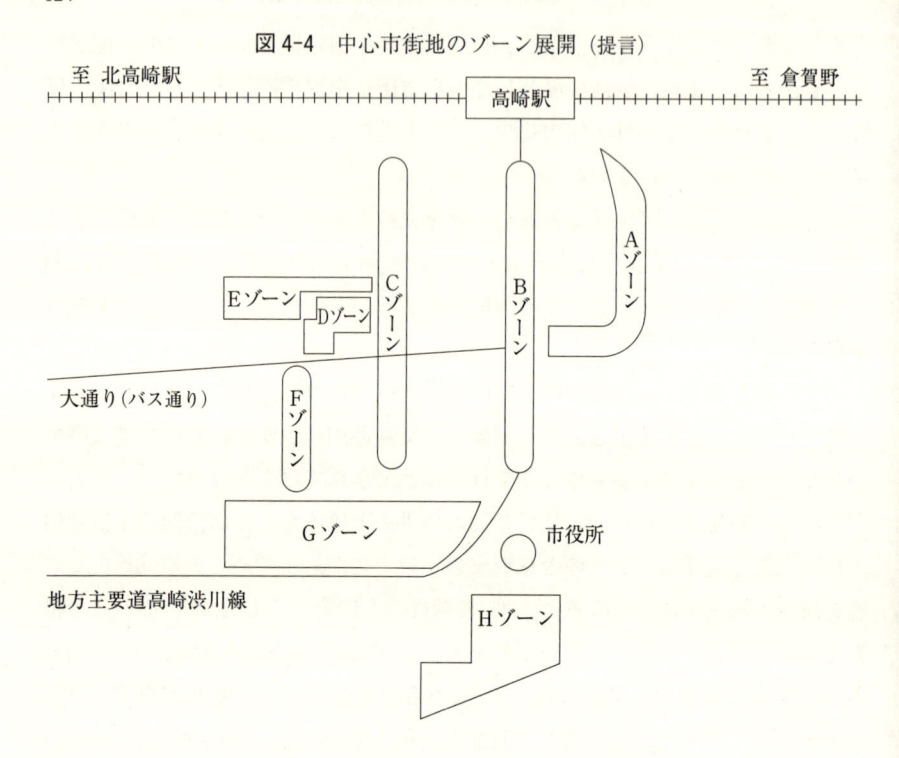

図 4-4 中心市街地のゾーン展開（提言）

至 北高崎駅　　　　　　　　高崎駅　　　　　　　　至 倉賀野

Aゾーン
Bゾーン
Cゾーン
Dゾーン
Eゾーン
Fゾーン
Gゾーン
Hゾーン
市役所
大通り（バス通り）
地方主要道高崎渋川線

画』や『構想』が公表されているから，同じ方法で同じことをとりあげても意味がない。

　しかし，どこの地域でもみられることであるが，この種の『計画』や『構想』においては財源の問題や官民の所有形態（民間所有地か，それとも公有地か）等に配慮するため，大胆な計画や構想を打ち出しにくいところがある。ワーキング・グループの一員として『構想』策定にかかわった者の実感として，その点を強く意識せざるを得ない。

　それゆえ，ここでは大胆に実現可能性が極めて低い提言のみをあえて図面にプロットすることを試みた（図 4-4）。なおその際に，次のことに留意した。

① よくまとまっている『計画』や『構想』との重複を避けるため，体系的で網羅的な叙述はしない。

② 中心市街地において実現しようとする将来像を「音楽とアメニティに満ちた歩いて楽しい中心市街地」とイメージするという「高崎市中心市街地活性化基本計画」の基本方針を真摯に受けとめる。
③ よほどのパラダイム転換がない限り、今日的な常識では実現不可能な事項のうち、交流や交通の条件整備に関係の深いことについてのみ言及する。
④ したがって、ハードの整備がある程度行われ、相対的に充実しアメニティが高まっている地域について、『計画』や『構想』がさらなる魅力アップのために言及している事項や、『箱物』的なデザイン化の指摘などを行うことは避けている。

① 交流条件の整備と都市空間の魅力アップ

まず、ⅰ ゾーンA、B、C、D、E、G、Hについて、交流条件の整備と都市空間の魅力アップをみることにする。これらのゾーンには、ミニ資料館、ミニ歴史館、ミニギャラリー、製販一体型のビジネス、エコビジネス等新型の都市工業、人が集まる公的集客施設や国際的に貢献する文化教育施設など（教育・生涯学習・健康・福祉・パスポート発給等の公益施設、文化、観光、娯楽、スポーツなどのアミューズメント型施設）を配置して、交流人口を誘引する条件を高めることが必要である。

特に、ⅱ Bゾーンには駅前通という交通拠点性を生かせるような施設、たとえばサテライト教室のような文化教育施設、製販一体型のビジネス、エコビジネス等を配置することが望ましい。

その際、ⅲ 再開発ビル等の空き室の活用とビジネスチャレンジに対するテナント料の一部を補助する支援策がセットになるような対策が必要である。既存の施策体系の活用が可能であれば、すぐ実現されることが望ましいが、不可能であれば早い機会の法的整備を期待したい。

また、ⅳ Eゾーンの北側サイドのエリアには、かつて職人・匠が集積していたという。地域の特性、歴史性を生かしたまちづくりという点から、ミニ資料館、ミニ歴史館、ミニギャラリーを生業と一体的に分散配置することが望ま

しい．

　さらに，ⓥ Aゾーンについても製販一体型のビジネスの導入，ミニ資料館やミニ歴史館による話題づくりなどを行い，Bゾーンとの回遊性を高め，駅周辺ホテル・旅館の宿泊者に対する都市観光的な戦略展開を行う．

　さらに付け加えると，ⓥⓘ 最も実現可能性の薄いDゾーンの開発も必要である．Dゾーンのビル跡地については，かつて400数十億円もあった担保が，今はその1/10に下落したが，100名近くの権利者が群がっているといわれている．容易には開発できないが，事業再生法ないしは民事再生法的な発想で解決できるときがこないものであろうか．このゾーンにはホテル，音楽ホール，バスセンターなどの整備が望ましいのだが．

　ⓥⓘⓘ Gゾーンも長期的な発想が必要だ．Hゾーンの国立高崎病院が将来撤退することを予想した構想であるが，Hゾーンとの一体的な整備をまず考えたい．GゾーンのNTTをHゾーンへ移転し，国際公園，NTT，「もてなし広場」の部分に医療・福祉等の公益施設（県立）の誘致，文化施設の整備を複合的に行う．音楽センターと同じデザインのミニ記念館（展示，会議等の多目的施設）をHゾーンに建設し，音楽センターの跡地に「もてなし広場」を再生する．

　Hゾーンの国立高崎病院の撤退がない場合には，人が集まる公的集客施設や国際的に貢献する文化教育施設などを「もてなし広場」の部分に整備し，音楽センターのところにそれと同じデザインのミニ記念館（展示，会議等の多目的施設）を建設して，敷地の一部に「もてなし広場」を再生する．

　なお，国立高崎病院が将来撤退する場合，前述のGゾーンと連動した発想ではなく，Hゾーン単独で本格的なコンベンション機能をもつ施設を設置し，高崎の商工施策の拡充を図ることも一案となろう．

② 公共交通機関の整備と歩行者天国

　まず，① 慈光通りと大手前通りが連続するCゾーンに，恒常的な「歩行者天国」を設けることである．「アメニティに満ちた歩いて楽しい中心市街地」にする意気込みがあるのであれば，中心市街地にぜひ歩行者天国を設けるべき

である。その際，東二条通の再開発・道路拡幅工事の完了等周辺の連結道路の整備と連動させて実施することが望ましい。

ついで，⑪Dゾーンの市営駐車場のところに，バスセンターを設け，環境共生型のまちづくりを目指すことである。その際，南側の道路はバス専用道路にし，一般車両の通行を禁止すること，ビビ跡地の再開発と同時平行的に進めることが望ましい。旧郵便局跡地に市営駐車場を設置したときは，それなりに時代的意味があったが，今日周辺に多くの駐車場ができていることを考えると，他の有効利用に道を開くべきである。

さらに，⑪Fゾーンの一方通行を止め，双方向とする。ただし，それは東二条通の再開発・道路拡幅工事の完了とか，Cゾーンの恒常的な「歩行者天国」などと連動して，実施を考えることが望ましい。

その他，⑭循環バス「ぐるりん」の路線・運行ダイヤの充実，ミニバス・低額(無料)バスの運行実現，JR駅間の新駅設置による生活鉄道への転換，新交通システムの導入(たとえば，高崎駅から緑町交差点まで新幹線の軌道の側辺を利用し，それ以降は高前バイパス中央分離帯を活用して，高崎～前橋間を運行する)等により，公共交通機関重視の環境共生型のまちづくりを目指すべきである。

駅間の新駅についていえば，高崎～倉賀野駅間，高崎～井野駅間，北高崎～群馬八幡駅間，群馬八幡～安中駅間における新駅の整備に早急に取り組むことが望ましい。とりわけ，上越・長野新幹線の建設に伴い長距離路線から生活路線に転換した「信越線」における新駅設置やダイヤ編成の見直しについては，至急取り組むべきだといえる。

【注】

1) 高崎市及び高崎商工会議所は，2000年度に「高崎市中心市街地活性化基本計画」および「高崎商業タウンマネージメント構想」を策定しているが，その中心市街地の位置と範囲は両者で異なっている。中心市街地活性化基本計画における範囲は高崎駅東口にも及ぶ245 haであるのに対して，TMO事業構想の範囲は西口商店街のみの72 haとなっている。その違いは，前者が高崎市の商工行政

上の整合性（高度商業集積整備法に基づく地域指定），と後者がTMO構想の実現性に，それぞれ力点をおいているため生じたといえる。

【引用・参考文献】

長谷川秀男［1998］『地域産業政策』日本経済評論社。

高崎商業タウンマネージメント構想策定委員会［2000］「高崎商業タウンマネージメント：調査分析編」高崎商工会議所。

──────［2000］「高崎商業タウンマネージメント：要約版」高崎商工会議所。

高崎市・高崎商工会議所［1993］「買い物行動と意識に関する調査報告書」。

財団法人・地方自治研究機構［1999］「地方都市の中心市街地再生方策に関する調査研究」。

高崎市商工部商工政策室［2000］「高崎市中心市街地活性化基本計画：音楽と花風景のあるまち」。

長谷川秀男・伊藤公一・志尾穆［1977］『現代商業政策』高文堂。

長谷川秀男［1988］「大型店と中小商店の調整」世界経済研究会『産業のグローバル化──基礎流通経済新論──』文眞堂。

──────［1996］「大店法の改正問題」『中小企業振興』第682号。

──────［1996］「観光マーケティングに対する公共政策」『観光マーケティング』同文館。

──────［1998］「観光振興の主体と方式」『観光振興論』税務協会。

五十嵐敬喜・小川明雄［1993］『都市計画──利権の構造を超えて──』岩波書店。

田中栄治［1996］『地域連携の技法』今井書店。

第5章　富岡市における新しい交通まちづくり構想
――「パークアンドセル」方式による交通体系の提案――

横島　庄治

　鏑川水系に沿って走る中山道の脇往還の宿場町から発展した富岡市は，富岡甘楽広域圏の中核都市である。1897（明治30）年に開通した上信電鉄と，昭和40年代に完成した国道254号は，富岡市の骨格的都市軸であるばかりでなく，富岡甘楽広域圏の骨格的交通軸として機能してきた。

　富岡甘楽広域圏における自動車交通の優位性は覆せないが，富岡市中心市街地における道路交通システムの再編と公共交通システム及び様々なまちづくり施策を組み合わせ，中心市街地を「誰もが歩いて楽しめる街」に変えてゆくことにより，中心市街地の蘇生を図る考え方を提示する。

　さらに，上信電鉄を交通手段としてだけでなく地域の文化交流機能にも活用することにより，地域連携軸としての公共交通の再生を図る戦略を提案する。

はじめに——本章の位置づけと趣旨——

　筆者は，一昨年（1998）「富岡市中心市街地活性化基本計画」に関する地元住民・行政職員・学識経験者・コンサルタントを交えた策定委員会の委員長として，富岡市の中心市街地のまちづくり戦略の検討に関わった。その中で，富岡市の交通体系や交通利用実態が中心市街地の活力低下に大きく関係していることが明らかであり，その解決も含めて中心市街地活性を考えてゆく必要があることが委員会で指摘された。

　21世紀の課題は環境と福祉といわれている。まちづくりは，その双方に大きく関わり合っている。高齢社会を迎える21世紀初頭は，若者に頼らなければ生活できない社会構造を改造するために，基盤となるインフラの再整備が必要となる。本章は「富岡市中心市街地活性化基本計画」の議論を下敷きにしつつ，1つのケーススタディとして，富岡市のまちづくりと交通体系のあり方を公共交通の再生の視点から洗い出し提案しようというものである。

第1節　富岡市及び富岡甘楽広域圏の概要

(1) 富岡市と富岡甘楽広域圏

　妙義・荒船・佐久高原国定公園を源とする鏑川水系に開けた富岡市は，群馬県の南西に位置し，東京から約100km，県都前橋市までは約30kmに位置する。富岡市は，近隣の妙義町，甘楽町，下仁田町，南牧村とともに富岡甘楽広域市町村圏を形成し，その中核都市として位置づけられている。行政的には多野藤岡広域市町村圏に属する吉井町も同じ鏑川水系に属すること，地域の公共交通である上信電鉄の沿線圏であること，地域の幹線道路である国道254号線の沿

線圏であることなどから，生活圏としては富岡市との関係も深く，本論文では富岡甘楽広域市町村圏に吉井町を加えて富岡甘楽広域圏と名づけ，検討の対象とする（図5-1）。

市域には，鏑川と高田川の2本の河川が東流し，鏑川水系を中心に形成された河岸段丘と里山よりなり，市域総面積は94.24km²である。

市内には縄文・弥生期の遺跡が数多く点在しており，古くから気候と環境に恵まれた住み良い地域であったことをうかがい知ることができる。

また，律令制のもとにあった頃は，上野の国甘楽郡に属し，甘楽の語源とされる「韓」・「伽羅」が示すように，渡来人が多く住んでいたとされ，奈良・平安期等においても，この地域が甘楽郡の中心をなしていた。

江戸初期には，加賀前田藩の五男利孝が1万石余をもって封ぜられ，七日市藩が置かれるとともに，砥沢村（現・南牧村）の砥石輸送の中継点として新田開発が行われ，住民の移住と共に現在の街の原型が形づくられた。

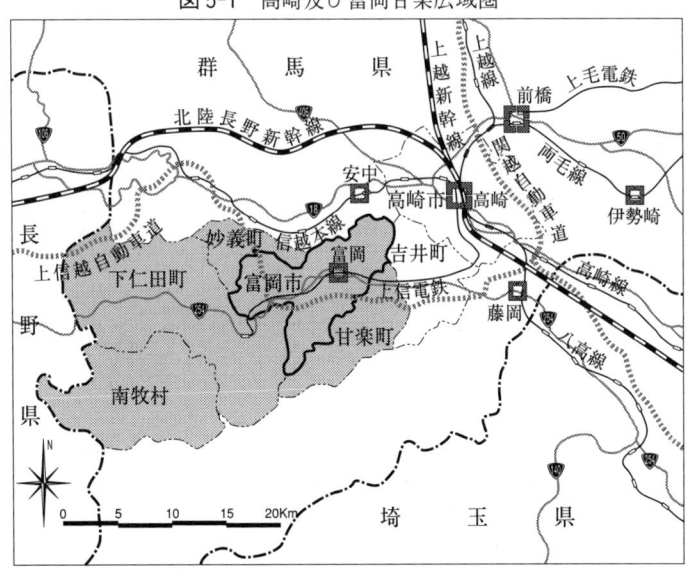

図5-1　高崎及び富岡甘楽広域圏

（出所）富岡市中心市街地活性化基本計画。

明治期に入ると，政府の殖産興業政策の一環として，わが国の近代産業の先駆的役割を果たした官営富岡製糸場（1872，明治5年操業開始，現・片倉工業株式会社富岡工場）が設立され，富岡の名は一躍全国に知られるようになった。

1954年，富岡町・小野村・黒岩村・一宮町・高瀬村・額部村の2町4村が合併して市制が施行され，富岡市となった。その後，55年に吉田村，59年に福島町の一部，60年に丹生村を合併して，現在に至っている。

米・麦・養蚕を中心にした農業，生糸を中心とした工業，甘楽地域全体を商圏とした商業といった産業構造により，比較的穏やかな発展を遂げてきた富岡市も，戦後は製糸業にとってかわって，太平洋戦争中に疎開していた電気機器工業を基盤に，工業団地の造成にも力を入れ，電気機器・機械金属・輸送機器等の製造を中心とした工業都市として発展してきた。

近年では，豊かな自然環境を有している郊外部におけるスポーツ・レクリェーション施設の立地や上信越自動車道の開通により，東京圏を中心とする他地域・都市との交流が模索されている。

(2) 富岡市及び富岡甘楽広域圏の交通環境

富岡甘楽広域圏は群馬県西南部に位置し，隣接する長野県と群馬県県央部の間にあって，県境の妙義・荒船山塊に源を発する鏑川水系に沿って東に向かって平野が開けた地形構造になっている。このため，この地域の幹線交通網は古来より長野県と県央部を結ぶ形で形成されてきた。

道路網は，本圏域の東西軸を担う国道254号が鏑川沿いに走り，首都圏と長野県を結んでいる。また，この主要幹線に接続する形で主要地方道高崎・富岡線，富岡・万場線，松井田・下仁田線，下仁田・上野線などが南北軸を担い，これらの東西軸，南北軸を一般県道，市町村道が補完して圏域内道路交通体系を構成している。1993年に開通した上信越自動車道により，東京首都圏と直結した。さらに，現在整備中で一部供用開始されている国道254号富岡バイパスや計画されている西毛広域幹線道路等により，圏域の都市間道路交通はより

改善されると考えられる。

　一方,本圏域の公共交通網は,1897(明治30)年に開通した上信電鉄によりJR高崎駅に直結し,これに伴うバス路線は高崎駅及び富岡駅と下仁田駅を起点に放射状に形成されている。しかし,上信電鉄及び路線バスは,自家用車の普及により利用乗降客は減少し,このため運行路線及び本数が減少された結果,高齢化や過疎化等に伴う交通弱者の問題は深刻であり,圏域市町村及び企業との協調体制の中で,沿線地域の活性化を踏まえた恒久的対策の検討が必要になっている。

(3) 夜間人口の推移

　富岡市の総人口は,1995年4月1日現在で49,560人,総世帯数14,810世帯,人口密度526人/km²である。54年市政施行時には37,760人,周辺町村の編入の55年は41,476人,35年には45,039人と増加が続くが,その後微増,80年に48,047人で再び増加し,その後微増減が続いている(図5-2)。

　90年から95年にかけての人口推移を見ると,市中心部とその周辺地区の人口減少が目立っており,高崎市寄りの郊外部の人口増加が目立つ。市中心部である富岡・七日市エリアは,市人口の約1/3が居住しているが,70年以降常に人口が減少しており,減少率も−6.1%(富岡),−5.1%(七日市)と市内で最も高く,中心部の空洞化が進行している。

　一方,富岡甘楽広域圏についてみると,富岡市以東が増加傾向にある一方,富岡市以西は減少しており,高崎都市圏の拡大傾向が読みとれる。吉井町の90〜95年の増加率は+4.1%であり,80〜95年の増加率も+15.3%と,他の地域に比べ高い数字を示しており,富岡市の一部,甘楽町を含めて高崎市のベッドタウン化が進行している事から,高崎・前橋都市圏との都市間交通の需要拡大が読みとれる。

　また,95年の年少人口(0〜14歳)は8,196人,老年人口(65歳以上)は8,747人であり,高齢化率は17,8%と高く,年少人口の減少と共に,県下11

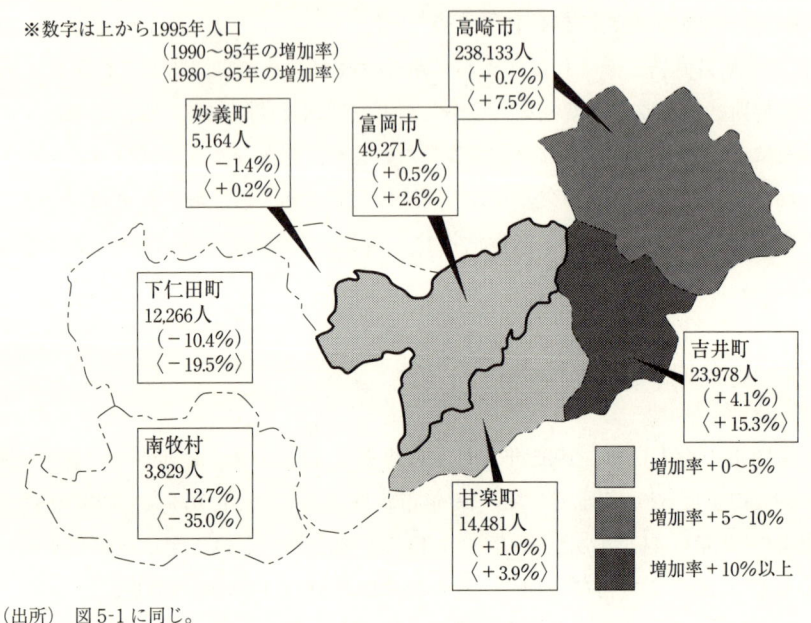

図 5-2 高崎及び富岡甘楽広域圏の人口増減

※数字は上から1995年人口
　　　　（1990〜95年の増加率）
　　　　〈1980〜95年の増加率〉

妙義町
5,164人
（−1.4%）
〈＋0.2%〉

高崎市
238,133人
（＋0.7%）
〈＋7.5%〉

富岡市
49,271人
（＋0.5%）
〈＋2.6%〉

下仁田町
12,266人
（−10.4%）
〈−19.5%〉

吉井町
23,978人
（＋4.1%）
〈＋15.3%〉

南牧村
3,829人
（−12.7%）
〈−35.0%〉

甘楽町
14,481人
（＋1.0%）
〈＋3.9%〉

増加率＋0〜5%
増加率＋5〜10%
増加率＋10%以上

（出所）図5-1に同じ。

市の平均を上回る高齢化が進行しており，高齢者をはじめとする交通弱者対策が緊急を要することを示している。

(4) 富岡甘楽広域圏の産業構造と生活行動

1995年の国勢調査により圏域の産業分類別就業者数の状況を見ると，高崎市が業務の中核都市としての位置を占め，圏域内では富岡市が中心の役割を担い，吉井町が高崎市や藤岡市の外延部として機能していることがうかがえる。
住民の生活環境と行動を幾つかの断面でみてみる。
① 通勤通学
1995年の国勢調査により富岡甘楽広域圏の流入流出人口についてみてみると，流入人口と流出人口の差が＋なのは，高崎市と富岡市だけであり，特に高

崎市は＋27,188人と非常に高い数字を示しており，富岡甘楽広域圏が高崎都市圏の引力化にあることを示している。

　富岡市内には自動車部品などの製造を中心にした大規模工業団地が郊外に9カ所立地しており，富岡市内の総就業者数22,585人の約1/3に当たる7,382人が他市町村から流入している。また，市内には4校の高等学校が設置されており通学流入者数も多い。しかし，富岡市は流入人口が流出人口を上回っているものの，その数は＋164人と少なく，90～95年にかけて15歳以上の就業者・通学者が減少していることから，今後は流出人口が流入人口を上回る可能性がある。

② 買い物

　94年度の買い物動向調査によれば，買回り品を自市町村で購入する者の割合は，富岡市の70.1％以外はきわめて低く，富岡市及び高崎市がその購買先になっている。また，最寄り品を自市町村で購入する者の割合は，富岡市・下仁田町・吉井町は高いが他の町村は低く，富岡市に依存している傾向が強い。富岡市が圏域の商業の中心であることが買い物動向から裏づけられるが，商業統計調査の商品販売額でみると高崎市の1/7程度の商業力しかなく，高崎市が圏域の商業中心都市であることが明らかである。

　富岡市内の商店は，七日市，富岡，一宮といった市の中心部に集中しているが，それぞれの商店の規模は従業員1～2人の小規模な商店が半数を占め，10人以上の従業員を抱える商店は10％にも満たない。91年には国道254号富岡バイパス第3工区の供用開始によって，沿道にロードサイド型の大型店舗が増加しており，既存商店街の大きな競合相手になっている。

③ 医療

　本圏域の医療体制は，富岡市に公立総合病院が，下仁田町に厚生病院が設置され，総合的機能を有する病院としての位置づけのもと，富岡市内の公立七日市病院など4つの病院も含めて圏域をカバーしている。医療センター・保険セ

ンター・富岡地域保健所も富岡市内に設置されている。91年の患者調査によっても，外来・入院共に富岡市に依存していることが裏づけられている。

さらに，社会福祉施設も高齢者を中心に11施設が富岡市内にあり，圏域のサービスを担っている。

④ 文化レクリェーション

富岡市の文化・社会教育施設は，図書館・生涯学習センターが中心市街地縁辺部に当たる国道254号バイパス沿いにある他は，郊外のもみじ平総合公園に市立美術博物館・福沢一郎美術館・県立自然史博物館・かぶら文化ホール・総合体育館・陸上競技場などが近年整備され，文化スポーツの拠点を形成している。このため大多数の市民はマイカーによりこれらの施設利用を行っている。

1994年度の市町村公共施設設置状況により圏域の広域的文化レクリェーション施設の状況を見てみると，高崎市が圏域の中心の役割を担っており，富岡市及び吉井町がそれに次ぐ位置にあって，他の町村はこの3市町に依存していることがわかる（図5-3）。

⑤ 観光レクリェーション

圏域の主要な観光レクリェーション施設は，妙義・荒船・佐久高原国定公園，群馬サファリパーク，もみじ平総合公園などであり，富岡市内には図に示すような施設が郊外部に分布しているが，これらは目的型の車利用観光が主流であり，富岡市中心部への回遊は極めて低いと考えられる。

⑥ 交通

次に，交通量についてみてみる。94年11月1日道路交通センサスOD調査によると，圏域での自動車移動総数は305,605トリップ，うち60.5%に当たる181,018トリップが自市町村内移動である。他市町村への移動では，高崎市へ21,546トリップ，富岡市へ20,210トリップ，安中市へ9,667トリップとなっており，自動車移動の大多数が圏域内である。また，県外への移動は

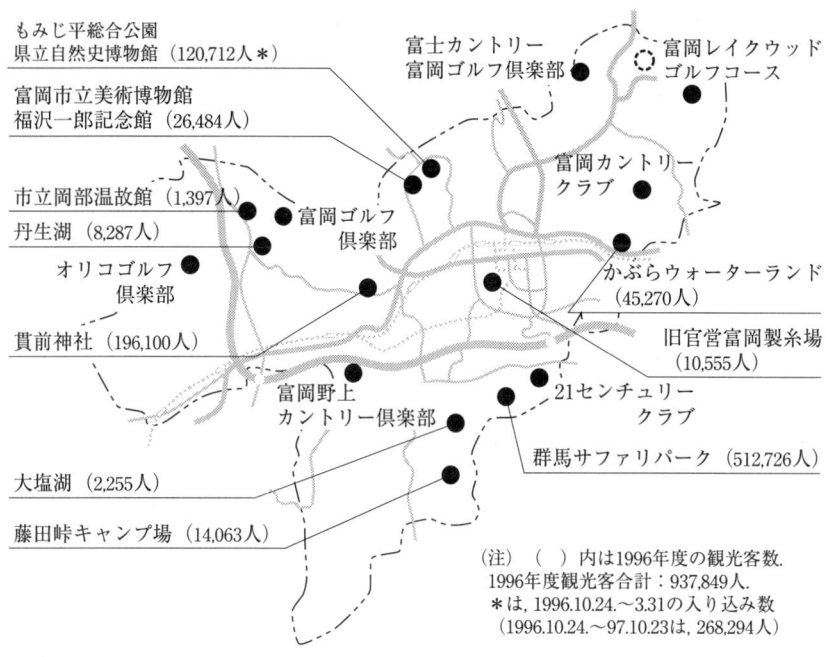

図 5-3 富岡市内の観光レクリェーション施設の状況

もみじ平総合公園
県立自然史博物館（120,712人＊）
富岡市立美術博物館
福沢一郎記念館（26,484人）
市立岡部温故館（1,397人）
丹生湖（8,287人）
オリコゴルフ倶楽部
貫前神社（196,100人）
大塩湖（2,255人）
藤田峠キャンプ場（14,063人）
富士カントリー
富岡ゴルフ倶楽部
富岡ゴルフ倶楽部
富岡カントリークラブ
富岡野上カントリー倶楽部
富岡レイクウッドゴルフコース
かぶらウォーターランド（45,270人）
旧官営富岡製糸場（10,555人）
21センチュリークラブ
群馬サファリパーク（512,726人）

（注）（ ）内は1996年度の観光客数.
1996年度観光客合計：937,849人.
＊は，1996.10.24.～3.31の入り込み数
（1996.10.24.～97.10.23は，268,294人）

（出所）図5-1に同じ.

6,709トリップでそのほぼ半数3,138トリップは富岡市よりの発生である.

また，上信越自動車道の圏域に関わる藤岡・吉井・富岡・下仁田の4インターチェンジの交通量は，93年度の開通以来増加してきたが，97年度後半より減少傾向に転じている.

道路の混雑度を見てみると，富岡市内では国道254号富岡バイパスと国道254号のピーク時以外には混雑度は低く，国道254号富岡バイパスの整備によってこれらの混雑も解消されると考えられる.

一方，鉄道・バスの利用状況を見てみると，モータリゼーションの進行に伴って1966年頃をピークに減少が続いており，バスや鉄道の運行回数の減少，バス路線の廃止が相次ぎ，公共交通サービスは，悪化の一途をたどっている.

路線バスが廃止された富岡市では，病院や福祉施設への高齢者を主とした足

の便を確保するために乗合タクシーが導入されている。

これらのデータから富岡市の94年の交通機関別の利用状況を比較してみると，自動車による移動は151,806トリップ/日，上信電鉄乗車人員は3,222人/日（1,176,036人/年），バス乗車人員は248人/日（90,500人/年）となり，自動車交通の利用に比べ公共交通機関利用の衰微が明らかである。

第2節　富岡市中心市街地活性化基本計画

「第4次富岡市総合計画」では，市の核となる文化施設，歴史的資源や，"水と緑の軸""歴史と文化の回廊"を活用し，健康づくりや学習活動，集い合い，交流を図る「健学集遊」による地域おこしを唱っている。99年度に作成された中心市街地活性化基本計画においても，中心市街地活性化基本計画の策定に先立って行われた市民アンケートによって明らかになった「市民の望む中心市街地像」に沿って，この「健学集遊」の考え方を踏襲していくこととし，次のような概念が設定された。

健＝いつまでも住み続けられる街（都心居住・高齢者対応・バリアフリー）

学＝富岡ならではの自然と歴史・文化が感じられる街（水と緑・歴史文化・学習やイベント）

集＝誰もが安全・快適に歩ける街（車両交通の制御・歩行者回遊ネットワーク・公共交通の再編）

遊＝来街と交流による賑わいのある街（アメニティ・ショッピング・食文化の再興）

その具体的イメージは，先ず，富岡市の歴史的シンボルである歴史的建造物である片倉工業（株）富岡工場（旧・官営富岡製糸場）を文化的施設として保存活用すること，次に，中心市街地へのアクセス拠点である上州富岡駅およびその周辺に，人々が集い交流するための様々な公共公営施設や利便施設を駅舎と複合化し，富岡の顔となるような魅力的な駅前空間を創出すること，そして，

この2つの核を結ぶように歩いて楽しい水と緑の豊かな道や身近なサービスを提供する商店街，富岡の歴史・文化が感じられる街並みを整備し，市民の交流を図って富岡ならではの新しい文化を創造発信する中心市街地の形成をめざしている。

第3節　富岡市の交通体系構想

　富岡市中心市街地の構造を交通の側面からもう一度見てみたい。
　富岡市の中心市街地は，江戸時代初頭の中山道の脇往還である姫街道の宿場町に始まる。七日市藩の陣屋も置かれて，鍵の手状の街路の角に寺社が配置された町の様子が1871（明治4）年の製糸場の建設を直前にした当時の富岡の市街図からうかがえる。1897（同30）年には街道の北側に上信電鉄が開通し，街道と旧官営富岡製糸場を中心としたエリアで市街化が進んでいった。昭和にはいると市街地は駅周辺にも拡大し，七日市と富岡町は一体的な市街地としての性格をもちち始める。戦後，戦災を免れた中心市街地は古い建築物を残しながらさらに拡大を続けた。自動車の通行に不向きな市街地の構造を改善するために建設されていた国道254号が昭和40年代に開通すると，沿線は市街地の中心軸として発展し，通行車両も大幅に増加した。
　しかし，中心市街地を東西に一直線に貫通する国道254号は，中心市街地への来街車両だけでなく高崎方面への流出を強めるとともに，大量の通過車両をも呼び込むことになり，中心市街地は車両の排気ガス・振動・騒音，交通事故の危険，歩行者動線の分断などにより，疲弊の道を歩み始めた。公民館や図書館など公共公益施設の郊外部への建設も市民の足を中心市街地から遠ざけることにつながり，中心市街地はますます衰退していった。
　中心市街地への通過車両の流入を減らして中心市街地の交通環境を改善するため，昭和50年代後半より国道254号富岡バイパスの建設が進められている。しかし，空閑地の多い外周部への幹線道路の整備は，沿道への大型店舗の立地

を誘発して中心市街地への来街客の減少は止まらず，必ずしも中心市街地の蘇生につながるものとはなっていない。

　富岡市中心市街地活性化基本計画では，対症療法的な交通政策ではなく，様々な施策と連携した総合的なまちづくりの目標の1つとして，「誰もが安全・快適に歩ける街」を掲げ，それを実現する方策として「来街を促す交通システムの構築」「歩行者回遊ネットワークの形成」「公共交通の再編」を提案している。

第4節　外周道路による狭域交通圏の設定

　富岡市あるいは富岡甘楽広域圏全体の生活構造から見れば自動車交通の優位性を覆すことはできないが，富岡市中心市街地という狭域交通圏に着目すると，通過車両・来街発生自動車・公共交通・歩行者などの様々な交通モードのシステムが富岡市中心市街地の構造に合致するように形成されていないことがわかる。先ず，幹線道路についてみると，国道254号が中心市街地を東西に横断して，通過交通を多く含む車両交通が中心市街地を分断している。中心市街地の北側のエッジには国道254号富岡バイパスが，南側の丘陵部には上信越自動車道富岡ICが整備されているが，それと中心市街地を結ぶ南北道路は弱体であり，通過車両の迂回や中心市街地への広域的アクセスに対して十分な効果を発揮していない（図5-4）。

　通過交通を排除し中心市街地に関わりのある自動車交通を受け入れながら，安全快適に歩いて楽しめる街にしてゆくためには，中心市街地への自動車交通を上手に誘導していく必要がある。すなわち，広域からのアクセスや通過交通に対応して都市間交通を受け持つ幹線道路，都市内交通・狭域交通圏のアクセスの軸となる地区内幹線道路，圏域内の歩行を中心とした生活道となるサービス道路の3段階構成で道路交通ネットワークを組み立て，それぞれの役割に応じた道路のルート・線形・断面構成・交通制御を考える必要がある。

第5章 富岡市における新しい交通まちづくり構想 141

図5-4 富岡中心市街地の道路交通システム図

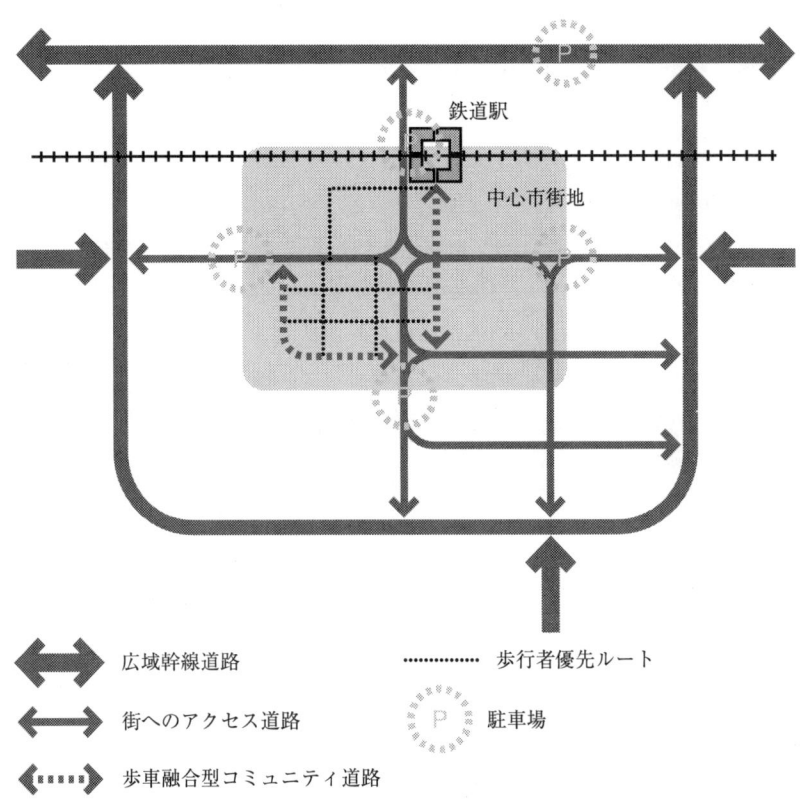

凡例：
- ⟷ 広域幹線道路
- ⟷ 街へのアクセス道路
- ⟷ 歩車融合型コミュニティ道路
- ⋯⋯ 歩行者優先ルート
- Ⓟ 駐車場

(出所) 図5-1に同じ。

　都市計画決定されている国道254号富岡バイパス，富岡内匠線，西富岡内匠線の整備を図り，中心市街地の外周に環状道路網を形成し，中心市街地に対して不要不急の通過交通はこの環状道路で受け持つようにする。また，この環状道路の内側に東西南北十字に走る幹線道路（国道254号，上町酢の瀬線，本宿内匠線等）については，中心市街地へのアクセス道路と位置づけ，街の表通りにふさわしいゆったりとした歩道幅員をもつシンボル軸として整備を図る。

第 5 節　狭域交通圏への「パーク＆ライド」方式の自動車交通システム導入

　さらに，中心市街地にやってくる車両についても駐車場を探して街中を迷走したり，ブラウジング・ドライブをしないように，中心市街地のフリンジ（外周部）に中心市街地へのアクセス道路に直結したゲート駐車場を配置し，そこから歩いて街に入るシステムを構築する。高齢者や小さな子供連れの家族など交通弱者を対象に，駐車場と中心市街地各所を結ぶコミュニティバスや福祉タクシーの運行（パーク＆ライドシステム）や，バス・福祉タクシーの乗車券・買い物・飲食等の割引券とセットになった共通駐車券・回数券の発行などが，そのシステムの要点となろう。

　欧米の都市には「パーク＆ライド」システムの先進事例が見られるが，わが国でも金沢市や鎌倉市で休日や通勤時における「パーク＆バスライド」の実験が始まっており，今後社会的合意は急速に広まっていくと思われる。また，コミュニティバスは武蔵野市の「ムーバス」，金沢市の「ふらっとバス」，千葉市の無料シャトル「チーバス」，鎌倉市のディマンドバス「ポニー号」(**写真**1)など全国的に拡がりを見せ始めており，県内でも高崎市の「ぐるりんバス」が運行している。

　富岡市では路線バスの廃止に伴い福祉サービスの一環として 1995 年より導入された「ふれあいタクシー」が，ワゴン車を使って郊外の病院・社会福祉施設や上州富岡駅等と郊外の集落を結ぶ広範囲なルートにより，通院・買い物・外出など交通弱者の足として機能している。同様の手法で市役所・銀行・郵便局・農協などの公共公益施設，商店街，図書館・生涯学習センターなどの文化活動拠点，上州富岡駅，ゲート駐車場等を結んで中心市街地を循環する福祉タクシーを運行する考え方もあろう。自動車にとって比較的狭い行動圏となる中心市街地を循環する「ふれあいタクシー」や，上州富岡駅を充電基地とするミニ電気バスを利用する「エコ・パークアンドライド」システムを導入したい。

写真1 コミュニティバスの事例／鎌倉市（筆者撮影，1999）。

「ふれあいタクシー」の役割を拡充して，介護保険制度とリンクした要介護者の「移送サービス」，お年寄りの余暇や趣味のための外出を支援する「行楽送迎サービス」，観光シーズンには市内行楽地と駅を結ぶ「来街者送迎サービス」など，きめ細かなサービスを行うことにより，公共交通の利用比率を高めてその事業採算性を改善する努力も必要である。

　また，自転車の利用促進も，自動車交通量の軽減，現在の道路ストックの有効活用という点から是非導入したい。現在も上州富岡駅には観光客等を対象としたレンタサイクルが常備されているが，自転車道やサインが整備されていないため，その利用度は大変低い。

　先に見た富岡市の道路交通センサスOD調査の自市内移動181,018トリップの約半分は昼夜間人口規模から判断して短距離利用と見られ，これの相当量を歩行者・自転車利用にシフトできれば道路利用の快適性・安全性はかなり向上しよう。中心市街地内部だけでなく，行楽地や工業団地・郊外集落周辺などと市内各駅や公共公益施設等を結ぶ形で自転車専用道路・自転車優先レーンを整備し，中心市街地の商店街の要所には小規模の買い物駐輪場を多数分散配置して自転車利用の安全性・快適性・利便性を向上させたい。

　全国的に見ても，「いわゆる「ママチャリ」の来街頻度と中心商店街の活性

度は相関関係にあり，さらに自転車通学の高校生の商店街立ち寄りも商店街の活性化に無視できない要素である」といわれている（渡辺千賀恵 [1999]）。

　こうしたシステムにより，中心市街地の居住環境の向上を図ると共に，国道254号富岡バイパス沿道の車利用中心の大型店舗集積ゾーンとの差別化を図って，歩いて楽しめる中心市街地内商店街の復興に結びつけていきたい。

第6節　中心市街地内歩行圏域への交通セル方式の導入

　また，環状道路の内側の地区内幹線道路や生活サービス道路については，交通セルの考え方を導入し，歩行者の通行を優先すべき居住系地区等において，地区に関わりのある自動車交通の存在を認めながら，地区内の安全性・快適性・利便性の向上をめざして，面的且つ総合的な交通対策の展開を図るべきである。

　先ず，中心市街地のゲートとなる駐車場から歩行者を導く地区内幹線道路の歩道をバリアフリーデザインとしたい。歩道幅員を十分にとり，高齢者や車椅子にも使いやすいように，交差点での段差や切り下げによる傾きのない歩道とする。横道との交差は，横断歩道を歩道の高さまで上げて自動車の一時停止を誘導するハンプの役割をもたせることで，横断歩道と歩道の境界に段差が無く視覚的にも一体的なデザインとしたい（**写真2**）。夏の日差しを遮り，景観としても潤いを感じさせる高木並木や，高齢者や来街者が街歩きの途中で休憩できるベンチ・公衆便所・案内サイン・水飲み場等を備えたポケットパークのある歩道環境にしたい。凸凹の少ない躓かない，雨や雪の時にも滑りにくい舗装素材とすることは勿論である。

　地区内の生活道路に対しては，地区全体の速度規制，大型車両の通行止め，TU規制といわれる交差点での直進禁止，一方交通規制，交差点ハンプ，コミュニティ道路化，歩行者専用道路化等，交通規制などのソフト手法と物理的デバイスなどのハード手法を組み合わせて地区への不要不急の自動車の進入を

第5章 富岡市における新しい交通まちづくり構想 145

写真2 段差のない歩道整備の事例／千葉市中央公園プロムナード（筆者撮影，1999）

低減し，歩行環境の向上を図り，安全空間・回遊空間を整備していくことで一定の交通セルが実現してゆくことが期待できる。特に，富岡市の中心市街地には昔ながらの風情ある路地に展開する飲食街がある。この気取らぬ下町の雰囲気をもつ飲食街は，地域住民・高齢者・来街者などが親密に触れ合える適度に狭隘な空間であり，このスケールを保全しつつ安全な歩行者空間として整備することにより，富岡市中心市街地の活性化に寄与する魅力的商業拠点になりうると思われる。

また，富岡市中心市街地には，片倉工業（株）富岡工場（旧・官営富岡製糸場）以外にも，明治から昭和初期にかけての土蔵・蔵造り商家・煉瓦倉庫などが点在している。これらの歴史的建造物はいずれは富岡市の文化財としての価値が認められると思われるが，現在は空家空店舗も多く放置されている。富岡の歴史を物語る個性的な街並み景観の視点から保全していくと共に，様々な市民活動の交流が生まれる市民利用施設や，長浜の黒壁ガラス館のような新しい商業活動の拠点として活用して，中心市街地活性化の魅力の1つとしたい。併せて，これらの歴史的建造物の保全活用を契機に，潤いや個性も感じられるような中心市街地の街並み景観の整備を進めていきたい。

これらを実現してゆくには，地域住民を交えた組織をつくって住民参加による計画をつくり，社会実験による効果検証と関係者の相互啓発・学習，道路清掃をはじめとする住民による道路環境の日常的管理を実施するなど，地域住民と協働した取り組みが不可欠である。

さらにつけ加えると，現在，わが国では「住区総合交通安全モデル事業」「コミュニティ・ゾーン形成事業」等をはじめとして各省庁の補助事業メニューが用意されており，これらを有効に導入していく必要もあろう。

第7節　センターポイントとしての上州富岡駅の再整備

このように中心市街地の道路を中心に交通システムの再編を考えていくと，その核となる富岡市の交通ターミナルはやはり上信電鉄上州富岡駅である。小規模な駅前広場があり，「ふれあいタクシー」の乗降場，タクシーの営業所，レンタサイクルの貸出所が設置され，隣接して駐車場もある。また，駅南西の直近には市民の往来が多い市役所もあり，駅北東直近には現在空地となっているかなりまとまった規模の公共用地がある。さらに，南には在来の中心商店街が，北には国道254号富岡バイパス沿いの大型店舗集積ゾーンが駅徒歩圏内にある。上州富岡駅及びその直近地区は富岡市の交通結節点としての機能を持つとともに，土地利用としても市民が集散するセンターポイントとしてのポテンシャルをもっているといえる。

しかし，現在はそれらの機能・土地利用の脈絡は希薄であり，センターポイントとしての機能を十分に発揮していない。そこで，中心市街地へのアクセス拠点でもある上州富岡駅及び直近地区を，富岡市の顔となるような魅力的な公共空間，人々が日常的に集い交流する市民広場として整備することにより，市民や近隣市町村住民の中心市街地への来街を促し，鉄道や「ふれあいタクシー」などの公共交通の利用促進を図る必要がある。

ここには，駅及び駅前広場，土蔵・石蔵・煉瓦蔵の3つの歴史的建造物を有

写真3 公共施設と合築した駅舎の事例／JR西日本美川駅・美川コミュニティプラザ（石川県美川町役場提供）。

する富岡倉庫用地，市役所，北東の公共用地の4つの公共的な土地が存在するが，これらの4つの土地を関連づけ，一体的な計画のもとに再整備することが有効である。具体的なイメージとしては，先ず，上州富岡駅を中心として市役所から駅北側の公共用地に整備される市民利用施設に至る安全で快適な歩行者空間の整備により公共空間を拡充することである。そこからさらに，中心市街地の商店街，バイパス沿いの商業ゾーンに歩行者回遊空間を伸ばしていく。歩行者空間の中心は駅前の広場であるが，バス・タクシー・マイカーなどの乗降広場に隣接してお祭り・イベントや青空マーケットなどを開催できる市民交流広場を設けたい。雨雪や夏の直射日光を避けるガラス屋根のついた半屋外のアトリウム型の空間も面白い。現在の駅は上信電鉄の歴史と何か郷愁を感じさせる佇まいであるが，老朽化しており，市民交流機能を容れていくには規模的に小さいので建替が望ましい。

単なる駅舎だけの機能でなく，市民が日常的に集まってくる公共施設を合築した複合建造物としたい（**写真3**）。大規模なものとしては市役所・図書館・生涯学習センターなど，中小規模のものとしてはギャラリー・公民館・市民情報センター・福祉相談室・商工会議所などが運営する物産展示館や観光案内所などが考えられる。地方都市の私鉄や第三セクター鉄道などの経営する駅には自

治体と共同してこのような公共施設を合築する例が見られ，住民の利便性向上に一役買っている。市民的合意が得られれば，大型ショッピングセンターを誘致して駅と合築することもあり得よう。いづれにしろ，市民が中心市街地に頻繁に出かけ，併せて公共交通の利用度を向上させる手段として考えたい。

　市役所を現位置で建て替える場合でも同様であり，市民センター・市民広場として，市役所機能だけでなく市民の日常的な交流機能を併設する必要がある。さらにつけ加えれば，富岡倉庫の土蔵・石蔵・煉瓦蔵の3棟の建物は，中心市街地の入口のランドマークとしての地の利と歴史的建造物としての魅力を活かして，飲食・物産展示・ギャラリー・情報センターなどの機能に転用して活用すれば，広く注目と人気を集める施設となろう。

第8節　広域連携軸としての上信電鉄

　交通計画は，中心市街地や1つの自治体の中で解決できる課題は限られており，広域的な計画や調整と連動していかないとその効果は十分に発揮されない。

　地域の交通体系全体の中でその利用率は低下したが，地域の公共交通の主軸としての上信電鉄は富岡甘楽広域圏における高齢者・小さな子供をもつ母親・高校生など交通弱者の足として，これからもその役割は重要である。

　上州富岡駅及びその直近地区は富岡市の交通結節点であり，市民交流のセンターポイントであるべきであるが，富岡甘楽広域圏を眺めたとき，上信電鉄及びその各駅周辺地区が地域の日常生活の中心として機能していく必要があることに気付く。富岡甘楽広域圏の公共交通の再生をめざすためには，富岡甘楽広域市町村圏に吉井町と高崎市を加えた全ての自治体や交通事業者の参画のもとに，富岡甘楽広域圏の地域交通計画を作成し，実行していくことが不可欠である。そこで検討したい幾つかのアイデアを提示しておきたい。

　先ず第1は，鉄道と路線バスや「ふれあいタクシー」などの料金制度の一元化である。共通定期券・共通回数券・共通プリペイドカードなどにより地域内

の公共交通機関相互の料金支払いの垣根をなくすことにより利用者の手間を軽減する。時刻表も共通に一覧できるようにし，それぞれの車内や停留所で確認できるようにもしたい。

　次に考えたいのは，自転車と鉄道の連携，自転車の上信電鉄への持ち込み解禁である。ドイツなど欧米の鉄道は常時または混雑時以外の時間帯に自転車持ち込みを認めている例が多い。わが国でも，1998年JR北海道や第三セクターの会津鉄道が夏休みのサイクリング需要に対応して自転車持ち込みの臨時列車を運行したり，近畿日本鉄道の養老線では買い物客の増加を狙って，98年より学校の夏休みや日曜祝日に自転車持ち込みを認めている。私鉄の熊本電鉄では，もう14年も前から13.1kmの全線で，年末年始を除く午前9時から午後3時半まで自転車の無料持ち込みサービスを続けている。主婦層に的を絞った「お買い物電車」である。JR北海道，JR四国，三岐鉄道（三重県四日市市），富士急行（山梨県富士吉田市）でも旧運輸省の外郭団体交通エコロジー・モビリティ財団のモデル事業の指定を受けて自転車持ち込みサービスを始めている。

　「グリーンツーリズム」需要や主婦の買い物需要に応えることにより，鉄道利用の向上と地域経済の活性化に貢献している訳で，富岡甘楽広域圏でもその効果は大きいと思われる。また，前橋市の日本中央バスでは路線バスに自転車の持ち込みを認めており，藤沢市のタクシー会社「辻堂交通」ではタクシーの自転車搬送サービスを行っており，いづれも買い物の主婦，お年寄り，女子高校生などに好評であると聞く。

　さらに，上信電鉄を交通手段としてだけ考えるのではなく，公共公益サービスの希薄になりがちな町村へ核都市である富岡市や高崎市からサービスを提供する地域のアウトリーチの手段としても利用し，各駅への来訪者を増やすことによって駅周辺の活性化と利便性の向上を図ることを検討したい。

　本圏域で住民の要望は高いが未だにサービスが弱体で，サービス体制としても財政的にも地域のネットワークの中で取り組むべきものとして，図書館サービスがある。圏域内で図書館サービスを行っているのは，富岡市・吉井町・下仁田町の3自治体だけであり，その水準も全国レベルと比較して高いものとは

いえない。一定の人口がサービス圏に集中しているところには図書館を設置して常時サービスを提供できるが，人口が少ないところには移動図書館で定期的なサービスを行うのが一般的である。富岡甘楽広域圏では，人口が集中している富岡市・吉井町・下仁田町の中心市街地以外には図書館サービスが及んでいないし，そのサービスも自治体財政規模が小さいため十分な予算が割かれていない。

そこで，お年寄り・小さな子供連れの母親・高校生などの利用の多い上信電鉄を移動図書館として活用する。群馬県立図書館の支援を受けながら，富岡市立図書館を核に沿線自治体で一部事務組合を結成，資料費や人件費を出し合い，車両1台を図書館に改造して走らせ，駅に引き込み線を用意してそこに停車，貸出サービスを行う。地域の交通機関が日常生活を豊かにする文化交流の軸としても機能していけば，公共交通は新しい地域連携軸になっていくのではないだろうか。

このアイデアのヒントになったものに，イギリスの建築家セドリック・プライスが1965年頃に提案した「ポタリーズ・シンクベルト」計画がある。ポタリーズはノーザン・スタフォードシャー地域に付けられた名前で，衰退したイギリスの陶磁器産業地を再興するための計画である。彼の提案は，進歩的技術教育は新しい基幹産業になり得るという視点から，地域を走る鉄道網を高度に利用して，電車や駅の側線に研究室・教室・資料センター・実験室・TVスタジオ・スタッフの宿泊設備などを整備，PTB鉄道を教師・学生・情報・資料・製品などが移動しながら教育研究活動を行って地域に環流させようというものである（青銅社編 [1968]）。

第9節　事業制度の検討——終わりに代えて——

富岡市中心市街地の活性化を1つの目標に，公共交通を軸とした地域交通体系構想を考察してきたが，こうした計画を検討し実行していくには，富岡市単

独だけでは難しく，計画の決定，進行管理，必要な公的事業主体の設立運営，上信電鉄等地域交通事業者への財政的援助など富岡甘楽広域圏としての取り組みが不可欠な事はいうまでもない。広域市町村圏の役割の見直しなど，行政の広域連携のあり方につながる課題を内包している。アメリカのポートランド都市圏での「メトロ2040」の取り組みは示唆する内容が多い。

　交通政策における財政制度も大きな課題である。現行の制度では，交通システムに関する費用は受益者負担の原則のもとに，鉄道と道路とは監督官庁も予算措置も全く異なる体系になっている。鉄道の整備は運賃で賄い，道路整備にはガソリン税を中心にした国の「道路整備特定財源」が用いられる。しかし，自動車交通から生まれる資金を，最近では公共交通の領域にも使い始めている（このような考え方は，欧米の多くの国で一般的になりつつある）。例えば，東京臨海副都心の「新交通システム・ゆりかもめ」の構造物（橋桁など），路面電車の走る道路，バス専用レーンを設置する道路などの整備にガソリン税が使われている。「道路整備特定財源」は5年毎の時限立法に基づくものであるが，「国土の均衡ある発展」に必要な道路が目標の50％を超えて整備された現在，この財源の使途について，各交通システムの必要性と費用負担の実態を踏まえた国民的議論をしなければならない時期にきている。

【引用・参考文献】

富岡市［1996］「第4次富岡市総合計画」。
─── ［1996］「富岡都市計画基本計画（富岡都市計画マスタープラン）」。
─── ［1997］「富岡市土地利用計画・土地利用調整ガイドライン」。
─── ［1998］『富岡市の人口』（平成7年国勢調査結果）。
─── ［1999］『富岡市の商業』（平成9年6月1日商業統計調査結果）。
─── ［1998］『富岡市の事業所』（平成8年事業所・企業統計調査結果）。
─── ［1996］「富岡市統計書　平成8年版」。
富岡甘楽広域市町村圏振興整備組合［1990］「第3次富岡甘楽広域市町村圏計画」。
群馬県企画部地域整備課［1997］「広域市町村関係資料1996」。

富岡市［1999］「富岡市中心市街地活性化基本計画」。
渡辺千賀恵［1999］『自転車とまちづくり・駐輪対策・エコロジー・商店街活性化』学芸出版社。
青銅社編［1968］『現代建築の動向　イギリス現代建築その2』青銅社。

第6章　高崎市民の意識と公共交通
―「市民の声」と「ぐるりん」そして「3つの提言」―

大宮　登

　高崎市が1998年度に実施した「第11回市民の声アンケート調査」の結果によると，高崎市民は「高齢者や弱者に優しく安全で自然豊かなまち」を望んでおり，政策展開を期待する項目として，老人福祉医療や公共交通の充実，河川・水路の浄化などを上位にあげている。

　そうした市民意識は，市内循環バス「ぐるりん」運行に対しても高い期待と評価を与えている。まだまだ利用者数が少ないとはいえ，市民は高齢社会の到来を考慮して，交通弱者対策としての「ぐるりん」運行を積極的に支持する意志を表明している。本章の第1節では，こうした市民アンケートに現れた市民意識を詳しく分析する。

　第2節では，これら市民が期待する公共交通（特にバス）の重要性を3つの視点から提言しようと思う。1つ目はまちなか再生（中心市街地活性化）の観点から，2つ目はマネジメントの観点から，3つ目は市民参画の観点からバス事業をめぐる公共交通のあり方と行方についてできるだけ具体的に提言する。

第1節　市民意識の現状

(1) 市民意識の特徴と方向性

1998年に，高崎市は第11回「市民の声」アンケートを実施した[1]。筆者は高崎市から調査の実施と分析を依頼され，質問項目の設計や集計分析を行った。そのアンケートの結果から，高崎市民が現在どのような現状認識をもっていて，どのような政策期待を有しているかを分析することができる。本章では，この高崎市民意識の現状を考察しながら，高崎市民が公共交通に関してどのように考え，どのような期待をもっているのかも明らかにしていきたいと思う。

① **高崎市民の要望**——高齢者や弱者に優しく安全で自然豊かなまち

市民アンケートに現れた高崎市民の意識で，行政課題との関連で最も興味のある項目は市民の要望事項である。29の項目にわたる高崎市に関する印象を聞いた質問の後，同じ29の項目で，これから期待するものは何かという質問を行った。その結果は図6-1のとおりである。高崎市民が高崎市政に期待する項目は，「高齢者や弱者に優しく安全で自然豊かなまち」という言葉の中にすべて含まれる内容になっている。

高い要望の順に並べると，「福祉・医療が充実したまち」(1位)「バスなどの公共交通が充実し利用しやすいまち」(2位)「犯罪や暴力が少なく安全なまち」(3位)「河川・水路(水)のきれいなまち」(4位)「地域に緑が多く自然豊かなまち」(5位)「老人福祉施設が利用しやすいまち」(6位)「ごみ処理がしっかりしているまち」(7位)「診療所・病院などが利用しやすいまち」(8位)となる。

② **高崎市民の印象（現状把握）**——安全・北関東交通拠点・自然豊かなまち

市民の期待度をはじめに分析したが、市民の高崎市に対する印象（現状認識）はどうなのだろうか。表6-1で明らかなように、市民は高崎市の現状（印象）を、「自然災害や火災などの災害が少ない安全なまち」（1位；77.8％）、「北関東の交通拠点として交通網が発達したまち」（2位；77.1％）、「地域に緑が多く自然豊かなまち」（3位；60.9％）であると認識している。この3つの項目が特に高い数値を記録しており、残りの項目は50％を切っている。高崎市民は高崎市を「災害の少ない交通拠点として発達してきた自然豊かなまち」と現状把握している。

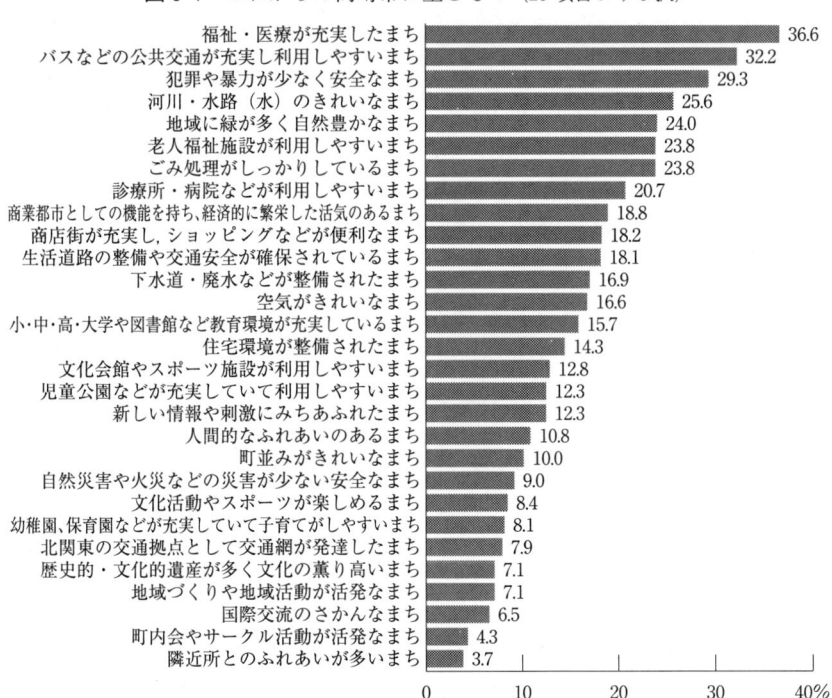

図6-1 これからの高崎市に望むもの（29項目より5択）

項目	％
福祉・医療が充実したまち	36.6
バスなどの公共交通が充実し利用しやすいまち	32.2
犯罪や暴力が少なく安全なまち	29.3
河川・水路（水）のきれいなまち	25.6
地域に緑が多く自然豊かなまち	24.0
老人福祉施設が利用しやすいまち	23.8
ごみ処理がしっかりしているまち	23.8
診療所・病院などが利用しやすいまち	20.7
商業都市としての機能を持ち、経済的に繁栄した活気のあるまち	18.8
商店街が充実し、ショッピングなどが便利なまち	18.2
生活道路の整備や交通安全が確保されているまち	18.1
下水道・廃水などが整備されたまち	16.9
空気がきれいなまち	16.6
小・中・高・大学や図書館など教育環境が充実しているまち	15.7
住宅環境が整備されたまち	14.3
文化会館やスポーツ施設が利用しやすいまち	12.8
児童公園などが充実していて利用しやすいまち	12.3
新しい情報や刺激にみちあふれたまち	12.3
人間的なふれあいのあるまち	10.8
町並みがきれいなまち	10.0
自然災害や火災などの災害が少ない安全なまち	9.0
文化活動やスポーツが楽しめるまち	8.4
幼稚園、保育園などが充実していて子育てがしやすいまち	8.1
北関東の交通拠点として交通網が発達したまち	7.9
歴史的・文化的遺産が多く文化の薫り高いまち	7.1
地域づくりや地域活動が活発なまち	7.1
国際交流のさかんなまち	6.5
町内会やサークル活動が活発なまち	4.3
隣近所とのふれあいが多いまち	3.7

（出所）「市民の声アンケート調査報告書」67ページより。

表 6-1 高崎市の印象（そう思う＋まあそう思う）

	%
1 自然災害や火災などの災害が少ない安全なまち	77.8
2 北関東の交通拠点として交通網が発達したまち	77.1
3 地域に緑が多く自然豊かなまち	60.9
4 商店街が充実し，ショッピングなどが便利なまち	49.5
5 下水道・排水などが整備されたまち	48.8
6 商業都市としての機能を持ち，経済的に繁栄した活気のあるまち	47.8
7 犯罪や暴力が少なく安全なまち	46.7
8 ごみ処理がしっかりしているまち	45.4
9 診療所・病院などが利用しやすいまち	44.7
10 空気がきれいなまち	44.0
11 生活道路の整備や交通安全が確保されているまち	42.6
12 幼稚園・保育園などが充実して子育てがしやすいまち	37.9
13 隣近所とのふれあいが多いまち	36.1
14 人間的なふれあいのあるまち	35.8
15 歴史的・文化的遺産が多く文化の薫りの高いまち	35.2
16 文化活動やスポーツが楽しめるまち	35.0
17 福祉・医療が充実したまち	34.7
18 小・中・高・大学や図書館など教育環境が充実しているまち	34.6
19 文化会館やスポーツ施設が利用しやすいまち	32.5
20 町内会やサークル活動が活発なまち	30.5
21 住宅環境が整備されたまち	30.5
22 児童公園などが充実していて利用しやすいまち	29.2
23 河川・水路（水）のきれいなまち	28.5
24 老人福祉施設が利用しやすいまち	27.6
25 バスなどの公共交通が充実し利用しやすいまち	27.2
26 町並がきれいなまち	26.2
27 地域づくりや地域活動が活発なまち	24.8
28 国際交流のさかんなまち	21.7
29 新しい情報や刺激にあふれたまち	15.9

（出所）　図 6-1 に同じ。

③　**政策展開を期待する内容**——福祉医療・公共交通・河川水路・老人福祉医療

　市民の現状認識（印象）と今後に対する期待度（要望）との関連で注目に値するのは，表 6-2 に示した印象と要望のギャップの大きい項目であろう。印象が低く要望が高い項目は，現状の対応が遅れており積極的な政策を要望してい

る事項と理解できるからである。

「高崎市に対する印象」と「今後の要望」，これら2つアンケート結果から浮かび上がってくる市民の意識は，来るべき高齢社会に向けて，あるいはまた本当の豊かさを求めて，病人や高齢者や環境に優しいまちづくりを期待していることが明確であろう。その中で，本書のテーマである「公共交通の充実」も高い政策課題として位置づけられていることがわかる。

表6-2 市民が政策展開を期待する内容（政策課題）

項　　目	印　象	要　望
福祉・医療が充実したまち	17位	1位
バスなどの公共交通が充実し利用しやすいまち	25位	2位
河川・水路（水）のきれいなまち	23位	4位
老人福祉施設が利用しやすいまち	24位	6位

(2)「ぐるりん」に対する期待

高崎市民はバスなどの公共交通充実に意識的には高い関心を示していることが明らかになった。より具体的にはどのような考えをもっているのかを，高崎市内巡回バス「ぐるりん」に対する調査項目の結果を中心に分析してみよう。

① 「ぐるりん」とは——その経過と現状

1970（昭和45）年のピーク時には125系統もあった高崎市のバス路線は，97年には40系統まで減少し著しい衰退状況が顕在化した。高崎市はこのような状況を踏まえ，93年から2年間交通体系の整備に関する調査を行い，95年度には「バス交通体系についての打ち合わせ会議」を庁内で開催し，路線バスを走らせることに向けての検討に入った。96年度には「高崎市循環バス運行検討委員会」（庁内関係部課長）「高崎市循環バス運行連絡協議会」（各団体代表者）を設置し，路線案の最終決定を行った。

その循環バス運行の主な目的は，「交通弱者の交通手段の確保」「公共施設の利用促進」「商店街の活性化」であり，現在バスが運行していない地域を中心

に，公共施設を回る行程で，しかも段差が低く車椅子も利用できる車両を導入するなどの工夫を行って1997年6月26日から運行が開始された。愛称は一般公募の中から当時小学校3年生のアイディアが採用されて「ぐるりん」と決定した。運行方式は市とバス事業者が循環バスに関する協定を締結し運行に関わる損失金と適正利潤をバス事業者に補助金として交付する方式を採っている。

　5日間の無料運行の後，97年7月1日から有料運行が開始され，99年8月31日までは，278停留所をもつ4路線で5車両31便が走った。その後，市民の要望を受けて99年9月1日から増便し，8車両・62便・304停留所の体制で運行に当たった。さらに，2000年10月1日からは一部路線を変更し321停留所（17の増加）に改善している。現在の運行本数の内訳は東循環線が14便，西循環線・南循環線・北循環線がそれぞれ16便となっている。

　利用者数は確実に増加している。1997年度は7月以降で87,748人（1日当り約320人），98年度は127,481人（1日当り約350人），99年度は178,548人（1日当り約490人）となっている。12年度に入ってからは，4月から9月までの間，1日当り約650人の利用者を数えている。99年の9月から運行本数を2倍に増便しているので利用者総数が増えているのは当たり前だとしても，市民の中で確実に「ぐるりん」愛好者が増加してきている。

　この「ぐるりん」に対しても，98年度「市民の声アンケート」で意識調査を実施している。その調査結果から高崎市民の「ぐるりん」に関する評価を見てみよう。

② 「ぐるりん」の利用と運賃

　表6-3のとおり，この調査時点では車王国の群馬では「ぐるりん」がまだ積極的には利用されていない。「利用していない」と答えた人が8割と圧倒的に多い。しかし，このアンケートは98年6月に実施されており，前述したように，99年には運行便数も倍増し，1日平均の利用者数も1年間で約350人から約490人に増加している。毎日の利用者が140人ずつ増えているわけで，「ぐるりん」の理解も徐々に浸透してきているといえる。

この調査で明らかになったことは，利用者がまだ少ないにも関わらず，「ぐるりん」運行に関しては積極的な評価をしていることであった。運賃に関しても，「適切」「安い」と肯定的に答えた割合が，8割を超している（表6-4）。

表6-3　ぐるりんを利用していますか　　　　　　　　　　（％）

よく利用する	少しは利用する	利用しない	不明
2	13	80	5

表6-4　ぐるりんの運賃（200円）は　　　　　　　　　　（％）

安い	適切	高い	不明
24	58	5	13

③　「ぐるりん」の運行時間・路線や本数

表6-5，表6-6のとおり，運行時間に関してはやや長いと感じている市民が4人に1人，路線や本数に関しては5割の人が増やしてほしいと考えている結果になった。1998年2月から3月にかけて行った利用者アンケートの結果でも，回答者536人のうち224件（約42％）が増便希望の声を上げている[2]。ここでも「ぐるりん」運行に関して市民の側に積極的な評価が見受けられる。

表6-5　ぐるりんの1周1時間20分は　　　　　　　　　　（％）

長い	適切	短い	不明
26	54	1	18

表6-6　ぐるりんの路線や本数は　　　　　　　　　　（％）

増やす	適切	減らす	不明
50	31	1	18

④　「ぐるりん」の財政負担支持と市民サービス向上

表6-7，表6-8のとおり，財政負担に関する数字も，この調査時点での約2割弱の利用率を考えると，利用・非利用に関わらず「ぐるりん」に対して高い

評価をくだしていることが分かる。市民サービスの向上にとっても，「どちらともいえない」という数字が高いとはいえ，肯定的に答えている人が半数を超えている。

表6-7　財政負担によるぐるりん運行は評価できる　(%)

はい	いいえ	どちらともいえない	不明
60	6	26	8

表6-8　ぐるりんの運行は市民サービスの向上に役立っている　(%)

はい	いいえ	どちらともいえない	不明
55	6	31	7

⑤　「ぐるりん」への高い期待

高崎市民の要望事項として「バスなどの公共交通の充実」が第2位に位置づけられていたことと整合性がもつ結果が，「ぐるりん」の回答結果にも現れているといえよう。まだ利用度の低い状態であるものの，今後の高齢者問題・環境問題・中心市街地問題などを意識して，高崎市民は「ぐるりん」の充実を望み，高い期待を寄せているといえよう。その期待がここ数年の確実な利用者の増加につながっていると思われる[3]。

第2節　現状への提言

市民アンケートの結果を踏まえて，高崎市民の公共交通や「ぐるりん」に対する意識の実態を分析した。いずれも高い期待値が現れていた。この第2節では，これら市民が期待する公共交通（特にバス）の重要性を3つの視点から提言しようと思う[4]。1つ目はまちなか再生（中心市街地活性化）の観点から，2つ目はマネジメントの視点から，3つ目は市民参画の視点からバス事業をめぐる公共交通のあり方と行方についてできるだけ具体的に提言したい。

(1) まちなか再生と公共交通

① 中心市街地の危機

　高崎市の中心市街地は日本のほとんどの市街地と同様に衰退と空洞化現象の危機を迎えている。この中心市街地の状況については他の章で詳述されているのでここでは具体的な分析は省略する。ただ，日本政策投資銀行の分析によると，図6-2で明らかなように，高崎市は商業機能が「その他の県庁所在地クラスの都市」で，「大型店新規投資はあまりみられない」「車利用中心で中心商店街は停滞」「通常クラスの郊外型SC（ショッピングセンター）とも競合」という現況を持つ都市として分析されている[5]。

　高崎市中心市街地の現況は停滞状況にあると位置づけられ，次の下位ランクの衰退状況とまでにはいたっていないが，非常に危ない状況である。下位ランクの都市では，市街地では市街地百貨店の存続が危ぶまれ，既存店が撤退し，公共交通の利用はなく，中心商店街は衰退し，郊外店に敗北しているという衰退状況が明らかになってくる。

　藻谷は「まちらしいまち」に共通にみられる特徴として3つの共通点を指摘する[6]。
① 居住者と来訪者が集い交流している場所
② 新旧の住人・事業者を融合し雑居させる「器」として機能している場所
③ 独自の文化や気風，ブランドを有する場所

　まちは居住者と来訪者が交錯し共生し，相互に刺激を受ける場所であり「職住遊一体というライフスタイル」を提供する場所でもある。その賑わいや交流が創造を生み出す。住宅地やショッピングセンターあるいは病院や福祉医療センターなどの単機能を追求する場では機能性・利便性・効率性は生まれても，多種多様な人々が交錯することによる創造性・意外性などは生まれてこない。中心市街地の空洞化はまちの顔を失い商業地としての機能を失うだけではなく，周辺地域をも含めた都市全体の創造性を喪失することになる。

図 6-2 地方都市中心市街地の空洞化状況の定性分析

居住機能	×都市の大小によらず，早くも昭和 30 年代から，人口減少と高齢者増加が進行 ×過去 20 年間に人口は 2～4 割減少し，現在高齢化率は 2～3 割に達している			
業務機能	○大き目の県庁所在地クラス以上の都市では市街地への集積傾向が続く △小さ目の県庁所在地クラス以下の都市では，徐々に郊外化が進展			
商業機能	クラス	目安	具体例	現況
	地方中枢4都市	中心部 3×3km の従業者数が 20～30 万人	札幌，仙台，広島，福岡	○新規大型店投資が間欠的にある ○公共交通利用も多く，中心商店街も健在 ○郊外型 SC や副都心の集積と棲み分け
	準中枢都市	同上が 8～12 万人	盛岡，宇都宮，新潟，金沢，静岡，浜松，岐阜，姫路，岡山，高松，松山，北九州，熊本，鹿児島，那覇	△大型店新規投資の可否の境界線上 △車利用中心だが公共交通利用もあり，中心商店街は繁栄・衰退の境界線上 △通常の郊外型 SC には対抗できるが，郊外の超大型 SC とは競合
	その他の県庁所在地クラスの都市	同上が 4～8 万人	上記以外の県庁所在地のほか，旭川，函館，高崎，長岡，沼津，豊橋，四日市，福山，久留米など	▲大型店新規投資は余りみられない ▲車利用中心で，中心商店街は停滞 ▲通常クラスの郊外型 SC とも競合
	県内第二都市クラスの都市	同上が 2～4 万人	（略） （鳥取，松江，山口なども該当）	▲市街地百貨店存続の境界線上 ×大型店新規投資なく，既存店の撤退相次ぐ ×公共交通利用は例外で，中心商店街は衰退 ×通常クラスの郊外型 SC にも負ける傾向
	中小都市群部	同上が～2 万人	（略）	○地価が安く道路が混雑していない分，逆に再開発が実現した実例も散見 △観光商業に活路を見出している実例あり ××上記のような例外を除き中心街は形骸化 ××SC 以外のロードサイド店に負ける傾向
	大都市の衛星都市	大都市への通勤比率が 10％以上	（略）	△新規大型店投資は，散見されるが減少傾向 △通勤・通学では鉄道・バス利用が多いが，日常生活では車利用が普及しており，中心商業の利用者は限定されつつある ▲通常クラスの郊外型 SC とも競合

（資料） 日本政策投資銀行。

② 群馬県経済社会の強さと弱さ

その創造性や賑わいの喪失という問題は高崎市だけの問題ではない。群馬県全体にいえる危惧でもあろう。「e-VISION 新ぐんま経済社会ヴィジョン」によれば，群馬県は製造業に特化して経済を牽引してきており，外需依存型の輸送機械や電気機械を基幹産業として経済社会を動かしてきた。その結果，表6-9で明らかなような強みと弱みが生じている。強い製造力・技術力を強みとしながらも新しい時代の適応力としてはいささか心配な様相も現れている。つまり，サービス産業や情報関連産業の集積が少ないこと，開業率や新産業への挑戦意識の低さ，自社技術・自社製品の開発力不足などである。

表6-9 群馬県の得意分野・不得意分野

強み・得意分野	弱み・不得意分野
国際的なシェアの高い輸送・電機関連製造業	県内公共交通機関・分散型都市機能
高度・熟練技術力に裏づけられた加工組立	高齢化の進行，一部の産業での労働力低下
物流拠点・大型複合商業施設の展開	開業率，新産業への挑戦意識の低さ
多様な自然形態を生かした観光	サービス，情報関連産業の集積
大消費地に向けた農産物生産	自社技術・自社製品の開発
労働生産性の高さ・能力開発環境	外需依存構造

(出所) 「e-VISION 新ぐんま経済社会ヴィジョン」[2000]。

これまで蓄積してきた高い技術力をどのように維持し，新たな技術力を創造し開発していくのか，そのことが問われているにもかかわらず，情報分野への対応が遅れ，起業家精神も不足しているとなると先行きが不安視される。

この新しい創造的な起業力が生じないという弱みは，車王国群馬という強みの裏返しの面なのではないだろうか。それは単に，群馬県では輸送（車）製造業が強いために他の分野の産業がなかなか育ってきていないということだけではなく，車社会の進展が県内公共交通機関を衰退させ，賑わいを喪失させたということにも大きな原因があるのではないだろうか。

ビットバレーと呼ばれている渋谷が象徴的であるように，多様な能力を持つ人材の活発な交流が創造や起業を誘発する。日本一の車保有県である車社会群

馬は高崎市も前橋市も「新旧の住人・事業者を融合し雑居させる「器」として機能している場所」としての中心市街地の賑わいを失い，知恵と遊びと情報と刺激を与えあう空間を失いつつあり，そのことが群馬県全体の創造性や起業力を低下させているのではないだろうか。

③ 「賑わい」と「起業」そして「公共交通」

まちなか再生は単に中心商店街のための問題ではない。地域の顔づくり，高度な消費空間や居住空間形成，あるいは高齢者・障害者・環境に優しい空間づくり，治安の良い安全な地域形成など，多様なねらいがある。しかし，まちの賑わいが周辺市町村も含めた都市全体の創造力を伸ばすという点にもっと注目するべきなのではないだろうか。「人・もの・カネ・情報」が密に交錯し交流するまちによってアイディアが生まれ，知的活動や文化活動が生まれ，都市全体が活力を持ち，新産業を育て創造性を生み出すという側面にもっと注目すべきなのではないだろうか。ショッピング，娯楽，医療，工場，住宅などというように地価の安い郊外にそれぞれが単機能の役割を追求し，利便性・効率性を求めて分散したときから，地域全体の活力や創造性が勢いを失ってきたのではないだろうか。

渋谷や京都のような賑わいが，意外性，猥雑さ，刺激性，新奇性を生み出し創造的なエネルギーを醸成する。賑わいは活力を生み「起業力」を生み出す。群馬に欠けているのは，人々が自然に集まって交流する「賑わいの場」ではないのだろうか。「共鳴・共振・共創」が生まれる賑わいの場づくりを真剣に考えるときがきているのではないだろうか。それは単純に，日本人が「ノミュニケーション」でないと会話が生まれないという次元の問題ではなく，知的な刺激に富む人々が集まり，ナレッジ情報を交換するサロン的機能をもつ自由な空間がなくなりつつあるということがとても重要な問題なのである。かつて高崎市の喫茶店「あすなろ」や「ラ・メーゾン」が果たしていた知的交流の場としての役割を有する空間を新たに創り出すことができるのか，そのことが問われているのかもしれない。

そのためには，とにかく人が集まりやすい環境を整備しなければならない。まちなか再生は賑わいの再生である。賑わい再生の1つの試みとして，車社会で喪失した賑わいを公共交通の充実によって取り戻す作業を開始する必要がある。「ぐるりん」運行の目的には中心市街地の活性化も含まれていた。日本政策投資銀行の藻谷が主張するように，まちは地域社会の活力や創造力を生み出す「準公共財」として考えるべきなのかもしれない。単純に運行の費用対効果を積算するのではなく，都市全体に対する測定不可能な波及効果をも考慮に入れて「ぐるりん」の運行の充実を検討しなければならない。夕方から家族で気軽にバスに乗って市街地に出かけ食事やショッピングをして帰ることのできるような環境づくり，商談や会議やノミニュケーションが気楽に安心して行うことのできる環境づくりが必要なのである。こうした「まちなか再生」を検討していくと，当然のように，現在の「ぐるりん」に加えて，中心市街地を5分か10分ごとに循環する市内循環バスや路面電車が必要になってくる。

　以上，地域全体の創造力・起業力・活力を生み出す場を提供する準公共財の器としてまちなか再生をとらえ，そのために公共交通の充実を大胆に考えていくこと，それを第1の提言にしたい。それなくして高崎市や群馬県の活力の持続的創出はあり得ない。

(2) 公共交通のマネジメント

　2つ目の提言として，バスを中心にした公共交通のマネジメント的視点について気がついた点をまとめてみたい。誰もが周知のようにバス事業は総じて赤字経営状況で急速に縮小しているのだが，そうした中でも新規参入業者の健闘が光る。バス事業は準公共財として公的支援を受けるべきものであることを基本にしながらも，顧客満足を強く意識することによって経営改善を図る可能性が残されているのではないだろうか。バス事業会社の経営努力が目に見える形で実践されてこそ，市民は財政負担による公的支援を安心して肯定できると思われる。

① 1993年と98年の群馬県バス事業の比較

1965年初期のピーク時には年間1億5,000万人を超えていたバスによる輸送人員が1998年度には1,000万人台まで落ち込んでいるのが今日のバス事業の現状である。こうした公共交通衰退の中でも，事業を成り立たせ活性化を試みる事業体も現れている。前節では公共交通の活性化がまちの創造性や起業力を高めることを提言したが，ここではバス事業におけるマネジメントの工夫を問題にしよう。

表6-10のように93年から98年の5年間にバス事業は大きく転換している。東武鉄道，群馬バス，上信電鉄など歴史のある伝統的な会社が大幅に撤退し，替わって関越交通，日本中央などの新会社が活動を開始している。既存会社における路線の減少と新規参入会社の増加傾向が明らかになっている。

② 新規参入業者の健闘

ヒアリングを通じて感じたことは，新規参入バス事業者の元気さである。バス事業会社の経営状況が情報公開されていないため，正確な数字で示すことができないが，ヒアリング調査や文献調査を通して把握した新規事業者の健闘材料は以下のとおりである。

❶ 人件費が安い

新規バス事業者は新しい会社であるため，低年齢・短勤続のスタッフで運営している。8割が人件費といわれているバス事業の中で，人件費の割合が低い。

また，人件費高騰を抑えるために，ワークシェアリング的傾向をもつ多様な雇用形態を実施している。契約運転手として，バス会社を定年退職した高齢者を低い賃金で複数採用している。また女性の活用に関しても積極性がみられる。

❷ 顧客へのサービス意識

新規の会社は，比較的高い顧客サービス意識をもっている。日本中央バスはバス事業の公益性を見据え，常に地域住民とのコンセンサスづくりを大切にしているという。運転手もお客との対話を大切にし，一声運動的雰囲気づくりに取り組んでいる。バス路線の清掃ボランティアを実施し地域密着の意味を具体

表6-10 群馬県内乗合バス事業者の概況(1993年と98年の比較)

会社名	免許(km) 93	免許(km) 98	系統数 93	系統数 98	車両数 93	車両数 98	年間輸送人員(1,000人) 93	年間輸送人員(1,000人) 98
東武鉄道(株)	431.8	47.8	100	18	161	37	9,995	2,413
群馬バス(株)	316.2	214.8	54	19	133	44	5,518	1,668
上信電鉄(株)	258.0	67.5	37	10	63	25	2,141	782
群馬中央バス(株)	127.0	164.7	26	25	66	45	1,922	986
上毛電気鉄道(株)	15.5	0	3	0	4	0	128	0
草軽交通(株)	78.3	69.5	6	4	10	5	161	130
西部高原バス	66.9	66.7	6	11	7	7	134	129
ジェイアールバス関東(株)	202.8	171.6	39	22	29	25	1,078	627
吾妻観光自動車(株)	21.7	21.7	2	2	5	5	106	128
関越交通	0	299.2	0	90	0	80	0	3,461
十王自動車	0	16.0	0	4	0	6	0	240
日本中央バス	0	66.5	0	7	0	8	0	191
計	1,518.2	1,206.0	273	212	478	287	21,077	10,755
関越交通(高速バス)	0	212.8	0	2	0	3	0	42
日本中央バス(高速バス)	0	156.7	0	2	0	4	0	8
計	0	369.5	0	4	0	7	0	50

(出所) 社団法人群馬県バス協会により発行されているパンフレットを基に作成。

的な活動を通じて実現している。

　また，A事業者では，バス利用者の優位性確保を考え，行政や病院と相談のうえ，病院に通うバス利用者に対して優先診察を実施しているという。車社会のなかにおいてバス利用の利便性，優位性を高める工夫は今後とも必要になってくる。そのようなアイディアが生まれてくること自体，新規の事業者が顧客満足の視点でサービス開発を行っていることの現れであろう。

③ 急展開の組織改革

❶ 進むリストラ

　もちろん，既存のバス会社も現在驚くほどのリストラを行ってはいる。例え

ば，B社では1996年から98年にかけて，258名の人員を156名まで減らしたという。賃金，ボーナス，時間外手当などの大幅カットも断行している。生き残りに必死である。しかし，これらの努力がやや遅すぎた感は否めない。また，あまりにも急速な組織改革は組織全体の活力を失わせていることも多い。

経営の体質改善をめざしてとはいうものの一挙に大量の希望退職者は，これまで蓄積されてきたバス事業者としてのノウハウが伝達されないままになってしまう恐れがある。今回のヒアリング調査においても，情報がなかなか入手できなかった。出し渋っているというよりも，急速な組織転換で，前の担当責任者がほとんど辞めてしまって引継もないため情報を探せないというケースも多かった。これらの事態は顧客サービスにマイナスを生み出すことも十分予想される。

高コスト体質は賃金の高さからだけ生じるのではない。人件費をリストラによって減らしても，過剰な設備投資があったり，環境問題やバリアフリーなどに対応するために負担額が多くなったり，高コスト要因は多い。また，組織の意志決定の遅れや，競争原理の働かない職場の雰囲気，情報共有が進まない企業文化などは，高コスト構造を継続させてしまう要因になる。できるだけ早く体制を整え再出発する必要がある。

❷　自由競争の時代に新たな価値創出：地域密着型サービスの開発

バス交通のねらいは安全で（安全性），正確で（正確性），快適で（快適性），安い（低廉性）モビリティを提供することにある。ところが今日のバス交通は，交通渋滞によって定時性が確保されず，経営の悪化によって高い運賃を支払わされ，しかもだいぶ年季の入ったバスが走っていると快適性とはほど遠い。マイカーのもつ快適性や利便性に大きく溝をあけられている。

公的支援と経営改善の自助努力によってバス事業者は，質が高く廉価で利用しやすいサービスシステムを再構築していかなければならない。これまではややもすると多くの規制があった。これから規制が緩和され自由な経営が可能となる。まずは，乗客との対話を取り戻そう。情報をわかりやすく伝え，説明し，案内する。顧客サービスの原点から問い直す必要がある。交通安全のために乗

客と話をしないという規制が，バスの車内を何かしら息苦しいものにしている。顧客に情報を伝えないサービス産業は顧客離れが起きて当然であろう。安全性を確保しながら，顧客との対話を取り戻すこと，そこから始めた方がよい。

　明るい雰囲気の環境づくりに取り組んでみてはどうだろうか。BGMをもっと思いっきり流したり，コミュニティ放送局ラジオ高崎の放送を流すことも考えられる。あるいは交通情報やイベント情報を放送するのも面白い。商店街に近づいたら，割引セール情報や時間サービスなどの「得々情報」を流すことなども考えてみてはどうだろうか。要はバス利用による利便性・優位性の創出である。自由競争の時代に新たな価値創出をねらってみてはどうだろうか。

　2000年12月12日から共通プリペードカードの「ぐんネット」や敬老パスカードが発売される。こうしたサービス提供は大いにやるべきだが，何かどこかの先進地の単純な物まねばかりが多い。もっとその土地独自のサービス開発があってよいのではないだろうか。「ぐるりん」を30回利用した方には群馬交響楽団定期演奏会や高崎映画祭の無料招待券を，あるいは，共通プリペードカードを購入の方には高崎市美術館や市主催のイベント無料招待券を進呈するとか，高崎ならではのバス利用と賑わいをつなぐような地域密着型サービスを開発するのがよいと思われる。

(3)　市民参画と公共交通

　最後に，3つ目の提言として市民参画の視点を公共交通経営に導入することをあげたいと思う。バス交通はその公共性のゆえに，環境保全対策や高齢者等福祉対策，さらには渋滞緩和などの走行環境対策を余儀なくされる。人や環境に優しいバス交通であることが求められる。

　果たす役割が公益性・公共性をもつのなら，運営や支援も広く人材を求め可能な限り市民に直接的・間接的にサポートしてもらうシステムを構築したい。財政負担だけが市民協力では真の公益性の確保を意味しない。この市民参画のあり方をここでは「利用者としての市民参画」と「管理・運営者としての市民

参画」の2つの視点からアプローチする。

① 利用者としての市民参画

　バス交通が衰退する直接の原因は利用者が激減しているからである。自家用車の利便性と快適性を好み，歩くことや待つことを嫌ってバス利用を避けたからこそバスが衰退してきた。市民は交通渋滞を引き起こし，交通事故を誘発し，環境汚染の原因となる車利用を少しずつ減らし，より人や環境に優しいバスを積極的に利用する態度・精神を確立したい。それこそが，利用者としての市民参画になると思われる。

　少子化による生徒数減少が利用者数減少の1つの要因になってはいるが，子どもたちの生活スタイルが変化したことによる問題も大きい。親による車での送り迎えが日常化し，子どもたちは自分でバスや鉄道に乗って移動する機会が少なくなっている。自主自律・生きる力の獲得などとかけ声は大きいが，学校や塾の行きも帰りも親がかり，自分のことは自分でするという基本さえできていない。本来，子どもは多様な経験を通じて成長する。孤立空間の自家用車よりも社会性の帯びた公共交通が子どもたちにとって豊かな出会いや遭遇の機会をたくさん用意するはずである。子どもたちに公共性や社会性の意味を伝えるためにも，バス利用は多くの選択肢の中から選んで損はない1つの基本条件なのではなかろうか。

　迎えが5分遅れただけで，親に向かって「遅い」などとすごむ子どもを育てないで，自分でバスなどを利用して友人たちと一緒に帰ってくる社会性に富んだ子どもを育てたいものである。市民による市民自身のバス積極利用こそ，公共交通を育て守る市民参画なのではないだろうか。

　そうした意味で，重要な提言をしたい。それは行政が通学費補助などの公共交通費補助を政策として積極的に打ち出すときがきているのではないだろうかということである。これまで行政は公共交通のハード整備支援に全力をあげてきたといえる。道路を整備し，補助金を出し，バスを購入し，バス停を整備し，多くの支援を行ってきた。しかし，それらの支援のほとんどはハード整備に関

する援助であった。

　これからは，市民・行政のソフトに対する積極的援助が開始されるべきである。例えば，筆者は現在，群馬県倉淵村の児童育成計画策定のアドバイザーとしてお手伝いをしている[7]。関係者懇談会を開き，子供をもつ親との意見交換を行い，住民の意見によってアンケートの項目を設計し，アンケートを実施・分析し，その結果を基に倉淵村児童育成計画を策定中である。

　この住民参加方式の策定の中で，話し合いやアンケートの結果，非常に印象に残ったことの1つに通学費補助の問題がある。倉淵村から高崎市の高校に通うためには多額の通学費がかかる。行政が通学費補助で何らかの援助の手を差し伸べれば村民は助かる。高校生通学が普通になり，バス利用者も増える。ある程度の利用者が確保できれば便数も増便できる。増便が実現できれば利便性が高まり利用者も増加する。そんな好循環も夢ではない。乗客がいないバスを走らす補助ではなく，乗客を呼び込むための補助，利用者を定着させる施策，利用促進のソフト充実こそが今後のバス会社の存続を決める決定要因なのかもしれない。

② 管理・運営者としての市民参画

　利用者としての市民参画の可能性と重要性を論じてきたが，ここではバス交通の管理・運営者としての市民参画のあり方について考えてみよう。バス交通を可能な限り利用するという考えは，単に利用する立場からの利便性や優位性ではなかなか実現できない。バス交通の公共性を十分に理解した管理・運営者という視点から地球に優しい「歩きたくなるまちづくり」への積極的参画を訴えることが必要になる。

　スイスのチューリッヒでは住民投票で公共交通の優先施策を選択した。個別利害が異なる商店街や考え方が多種多様な市民において共通のコンセンサスを得ることはなかなか難しい。しかし，バス交通のような公共性の帯びたものは，地域住民がその意義と可能性を承認し，コストや効率性の論理を乗り越えて積極的に利用・活用しないと存続が危ぶまれることになる。コミュニティを自分

たちの手で守るという，住民意識の転換が必要になってくる。

　金沢市では，TDM施策として市民モニターを活用している。朝の通勤時にノンストップでバスを運行するために，その試運転に980人の市民モニターを活用した。事業者，関係する町内会や団地などに対して十分なPRを実施してモニターを確保したという。こうした市民を巻き込んでいく地道な努力が，管理・運営者としての市民に対して公共交通の意味と意義を説得し理解していただく貴重な機会になるのである。

　その意味で例えば，黒川和美が提案しているエコマネーの利用促進などは，管理・運営者としての市民参画スタイルの典型的なケースになろう。若干長いが黒川の提案を紹介しよう。

　「地域貢献として，例えば25人乗りコミュニティバスの運転手に主婦がパートで働くとしよう。年収は300万円，路線バストは競合しないし，6m事業でも走行できる。沿線5kmで，ha当たり人口密度50人，高齢化率16％で，沿線人口1万人，老齢者1,600人のエリアに，地域はバス路線を設定する。交通弱者といわれる老人が16％，小学生の塾通いなどが4～6％のうち4人に1人が毎日このバスを活用するとバス料金100円程度で十分採算がとれるのだ。さてエコマネーとの関連は何か。通常バス事業は自治体にとって割が合わない。今やバス事業は経費の8割以上が人件費なのだが普通なら不採算事業のはずなのだ。が，ボランティア型公共エコシステムだから成立する可能性が生まれてきたのだ（黒川和美［2000］）」[8]。

　地域限定で活用が認められているマネー（通貨），つまりエコマネーがどのように公共交通に役立つのかは今後十分な検討が必要だと思われるが，地域貢献や市民参画という視点から考えると，持続可能な公共交通運営として面白い可能性を含んでいる提案ではないだろうか。

　成熟社会では基本的な視点ともいえる，市民参画の仕掛けを，公共交通の維持運営にどのように仕掛けることができるのか，そのことが問われているのであろう。市民参画の視点を強く持った公共交通政策を考えること，これが3つ目の提言である。

第3節 「等身大の社会」構築に向けて——まとめにかえて——

　これまでの論述でもしばしば触れられたように，私たちの社会は今大きな分岐点に立っている。一方では，経済のグローバル化が急速に進展し，高度通信ネットワークが世界中に張り巡らされ，全地球を巻き込む大競争の時代がやってきている。市場競争の原理が，全世界に浸透していっている様相である。どの企業もグローバルスタンダード（世界標準）を求められ，日本的な経営体質は構造的な改革が迫られている。企業，行政，金融，政治，教育あらゆる側面で，従来型システムの転換が求められている。その基本原理は，能力主義・成果主義・自己管理・自己責任・自己決定・付加価値創造などに象徴される価値創造型・自立型の人材を育成し創出する組織構造の確立であり競争優位の社会システムづくりといえようか。

　しかし他方では，そうした競争の激化する社会によってもたらされた地球環境問題が日常化し，大量生産・大量消費・大量廃棄という高度成長時代のシステムから持続可能な循環型社会へのシステム転換が求められている。「足ることを知らない」生産と消費は，地球環境全体の生態系を大きくゆがめ始めている。自然や人に有害な大量の廃棄物を生み出す市場競争システムから，地球に優しい持続可能な循環型システムの構築が模索されており，そうした試みがいたるところで行われている。持続可能な循環型システムは人間らしい顔を持ち地域生活に根ざした人や自然に優しいシステムである。地域特性の上に立ち，地域の人々が日常的に支えるシステムである。

　バス交通に関わる問題は，その公益性により，前者の競争原理上にある問題ではなく，後者の持続可能な循環型システム上にある問題であろう。「人・まち・環境に優しいバス」交通がこのまま衰退するか，あるいは息を吹き返してくるのかは，私たちの生き方そのものの問題でもある。バス交通の復活は，効率性・利便性・収益性・私人性の価値を優先せずに，公益性・公共性・社会

性・自然性という価値を優先するという価値選択の上にしかあり得ない。

　このバス交通を軸にした公共交通に関する提言の最後に、「等身大の社会」というキーワードを提供して本稿のまとめとしたい。「等身大の社会」とは自分自身の生身の感覚を尊重し、等身大の人間の大きさを基礎にして組織や社会システムを構築していく社会である[9]。例えば、自転車はその「等身大」性により、多くのメリットを生み出す。出会う人とじっくり話すことができる、自分の体で動かしており健康的であり環境に優しい、などは自転車の誰もが認めるメリットであろう。

　個室感覚で猛スピードで走る車は、途中で知人と出会ってもゆっくり話すことはなかなかできない。お互いに顔が見える対話が生まれにくい。現代はハイテク技術の進歩によって携帯電話やテレビ電話を開発し、車にいながらにして対話ができる環境も創り出してきた。遠く離れた土地にいながら、会話が可能になることは世界的規模でコミュニケーションが生まれる。それはとてもすばらしいことだ。そうした、人間が開発した知の成果を否定することはない。

　しかし、身近にいる人と人との直接的なコミュニケーションの大切さは、ハイテク技術が開発されても変わるものではない。ぶらぶらと歩きながらの出会い、思いがけない交流、そこで生まれるアイディアや刺激。賑わいのあるまちが相互に刺激を与え合い、相互の成長を生み出す。誰と出会うのか、何と出会うのか、分からないまち、賑わいのあるまちは、人と人との直接的な交流を可能にし、コミュニケーションを豊かにし、知的刺激が生まれ、「共振・共鳴・共創」の場を創り出す。「共振・共鳴・共創」の場は相互の成長を促す。まち全体が活力を取り戻し、そこに集まる人々に生き甲斐や充実感を与える。

　効率性や効果性を重視する規模の経済性を追求せずに、「顔の見える人間的なコミュニティづくり」を原点におく社会、あるがままの等身大の自分を基礎にして豊かな「生活の質（Quality of Life）」を考える社会、それが等身大の社会である。それは人と人との対話、face-to-faceのコミュニケーションを大切にし、"Small is Best"、可能な限り顔の見える地域づくりを望む社会である。1人1人の実存を尊重し、しかも社会性や公益性も同時に配慮することのできる人

間を育てる社会の再構築が今求められている。バス交通などの公共交通問題は，個人化する社会がどのように社会性や公益性を守り育てていくことができるかという，たいへん重要な問題をはらむ根本的で本質的な問題なのである。

【注】

1) 「第11回市民の声アンケート調査報告書」1998年10月，高崎市。この調査の主な概要は以下のとおりである。調査地域；高崎市全域，調査対象；満20歳以上の市民，対象者数；4,500人，抽出方法；無作為抽出，調査方法；郵送による回収，調査時期；98年5月～6月，回収者と回収率；2,070人（46.0％）。

2) 「利用者アンケート調査」98年2月～3月，高崎市。調査方法；路線バス利用者にアンケート調査票（葉書）を渡し協力依頼をする。回収者数と回収率；536人（35.7％）。

3) 高崎市は2001年度に「第12回市民意識調査」を実施する予定である。「ぐるりん」開設5年目を迎え，市民はどのような判断をしているのか，その結果に着目したい。

4) 筆者は公共交通の研究を専門とするものではないが，今回のプロジェクト参加を機会に，バス会社のヒアリングを実施した。群馬県のバス会社と山形県のバス会社，それぞれの県庁や市役所，商工会議所などから情報を得た。また，地域政策学部に所属しているために多くの地域づくり活動に関わることも多く，現在も群馬県労働政策関連事業，倉淵村児童育成計画策定事業，群馬県・高崎市男女共同参画社会関連事業，群馬県学校教育改革事業，群馬県社会教育関連事業，中心市街地活性化事業，など県や市町村の事業に関わっている。これらの経験やそこで得た知識や情報を基に提言してみたい。

5) 「21世紀のまちづくりレポート① まちの活力を規定するもの」日本政策投資銀行企画部，藻谷浩介『DBジャーナル NO.3』2000年9月号，10～13ページ。

6) 同上，10ページ。

7) この「倉淵村児童育成計画」策定は倉淵村の村民，行政が一体となって現在進行中である。この作業を開始する際，村長，助役，担当者と相談の上，確認

した点がある。村民参画の方式でつくること，実際に運用できる計画をつくること，倉淵村の地域特性に基づいたものをつくること，コーディネーターやコンサルタント機能を発揮できる組織に協力依頼すること，それはノウハウをもっているが地域性を理解しない中央シンクタンクではなく地元の機関に依頼すること，などである。そのような原則のもと，村民，行政，筆者，そして「NPOぐんま」が協力してプロジェクト活動を開始している。

8) 黒川和美「地域開発とエコマネー」『DBジャーナル NO.3』2000年9月号，2ページ。
9) この「等身大の社会」に関しては大宮登［1981］「『等身大の社会』試論」（『山形女子短期大学紀要 第13集』所収）で詳述されている。

【引用・参考文献】

平成11年度商店街等活性化先進事業［2000］「山形市駐車対策モデル事業実施報告書」山形商工会議所。

群馬県企画部交通政策課［1999］「ぐんまの交通」。

高崎財務事務所地域振興室［1997］「バス輸送の活性化に関する研究」。

高崎市［1995］「バス交通問題アンケート調査報告書」。

社団法人群馬県バス協会［1993, 1994, 1995, 1996, 1997, 1998, 1999］「群馬県乗合バス事業の現状と対策」。

高崎市「高崎市内循環バス『ぐるりん』の概要」。

日本バス協会［1996］「バスの社会的意義に関わる啓発事業報告書」日本財団事業成果ライブラリー，http://lib1.nippon-foundation.or.jp

前橋市［1999］都市交通・まちづくりシンポジウム「くるま社会とこれからのまちづくり 1人が主役！ 歩いて楽しい都市づくりを考える」。

日立総合計画研究所編［1998］『グローバル競争に勝つ地域経営』東洋経済新報社。

平野繁臣・松村廣一［1997］『分権時代の地域経営戦略』同友館。

第7章　財政からみた公共交通

加藤　一郎

　戦後日本を特徴づけるマイカー中心の個人的生活様式や経済活動の見直しが迫られている。そのためには，マイカーを軸とする生活と経済構造を作り出してきた財政構造，特に道路を中心とする公共投資のあり方を見直す必要がある。

　本章では，まず高度経済成長，個族化，マイカーをキーワードとして，戦後日本の社会を位置づけ（第1節），ついで，マイカーの発展を支えてきた道路整備事業を自動車関係税等の税・財源問題の関連で分析し，その問題点と転換の必要性を明らかにした（第2節）。ここでは，量的に豊富な道路財源が確保されているだけでなく，国が地方を道路整備に駆り立てるシステムが存在していることを示した。

　そして，省資源型・環境保全型生活を支える公共交通として，ヨーロッパを中心に近年注目を浴びているLRTの導入の経緯と運営の仕組みを紹介し（第3節），最後に街づくりの視点からの財政システムへの転換の方向性を，遅々としてではあるが芽を出し始めている具体例を紹介しながら，提示した（第4節）。

第1節　個族化の進行とマイカー

　自動車，とくにマイカーの普及は第2次大戦後の日本を特徴づけるものであった。戦前にはあまり一般的ではなく，戦後ごく自然なものとして受け入れられるようになった生活様式，経済活動，財政構造などはマイカーの普及と密接に関わっている。

　すなわち，個人の利便性を究極まで追求する生活様式，大量生産と大量消費を拡大する経済活動，経済活動の拡大によって生み出される財源を再び経済活動の拡大に投入することによって更なる経済活動の拡大を意図した財政構造等である。

　こうした戦後の日本社会の特徴を形成してきたマイカーの普及は，20世紀末になって様々な問題を引き起こすようになってきた。交通混雑[1]，交通事故，環境の悪化，中心市街地の空洞化等々である。そして21世紀に向けて，障害者・高齢者等をはじめとする歩行者に優しいまちづくり[2]，環境に配慮した政策体系，中心市街地の再活性化などが求められるようになっている。

　そのためには安易なマイカー依存からの脱却が必要とされるだろう。それは，マイカーの普及が第2次大戦後の日本を特徴づけるものであったことの結果として，20世紀後半の日本の生活様式，経済活動，財政構造の転換を迫るものとなる可能性もある。

　ここでこうした事態を生み出した戦後日本の社会の変化を高度経済成長，個族化，マイカーといった言葉をキーワードとして考察しておこう。

　第2次大戦による戦後の混乱期を経てから日本はめざましい経済成長を始めた。とくに1960年から70年にかけて，GNPの実質成長率が10％を超す拡大を続けた。いわゆる高度経済成長である。この高度経済成長は国内外にわたって経済の量的な拡大をもたらすとともに，社会全般にわたる質的な変化ももたらした。農業から工業への産業構造の変化を始め様々な質的変化が発生するの

であるが，ここでは個族化の進行という視点から問題をとらえておこう。

その過程を概観すると，もともとは地域社会によって，地域社会の必要がある限りで行われてきた生産と消費が，地域社会間の交換を前提として生産・消費されるようになる。やがてその交換関係は地域社会内部にも持ち込まれる。しかし，資本主義経済が社会の支配的な生産様式になるまでは，交換を前提とする生産・消費は限定されたものであった。

生産と消費の大半は地域社会と地域社会の構成員のために行われた。地域社会の構成員は地域社会と一体化しており，また生活のための基本的な財貨はその地域社会の他の構成員と共に自ら生産していたからである。それは地域社会の構成員の多くが，農業を中心とし領主に身分的に拘束された存在であったからでもある。

しかし資本主義経済の浸透は，一方で農民を領主の身分的拘束から解放すると共に，土地から切り離し，基本的な生活物資を自ら生産することを不可能にする。身分的拘束と土地から切り離された地域社会の構成員は賃労働者として，自らの消費のためにではなく販売を目的として生産する企業家に雇用され，企業家から賃金を受け取ることによって生活しなければならなくなる。

もちろん，この過程が資本主義経済の浸透と共に一挙に進展するのではない。たとえば日本では明治維新を契機として資本主義経済が浸透していくのだが，農村における封建的関係は地主—小作関係として半ば継続され，身分的拘束からの解放が不十分だった裏面として土地から切り離されることも少なかった。そのため自給自足的地域経済が残り，資本主義市場としての農村は限定されたものにとどまっていた。日本資本主義は農村に代表される狭隘な国内市場を，海外に資源と領土と共に市場を求めることによって発展した。

第2次大戦の敗北はこうした状況を一変させた。農地解放は半封建的身分関係を伴う地主—小作関係を大きく変化させ，多くの小作農を自作農に転換する事によって自らの生産物を自らの手にすることができるようにした。この政策は，敗戦による食糧不足もあり農民の農業生産への意欲を高めた。

半封建的身分関係を前提とする安価な労働力を多用する戦前の農業生産は，

肥料や機械の使用を前提とする効率的農業へと転換していく。それは，戦前は潜在化していた過剰労働力を顕在化させることになった。また海外市場を喪失した資本は国内における生産と販売を中心に据えることになり，国内雇用を拡大させた。こうして労働力供給と需要の両面から，中学校の新規卒業者をはじめとして，農村あるいは農業から都市すなわち工業への人口大移動と農村における農業離れが進行したのである。あえて付言しておけば，この過程では農業生産そのものが停滞したわけではない。

　半封建的社会関係を保持しつつ維持されていた地域社会への資本主義的関係の浸透は，地域社会の構成単位でもあった家族関係にも大きな影響を与えた。つまり核家族化の進行である。表7-1に示したように平均世帯人数は戦前は極めて安定的であったが，戦後の混乱期が一段落すると共に低下し始め，高度経済成長が一段落する1970年には4人を切るまでになった。同時に農家戸数が逓減し，それ以上に急速な兼業化が進行した。

　一方で，工業の発展はすさまじかった。ここで注目されるのは，電力，粗鋼などの経済の基礎となる産業の発展とともに，テレビ，自動車といった生活様式に深く関わる産業の躍進である（表7-2参照）。これらは1950年代初期にはほとんど生産されていなかったものであるが，高度経済成長の中で飛躍的に生産を拡大していき，戦後日本の新しい生活様式，核家族化の中の個人主義的生活様式を形作るものとなったのである。

　高度経済成長が一段落してからも核家族化は一層進展し，核家族から単身世帯の増加に示される個族化に進展していく。その過程は次のように表現される。

　「全国の世帯規模すなわち世帯人数別世帯数の推移を見ると，1985年までは4人世帯が最も多く，ついで1人世帯が続いていたが，90年には4人世帯の数は一般世帯数の21.6％であるのにたいして，1人世帯は23.1％となり，単独世帯つまり単身世帯の数が最大を占めるようになったが，95年には，同様に，1人世帯数は1,124万人（一般世帯数の25.6％）に増え，同様に，単身世帯が最大を占め，4人世帯は828万（18.9％）となり，世帯規模の縮小傾向がいっそう進」んだ（総務庁統計局監修［1998：22］および図7-1参照）。

表 7-1 世帯の種類別平均世帯人数

年 次	総世帯	一般世帯	施設世帯	普通世帯	準世帯	2人以上の世帯
1920	4.99	…	…	4.89	16.48	5.12
30	5.07	…	…	4.98	16.09	5.21
40	4.92	…	…	4.99	16.78	…
50	5.02	…	…	4.97	10.15	5.20
55	4.97	…	…	4.97	4.98	5.11
60	4.52	4.14	31.66	4.54	4.06	4.74
65	4.08	…	…	4.05	4.77	4.32
70	3.73	3.41	17.01	3.69	4.58	4.02
75	3.48	3.28	15.66	3.45	4.69	3.84
80	3.25	3.22	11.26	3.33	1.76	3.77
85	3.17	3.14	13.71	3.23	1.96	3.70
90	3.01	2.99	16.71	3.06	2.03	3.59
95	2.84	2.82	17.79	2.88	2.11	3.44

(出所) 総務庁統計局「国勢調査報告」
国立社会保障―人口問題研究会ホームページ (2000年4月5日)。

表 7-2 世帯の種類別平均世帯人数

		1950	1955	1961	1964[1]	1965	1970年
発電電力	(億kWh)	478[2]	652	1,320	1,796	1,921	3,595
粗　　鋼	(万t)	484	941	2,827	3,980	4,116	9,332
セメント	(万t)	446	1,057	2,463	3,298	3,269	5,719
重　　油	(万kl)	81	408	2,059	3,887	4,468	10,158
エチレン	(1,000t)	―	―	107	505	777	3,097
工作機械	(1,000t)	3	7	110	122	89	316
機械プレス	(1,000t)	1	3	28	34	43	96
トランジスタ	(100万個)	―	6[3]	180	416	454	1,813
テ レ ビ	(万台)	―	14	458	525	416	1,249
乗用車	(1,000台)	2	20	250	580	696	3,179
鋼　　船	(万G/t)	23	73	190	408	553	992

(出所) 井村喜代子 [1993：179]。
(原資料) 通産省編『鉱工業主要製品20年の統計 (通商産業省生産動態統計)』1969年。1970年のみは『機械統計年報』等による。電力は電気事業連合会編『電気事業便覧』(各年)。鋼船 (竣工高) は運輸省編『運輸経済統計要覧』(各年)。
(注) 1. 1965年は不況のため、一応、1964年も掲示した。
　　 2. 1951年。
　　 3. 1957年。

図7-1 世帯人員別世帯数の割合

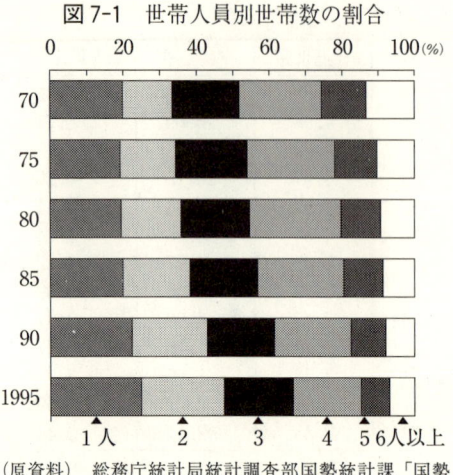

(原資料) 総務庁統計局統計調査部国勢統計課「国勢調査報告」。
(出所) 総務庁統計局監修[1998:23]。

このように,核家族から単身世帯化つまり個族化がが進行し,そしてウォークマン,パーソナルコンピュータ,携帯電話に示されるような個族化に対応した商品が生み出されていく[3]。核家族化の中でファミリーカーとして普及した自動車は,個族化のなかで名実ともにマイカーとして位置づけられるようになったのである。

第2節 戦後日本の財政構造と道路投資

(1) 戦後日本財政の特徴

個族化の中のマイカーの普及を支えたのは道路整備の進展である。マイカーの普及と道路整備の間には量的にも質的にもきわめて深い関係があり,その点の分析をこれから行っていくわけだが,その前に第2次大戦後の日本財政の特徴を指摘しておこう。というのは道路整備は主として財政を通じて行われ,その財政が高度経済成長とマイカーの普及を促してきたからである。したがってマイカー依存の構造を改めるには,この財政の構造を明らかにし,それを変えていくことが必要である。

さて,第2次大戦後の日本財政の特徴は,①産業基盤をを中心とする極めて高い水準の公共投資が続けられ,②この高い水準の公共投資を軸として国中心

の中央集権的な財政構造が作り上げられていったことにある。国内総生産に対する公共投資の割合は，高度経済成長が始まって以来，諸外国と比較して2〜3倍の高い水準を保ち続けてきた。

この高い水準の公共投資は，次のようなルートを通じて高度経済成長に貢献した。①道路，港湾，工業用地などの産業基盤を整備することによって企業の生産活動を容易にした。②しかもその重点が国際競争力をもつ（輸出競争力の高い）産業の基盤整備におかれ，たとえば地方道より基幹道をというように全国的な規模の公共事業が国主導でおこなわれた（加藤一郎［1998：85-89］)[4]。③公共事業に直接関わる土木建設業だけでなく，高度成長期の基幹産業である鉄鋼，セメントなどの素材型産業に大きな市場を提供した（中山徹［1998：14-16］)[5]。④地方財政を国の財政構造に組み込みながら地域開発が進められ，その中で地方財政の国依存構造が強化されていった。

このようにして，国内市場とともに海外市場をも拡大させながら高い経済成長を達成する役割を公共投資が担ったのである。そして，高度経済成長は法人税や所得税などの税収を増加させた。それがまた拡大する公共事業の財源となった。つまり公共投資の拡大とその財源は経済成長を媒介とする相互関係をもったのだが，道路投資の場合にはより直截な関係が見いだされる。すなわち，自動車と自動車交通の増加が自動車関係の税収を拡大し，その税収を道路整備財源として充当する。そして道路整備の進展が自動車と自動車交通の拡大につながるという関係である。

道路投資は1960年代の高度経済成長政策期以降，全行政投資中の約1/4を占めるようになり[6]，行政投資中最大の事業となった[7]。60年代に道路投資が最大の行政投資になったのは高度経済成長に対応したからである。もちろん高度経済成長が続いたから道路投資の水準が高まったという側面だけではなく，高度成長を継続させるために道路を中心とする公共投資を拡大したという側面があるし，そのことが公害問題，都市問題などを生み出す要因になったのであるが，高度経済成長（政策）と道路を中心とする公共投資の高い水準が適合的であったことは間違いない（加藤一郎［1998］第2章第2節）。

つまり道路網の整備は自動車需要を拡大させ，原材料供給地と生産地，生産地と消費地等々の交流を活発化するとともに，新しい住宅用地，工場用地等々を生みだしていく。こうして地域開発と結びつく形での経済成長が，国と地域の担税力を高め，潜在的な形で公共投資財源の拡充につながる。次にみていくように，自動車関係税等を媒介として，自動車の普及と道路整備の間に擬似的な市場関係が形成されたのである。自動車の需要が拡大するから自動車関係税等が増大し，自動車関係税等が増大するから道路整備財源が増えて道路整備が進む，道路整備が進むから自動車利用の利便性が拡張し自動車の需要が伸びるという具合にである。

このように道路投資が拡大し，なおかつ長期にわたって最大の事業であり続けている背景には，道路整備の財源が確保されていたことがある。この関係について検討していこう。まず自動車関係税から始めよう。

(2) 自動車関係税

自動車の取得，保有そして走行に関わって課される税を自動車関係税という。自動車関係税というのは，1つの特定の税ではなく，**表7-3**に示したように，国税，地方税あわせて8種類の税の総称である。自動車の取得に課せられるのが地方税である自動車取得税，自動車の保有に課せられるのが国税である自動車重量税と地方税である自動車税および軽自動車税，そして走行に必要な揮発油等に課税されるのが国税である揮発油税，地方道路税，石油ガス税と地方税である軽油引取税である。

これら自動車関係税の中で道路整備のための財源として使われるものを道路整備特定財源という。道路整備特定財源として明確に位置づけられているのは地方道路税，石油ガス税の1/2，自動車重量税の1/4，軽油引取税，自動車取得税である。しかし，形式的には使途が特定されない一般財源でありながら，揮発油税の全額，石油ガス税の残り1/2が道路整備緊急措置法により道路特定財源とされている。

表 7-3　自動車関係税（1999 年度当初予算及び地方財政計画）

税　目	課税主体	課税物件	課税額（億円）	税　収　の　使　途
揮発油税	国	揮発油	21,166	形式的には国の一般財源であるが，道路整備緊急措置法に基づき 98 年度から 5 年間は全額国の道特定路財源とされている。また同法等に基づき同期間中 1/4 は地方への交付金の財源に当てるため道路整備特別会計に組み入れることとされている
地方道路税	国	揮発油	2,906	都道府県および市町村の道路特定財源として全額譲与されている
石油ガス税	国	自動車用石油ガス	300	1/2 は形式的には国の一般財源であるが道路整備緊急措置法に基づき 98 年度から 5 年間は国の道路特定財源とされ，1/2 は都道府県及び指定市の道路特定財源として譲与されている
自動車重量税	国	乗用車バス等	11,231	3/4 は国の一般財源であるが，1/4 は市町村の道路特定財源として譲与されている
軽油引取税	都道府県	軽油	5,558	都道府県及び指定市の道路特定財源とされている
自動車取得税	都道府県	乗用車バス等	3,471	地方公共団体の道路特定財源（7 割市町村，3 割都道府県）とされている
自動車税	都道府県	乗用車バス等	10,380	都道府県の一般財源である
軽自動車税	市町村	軽自動車等	698	市町村の一般財源である

(出所)　大蔵省［1999 a］より作成。

　一般財源であるものを道路特定財源としなければならないほど，道路整備が緊急の課題で他の事業に優先して行わなければならないのか自体が問題であるが，さらに 3/4 が国の一般財源とされる自動車重量税も，法律上の規定がないにもかかわらず，運用上では道路特定財源として扱われているという（石油連盟財務部［1996：10］）。つまり，公共事業の中でも道路整備はその財源においてきわめて優遇されており，自動車関係税を媒介として，自動車の取得，保有，走行と道路整備とがリンクされているのである。

　次に，この道路特定財源を初めとする道路整備事業の財源の流れがどのようになっているかを分析することによって，①道路財源がいかに優遇されている

表7-4 道路整備事業費の財源の流れ（1999年度当初予算） （単位：億円）

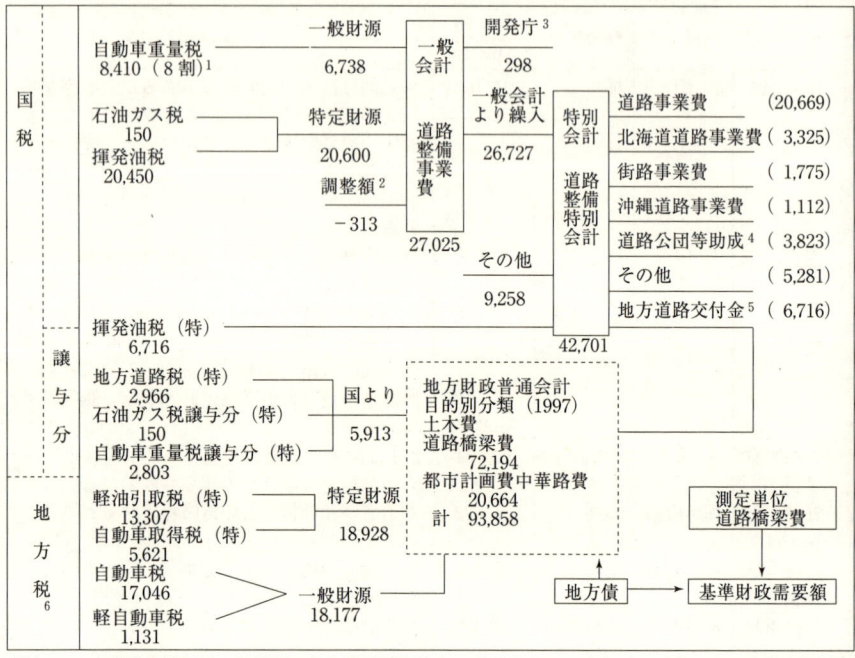

区分	税目・金額	区分	金額	会計区分	金額	事業区分	金額
国税	自動車重量税 8,410（8割）[1]	一般財源	6,738	一般会計	開発庁[3] 298	道路事業費	(20,669)
	石油ガス税 150	特定財源	20,600	道路整備事業費	一般会計より繰入 26,727	特別会計 道路整備特別会計	北海道道路事業費 (3,325)
	揮発油税 20,450	調整額[2]	−313				街路事業費 (1,775)
							沖縄道路事業費 (1,112)
					27,025		道路公団等助成[4] (3,823)
					その他 9,258		その他 (5,281)
							地方道路交付金[5] (6,716)
					42,701		
譲与分	揮発油税（特） 6,716						
	地方道路税（特） 2,966			国より 5,913	地方財政普通会計 目的別分類（1997） 土木費 道路橋梁費 72,194 都市計画費中街路費 20,664 計 93,858		
	石油ガス税譲与分（特） 150						
	自動車重量税譲与分（特） 2,803						
地方税[6]	軽油引取税（特） 13,307	特定財源	18,928			測定単位 道路橋梁費	
	自動車取得税（特） 5,621						
	自動車税 17,046	一般財源	18,177		地方債	基準財政需要額	
	軽自動車税 1,131						

（注）1. 自動車重量税は一般財源であり道路財源として特定されているわけではないが、自動車関係税と道路整備事業との関連をみるためにここに示した。な8割という数字は道路整備事業特別会計への一般財源の繰り入れにあたっての運用上の目安と言われている（石油連盟財務部[1996：10]）。
2. 前々年度揮発油税収入決算調整額等
3. 北海道開発庁及び沖縄開発庁の一般会計で支出される道路関係の工事諸費
4. 日本道路公団当事業助成費
5. 地方道路整備臨時交付金
6. 地方税の金額は1997年度決算の数値

（出所）大蔵省[1999b]、自治省編[1999]より作成。

か、②国の関与がどのように行われるシステムになっているのか、をみていこう。マイカーから公共交通への転換を進めるためには、それを可能にする財政の仕組みが必要であり、そのためには自動車交通の利便性の追求を主眼とする現行の仕組みを、環境や歩行者を優先する公共交通に基礎をおくまちづくりに役立つシステムに変化させていかなければならない。それは地域住民と地方公

共団体が自らのまちづくりを行っていけるシステムへの変更である。

(3) 道路整備事業費の財源の流れ

まず国の道路整備財源の流れをみておこう。表7-4に示したように,一般財源である自動車重量税の約8割と(石油連盟財務部［1996：10］),形式的には一般財源であるものの道路整備緊急措置法に基づき特定財源とされている石油ガス税,揮発油税が,国の一般会計主要経費別分類における公共事業関係費中の道路整備事業費に計上される。この事業は「物流の効率化対策に資する高規格幹線道路等の整備,市街地の活性化,渋滞対策,防災対策」を目的とするもので,「道路整備特別会計へ繰り入れる道路整備事業費財源2兆6,726億9,800万円並びに北海道開発庁及び沖縄開発庁の一般会計で支出される道路関係の工事諸費298億2,400万円」に充てられる（大蔵省［1999b：82］）。

つまり形式的に一般財源とされているためいったんは一般会計の道路整備事業費に入った自動車重量税,石油ガス税,揮発油税はそのほとんどが道路整備特別会計に繰り入れられるのである。この道路整備特別会計には地方道路交付金に充てられる揮発油税の1/4,6,716億円とその他の財源9,258億円が繰り入れられ,総額4兆2,701億円となる。道路整備特別会計における自動車関係税の割合は78%あまりになるのである。

そしてこの道路整備特別会計から道路事業費,北海道道路事業費,街路事業費,沖縄道路企業費,道路公団助成,その他,地方道路交付金として支出されていくのである。

次に地方公共団体の道路整備財源の流れである。この流れは国と比べてきわめて不明確である。ここでは地方財政普通会計目的別分類の土木費中の道路橋梁費と都市計画費中の街路費を取り上げ,便宜上これを地方公共団体の道路整備事業費と考え,これと自動車関係税との関連をみた。なお資料の関係上1997年の決算数値を使っている。あらかじめ指摘しておくと,この地方公共団体の道路整備事業費は国の道路整備事業費の約2倍の9兆3,858億円になる。

さて先にふれたように，揮発油税の1/4は道路整備特別会計にくりいれられ，そこから地方道路整備臨時交付金として6,716億円が地方の道路整備財源となる。これは国からの補助金の一部で国の関与を受けるものである。この他に国税の譲与分として地方道路税，石油ガス税譲与分，自動車重量税譲与分がある。これらの合計は5,913億円であり地方道路整備臨時交付金と合計すると1兆2,629億円となる。これは地方公共団体の道路整備事業費の13%強である。また土木費の財源の中で国庫支出金は約15%を占めているので，地方公共団体の道路整備事業は1/4強を国からの財源に直接頼っていることになる。

　一方，地方税としては道路特定財源として軽油引取税と自動車取得税がある。この2つの税の合計は1兆8,928億円で，地方公共団体の道路整備事業費の20%である。これに一般財源の自動車税と軽自動車税があり，その合計は1兆8,177億円で，特定財源と合計すると自動車関係税は3兆7,105億円となり，地方公共団体の道路整備事業費の約40%となる。念のため指摘しておけば一般財源は道路整備に充当されるものではないので，この数値は税源と道路整備事業の量的関係を検討するための作業にすぎない。

　さてこの数値を念頭に置くと，地方公共団体の一般の事業は，税源との関係は希薄なのが通常であるから，20%を特定の税源によってまかなっている地方の道路整備事業は，税源との関係が強いといえるだろう。しかし，国の道路事業の場合は道路整備事業に対する自動車関係税の割合が3/4以上になっており，それと比較すると税源との関係は弱い。さらに，国税の自動車関係税のかなりの部分が道路整備特別会計を通じて地方に回されており，次に述べる地方債の問題も含めて，地方の道路整備事業に対する国の関与が強いといえる。つまり，道路整備事業における地方公共団体の自主性が制限されているといえよう。

　これまで見てきたように，地方公共団体の道路整備事業に対する財源は，揮発油税を財源とする地方道路整備臨時交付金，地方道路税などの国からの譲与分の合計が13%，国庫支出金が15%，そして一般財源を含めてのことではあるが自動車関係の地方税が40%であった。残るのは32%となる。この部分に

はどのような財源が充てられているのだろうか。それが地方債であると考えることができる。土木費の財源内訳で地方債は1/3程度であり，ほぼ妥当する。この地方債の起債にも国が関与している。

ところで道路整備の財源を考えていくときもう1つ地方交付税の問題がある。地方交付税は，財政力の弱い団体に弱さの程度に応じて交付されるものである。交付される額や比率は様々だが全地方公共団体の95％に交付されている。これは一般財源であるので，道路財源になるものではないが，2つの点で道路整備財源と関連している。いずれも地方交付税の基準財政需要額に算入されることによってであるが，1つは今述べた地方債の償還費の算入であり，もう1つは道路橋梁費としての算入である。

地方交付税の交付額は地方税を中心とする基準財政収入額と標準的な行政費用を示すといわれる基準財政重要額の差額によって決定される。基準財政需要額を算定するために，たとえば市町村の場合消防費，土木費，教育費，厚生労働費，地方債の償還費等といった費目毎にそれぞれの測定単位があり，測定単位には単位費用が決められている。つまりそれぞれの費目の測定単位×単位費用の合計で基準財政需要額が算定される。実際には測定単位×単位費用にさらに一定の補正係数がかけられるのであるが，その点はひとまずおいて道路橋梁費の基準財政需要額を概算してみよう。道路橋梁費は土木費の項目で，道路の面積を測定単位とする経常経費と，道路の延長を単位とする投資的経費からなる。

まず道府県の道路橋梁費である。1997年の道府県道の面積は1,644km²で，単位費用は1,000m²につき248,000円である。したがって，経常経費は約4,000億円となる。また道路延長は141,846kmで，単位費用は1kmにつき7,621,000円である。したがって投資的経費は約1兆1,000億円である。経常経費と投資的経費を合計した道府県道の道路橋梁費は約1兆5,000億円となる。

次に市町村の道路橋梁費である。1997年の市町村道の面積は5,894,150km²で，単位費用は1,000m²につき121,000円である。したがって，経常経費は約7,000億円となる。また道路延長は996,496kmで，単位費用は1kmにつき

824,000円である。したがって投資的経費は約8,000億円である。経常経費と投資的経費を合計した市町村道の道路橋梁費は道府県道の場合と同様約1兆5,000億円となる。つけくわえておけば、これに地方債の元利償還費の一部が加わるのである。

　もちろんこの金額が全額地方公共団体に交付されるわけではない。東京都に代表される不交付団体は基準財政収入額が基準財政需要額を上回る不交付団体とされ、地方交付税は全く交付されない。また交付団体であっても、交付される額は基準財政収入額から基準財政需要額を引いた額である。1997年度の場合都道府県の基準財政需要額の合計は20兆7,436億円に対し普通交付税額は8兆5,592億円、市町村の場合は基準財政需要額20兆379億円に対し普通交付税額は7兆5,043億円である。つまり基準財政需要額の約40%が交付される。ただそれにしても大きな額であることは間違いない。

　この基準財政需要額への算入は自動車関係税というルートを通じた財源とともに、道路整備の潤沢な財源を構成するとともに、間接的ながら、地方公共団体を道路整備へと向かわせる要因になっているのである。道路優先の地方行政を是正していくためには、測定単位を変更し、歩道や公共交通優先のものを中心にするとか、街づくりを地方公共団体が自主的に行えるものにしていかなければならないだろう。

第3節　省資源型・環境保全型生活を支えるまちづくりと公共交通
——LRTを中心に——

　幸いなことに、マイカー優先のまちづくりに対す反省が強まり、ヨーロッパを中心に路面電車などの公共交通を見直す動きが顕在化してきている。この動きは、単に昔あった懐かしい乗り物を復活しようというような郷愁だけで展開しているものではない。

　マイカーの普及によって、ますます悪化する環境破壊、まちから閉め出され

写真 ストラスブールの中心市街地を走るLRT。店舗の前の歩道に隣接して走行している。そのためLRTの乗降客は歩道からそのまま乗り降りできる。また線路が歩道より低くなっており、低床であるLRTからの乗降は段差なく行える。なお、自動車が走行できないようになっていることに注目（南聡一郎君撮影）。

る障害者・高齢者をはじめとする歩行者，郊外店に客を取られ空洞化が進む市街地の商店，こうした様々な要求が一体化して環境対応，歩行者優先の市街地の活性化を図る未来創造型の新しい運動として展開しているのである。

　ヨーロッパの都市ではLRT（Light Rail Transit）といわれる新しい路面電車が21世紀の都市交通混雑，環境汚染，高齢化の進行，中心市街地の衰退などに対処する21世紀の都市交通の「切り札」として注目を浴びている[8]（**写真**）。このLRTは単にマイカーにかわる代替的交通手段としてのみ考えてられているものではない。「ライトレールを機能させるためには，明確なポリシーによるまちづくりとの連携が何より大切である」。「欧米諸国でライトレールの導入を進めるのは，人が住むのに望ましい都市のあり方を追求した結果，人間優先のまちづくりこそが都市における豊かな生活に繋がることに気づいたからである。

　これまでクルマ中心であったまちづくりの方針を『ひと』中心へとシフトさせ，歩行者本位のまちづくりによるコンパクト・シティ化を進め，回遊性を高

めて魅力度を向上させようというのが，最近の欧米における都市政策の潮流であり，そのまちづくりのシンボルといえるのがライトレールであった」(服部重敬 [1999：64])。

こうした動きは日本でもようやくのこと始まりつつある。まず，先進欧州の事例を見ていこう。

(1) 先進欧州の事例

① 概観

2000年時点で路面電車が走る都市は世界に400以上あり，うちLRTといわれる新しい路面電車の走る都市は60前後といわれる。90年以降でも約20都市が導入している。ヨーロッパ，特にフランスとドイツを中心とする都市で21世紀の都市交通混雑，環境汚染，高齢化の進行，中心市街地の衰退などに対処する21世紀の都市交通の「切り札」として，新規導入や路線の拡張がが行われているのである。

LRTの正確な定義はないが，高速，低騒音，低床そして都市の景観に花を添えるような斬新なデザインといった共通点があり，単に新しい交通手段であるということだけではなく，地球環境の保全を前提として，障害者・高齢者に優しい，歩行者をはじめとする生活者中心のまちづくりを目指す都市政策の柱として位置づけられているところに特徴がある。

このようにLRTの整備が都市政策の柱であるということは，整備の主体が国ではなく地方公共団体と地域住民であるということでもある。つまり，LRTの導入・整備は交通問題であるとともに，都市政策の問題であり，そして地方財政の問題でもある。決して代替的な交通手段としてのみ考察することはできないのである。

LRTの先進国フランスでは，1960年代までに大半の都市で路面電車が廃止されていたが，85年にナントでLRTが開通し予想を上回る乗客を集め成功したのに端を発し，92年パリ，94年ルーアン，ストラスブールと相次いで開通

されていった。

　そのなかでも特に注目を集めているのがストラスブールのLRTである。注目を浴びているのは，1つには低床で乗降しやすいというLRT共通の特徴に加え，旧来の路面電車のイメージを一掃する斬新なデザインである。

　もう1つは，ストラスブールではLRTの整備にあわせて，中心市街地から自動車を締め出し，歩行者と自転車と公共交通だけの「トランジットモール」とした点にある。2000年末には2番目の路線約12kmが開通し，計画されている3本目が開通する予定の2010年には，現在の3倍の約35kmのLRT網が完成するといわれる[9]。

② LRT導入の経緯

　ではストラスブールにどのような経緯でLRTが導入されたのであろうか。ストラスブールはライン川沿いの独仏国境に位置し，人口約25万人，周辺を含めた都市圏人口約40万人のアルザス地方の中心都市である。私たちはこの人口規模にまず注目する。たとえば高崎市の人口は24万人，都市圏人口は53万人である[10]。ストラスブールと比べて遜色のない規模である。単純に結論づけできないものの，高崎においてもLRT導入が全く夢物語ではないとだけはいえよう。

　ストラスブールでLRTが整備されるきっかけになったのは1989年の選挙である。ミニ地下鉄建設を公約に掲げる現職市長に対し，それよりも建設費が1/3で済むLRTの導入を訴えた新人女性候補が当選したことが発端になった。当選した新市長は都心部を幾つかの小地区＝セルに分け，許可車以外はそれぞれの地区へ外周の環状道路からしか進入できないトラフィック・セルシステムを導入し，マイカーが中心部を通り抜けできないようにした。これに対して，商店街からマイカーを規制すると客足が減るという批判がおこった。

　しかし市長は91年に始まったLRTの建設とともに，市内の駐車場のうち800台分を撤去し，都心の歩行者道路を2倍にする整備と商店街活性化のための空間の再デザイン化を進めた。LRTが開通すると反対の声は消え失せてい

たという（宮川浩一［1996：50—52］，岡並木［1996：38］）。

　この事例は，都市とくに中心市街地におけるマイカー依存の構造とそれを克服していくための方策を示しているように思われる。人々がいったんマイカーに依存するようになると，駐車場を増設するなど都市もまたマイカー依存の構造を作り上げていく。マイカーの障害になる路面電車は撤去され，バスはマイカーとの競争に敗れていく。公共交通の衰退はますますマイカーへの依存を高める。

　そしてマイカーの普及は郊外に店舗を構えることを容易にし，都市中心部は空洞化していく。こうした傾向はマイカーの普及しやすい高崎などの地方都市で，大都市以上に進む。都市中心部の商店は，マイカーの客離れをくい止めるために駐車場を整備する。それは商店にとってはコストを嵩上げすることになる。同時に交通混雑をますます激しくし，歩行者だけでなくマイカー利用者にとっても魅力のない空間に都市を変えていく。このような状況に対して，日本でしばしば採られてきた対策は，マイカーと競合することの少ない地下鉄やモノレールの採用であった。しかし，これらの建設費は極めて高い（21世紀都市交通国民会議［1999：26］）。

　たとえば1998年1月に部分開通し，2000年1月10に全線開通した多摩都市モノレールの98年度決算は，運賃を中心とする収入の6億7,900万円に対し，人件費や設備補修費などの支出は31億8,500万円で，25億円の赤字である。86年の会社設立以来の赤字は約40億円に達する。これから本格化する融資約900億円の利払いは，年20億〜30億円になる（『東京読売新聞』2000年1月10日）。全線開通後1週間の乗客は1日平均73,300人で，目標の116,000人の約6割に止まる（同，2000年1月18日）。こうした状況を受け，東京都は厳しい財政状況の下で1999年度最終補正予算に多摩都市モノレールに対する160億円の貸付金を計上した（同，2000年1月22日）。

　また，これらの交通機関は乗降の際，階段しかもかなりの距離を上り下りしなければない。建設省はバリアフリー政策の一環としてエレベーターやエスカレーターの設置を義務づけており，それはそれとして評価できるのであるが，

問題の根本的な解決とはいえない。マイカーの走行を妨げないことを前提とした公共交通の整備は高いコスト負担と，乗降客とくに障害者や高齢者などに不便さをもたらしかねないのである。

すべてにおいてマイカーを禁止する必要はないが，都市とくにその中心部の活性化を考えるときにマイカーの規制は避けて通れない課題である。しかしマイカーの規制は個々の商店でできることではなく，また短期的な視点でできることでもない。街全体の環境整備の立場から，中長期的な視点で取り組まなければならない課題である。ストラスブールの事例はそのことを示唆しているのである。

③ LRT 運営の仕組み

さて，LRT の運営の仕組みについての各国の事例を紹介しておこう[11]。

【オーストリア】

市営企業が主体であるが，国鉄，私鉄および民間バス事業者も含めた運輸連合を結成し，共通運賃制の採用およびサービス水準の統一を図っている。経費の 40～76％ を運賃収入でまかない，その他は国および市の補助金で補填している。ただし，リンツ市は電気および地域暖房事業も合わせて行っているので，その収益で交通事業の赤字を補っている。

【ベルギー】

地方自治体所有企業がほとんどの公共交通機関を運営し，一部私バス事業者とは運行契約を締結している。経費の 15～42％ を運賃収入，数％をその他事業収入でまかない，その他は国および市の補助金で補填している。

【フランス】

海外領土を除く 96 の県は 22 の広域行政圏に分けられ，1980 年代に進行した地方分権化により，この広域行政圏に地方交通政策の権限が委譲された。財源として，一般財源の他，各企業の従業員給与月額の 1～2％ の範囲で徴収可能な交通税（公共交通補償拠出金）という独自の財源をもっている。この財源を，道路および公共交通機関の整備ならびに運営費補助にあてている。92 年

制定の「国内交通基本法 (LOZI)」で軌道システムのインフラ部（車輌を除く）の40%を補助（21世紀都市交通国民会議 [1999:79]）。公共交通機関の運営は半官半民の第三セクターが運営し，補助金を経費の27〜63%交付している。SNCF（国鉄）の地方交通線もこの枠組に従い，広域行政圏と契約して運行している。

【ドイツ】

1988年に「地方公共交通財政援助法 (GVFG)」が制定され，国は軌道システムのインフラ部（車輌を除く）の60%を補助，1992年度から車輌新造費の50%が補助になった（21世紀都市交通国民会議 [1999:72]）。

1994年の旧西独連邦鉄道と旧東独国有鉄道の統合により，株式会社・ドイツ鉄道会社が発足したのにあわせ，地方交通の整備。維持責任はこれまでの連邦政府から州政府に移った。財源は州政府の一般財源の他，国から州への補助金，そして連邦税である燃料税の一部が充当されている。

公共交通の運営主体は市や民間会社と多様であるが，各都市ごとに運輸連合を組織し，共通運賃の採用やサービス水準の統一を行っている。経費の22〜70%を運賃収入でまかない，その他は国および市の補助金で補填している。旧東ドイツの都市は運賃水準が低いため，補助金の割合も大きくなっている。

【イタリア】

いずれも市が公共交通の大部分を運営しており，運賃収入は経費の10〜30%をまかなうのみであり，公的補助の割合が高い。ミラノは公的補助を含めても赤字経営である。

【オランダ】

市が直接運営しているアムステルダムおよびロッテルダム，市有企業運営のデン・ハーグおよび州運営のユトレヒトと，いくつかの形態がある。全国共通の運輸政策に基づく補助金支払，全国共通カード使用が特徴である。運賃収入は経費の20〜30%をまかなっている。

【ノルウェー】

市営で，運賃収入は経費の約60%で，市が赤字分を補助している。

【ポルトガル】

公共交通は民間会社経営であったが，1978年に公営化し，公的補助金で収支を均衡させている。リスボンは運賃収入は経費の27%，ポルトは64%をまかなっている。

【スペイン】

地方自治体管理の都市交通達合（EMT）がそれぞれの地域の事業者に運営させる仕組となっているが，公的補助金の内容は不明である。

【スウェーデン】

地方自治体が市営企業と民間企業に運営を委託し，運賃プール制を採用して，補助金を支出している。運賃収入は経費の34～46%である。

【スイス】

ほとんどの都市は市が公共交通を運営し，赤字は市および州が補填している。運賃収入は経費の34～81%である。

【イギリス】

イギリスは市営事業を民営化し，補助金を少なくしている。シェフィールドではインフラを市が建設し，子会社が運営している。経費と運賃収入の関連は不明であるが，唯一データのある大マンチェスター圏では経費の157%の収入を上げ，黒字経営となっている。

以上概観したように，ヨーロッパではLRTの運営に当たって地方公共団体が単独あるいは民間事業者と運営組織を結成し，均一運賃やゾーン制運賃の導入によるわかりやすい運賃体系を採用し，運賃水準を低く抑えて不足分を公的補助金として支出する政策がほぼ確立している。今後のエネルギーおよび環境保全あるいは市街地の活性化などを考えると，人口密度の高い都市部は別としても，地方の中小都市の公共交通を拡充するためには，国の補助と地方公共団体の積極的な関与が求められているといえよう。

(2) 日本の路面電車

① 概観

　日本でもフランスと同様に 60 年代に路面電車の廃止が進行し，2000 年時点で路面電車が走るのは，19 都市のみでピーク時の 1/3 以下になっている。先進国ではドイツに次いで多く残ったが，その後の路面電車復活の動きは鈍いままであった[12]。路面電車は旧式の交通機関として道路整備特別会計の補助対象外とされ，近代的な交通機関として補助対象にされた新交通システムとモノレールの導入に重点が置かれたからである。しかし新交通システム，モノレール，地下鉄などの実績が必ずしも思わしくないこと，欧州における LRT の成功が評価されるようになってきたことなどから，20 世紀末になって日本でもようやく路面電車の再評価が始まりつつある。

　建設省は 97 年度に「路面電車走行空間改善事業」を創設し，路面電車を道路整備事業特別会計の補助対象にした。98 年の豊橋鉄道の停留場の移設が適用第 1 号である。同事業は 98 年度に拡充され，路線延伸を積極支援するものとなり，岡山，広島，長崎が対象となった。岡山では，岡山駅から岡山市役所を経て岡山大学病院まで 1.6 km の路線延長についての構想がまとめられた。

　LRT の導入についても，99 年広島電鉄が LRT タイプの超低床電車を JR 広島駅から宮島間に導入した。さらに平和通りへの延伸と高速化を柱とした「LRT」構想をまとめている。東京都も銀座，日本橋，丸の内，江東南部など 6 カ所をモデル地区として導入の可能性を検討している[13]。

② マイカー規制──ロードプライシング制度構想

　さらに LRT 導入の最大の難関であるマイカー規制についても一歩前進がみられるようになってきた。そもそも LRT などの路面電車が新交通システム，モノレール，地下鉄などの公共交通手段と決定的に違うところは，マイカーとの共存がきわめて困難な点である。特に交通が混雑する中心市街地では共存す

ることができない。

　新交通システム，モノレール，地下鉄などの公共交通手段が空中，地下等を主たる走行スペースとし，地上を走るマイカーとスペース的に競合しないのに対して，地上を走る路面電車はもろに競合するのである。この点はバスも同様である。そしてこの競合は悲劇的な結果を生み出すのである。

　もしマイカーが全くなく交通手段が路面電車やバス等の公共交通だけの場合，交通混雑がおこらず30分で目的地に行けたとしよう（第1局面）。次に交通混雑を招かない程度のごく僅かのマイカーが走るようになり，マイカーでは20分で目的地に行けるとする（第2局面）。この時の公共交通との時間差10分がマイカーの利用者にとって，マイカーの購入費や維持費を支払っても十分魅力的なものであったとする。とすると多くの人々がマイカーの利用に向かい，やがて交通混雑を引き起こすにいたる（第3局面）。この時マイカーでの時間は40分，公共交通での時間が60分になったとする。第3局面でのマイカーの利用は第1局面の公共交通の利用と比べて明らかに不利である。だが第3局面での公共交通と比べたマイカーの利便性は，第2局面の10分から倍の20分に増大しているのであり，個々のマイカー利用者は，他のマイカー利用者がマイカーの利用を制限してくれることを願っても，自分がマイカーの利用をやめることはない。そしてやがては，一層の交通混雑と公共交通の廃止にまでいたることになるだろう（第4局面）。そうなると，マイカーの利用を希望しないものもあえてマイカーを利用するか，目的地に出かけることを断念するかを迫られることになる（ミシャン［1969：補論C］）。

　歩行者もまた自動車の間を縫って危険を冒しながら通行せざるをえない。こうした事態は高齢化が進む中，障害者に優しいまちづくりを目指すうえで看過できない状況を生み出すのである。

　先に悲劇的な状況が発生するといったのはこういう意味である。第1局面から第4局面までを客観的に観察する者なら誰しも，第3，第4局面が第1，第2局面よりも好ましくないことを認めるであろう。しかし，第3，第4局面におけるマイカーの利用者は誰も進んでマイカーの利用を止めようとしないだろう。

マイカー利用の自由を無制限に認めることが，マイカー利用者にとっても不利になりながら，個々人にはそれを改善しようとするインセンチブが働かないのである。改善するためには何らかの社会的な規制を加えていくことが必要である。

フランスのストラスブールでは，都市の構造を街の中心部に自動車を乗り入れることのできないものに作り替えることによってそれを達成した。他のヨーロッパの都市では車の乗り入れを規制することによってそれを達成しようとしている。日本では，中心市街地への車乗り入れの本格的な規制はこれまで行われてこなかった。しかし，21世紀を目の前にしてようやくその取り組みが行われようとしている。東京都が検討しているロードプライシング制度がそれである。

ロードプライシング制度は，都心部への車の乗り入れを有料化するもので，1975年にシンガポールで導入されたのが最初で，オスロ等でも導入されており，またロンドンなで導入が検討されている。乗り入れごとに料金を払う方式や，あらかじめステッカーを購入しておく方式などがある（『知恵蔵』［1999：308］）。

東京都は循環型社会づくりの一環として，自動車の効率的な利用や公共交通への利用転換など，交通量の抑制や平準化など交通需要の調整＝交通需要マネージメント（Transportation Demand Management）構想を検討していた。1999年7月に東京都交通需要マネジメント検討会議[14]意見報告書がだされ，そのなかで交通需要を調整するための手法の推進として次の3つの施策があげられた。①公共交通への転換を促す施策，②交通を円滑にする施策，③自動車利用を抑制する施策である。ロードプライシングは，③の施策の中の経済的誘導手法として取り上げられた。

この報告書を受けて，1999年11月に「TDM（交通重要マネジメント）東京行動プラン（案）」が策定され，TDM重点施策の7番目としてロードプライシングの導入が提起された。そこでは都内の混雑地域に進入する車の中で，代替交通に乗り換え可能な乗車などについて2003年度を目標に課金することとし

た[15]。

第4節　まちづくりの視点からの財政システムへの転換方向

フランスのストラスブールにおけるLRT導入を巡る経過，またミシャンの議論の紹介などをはじめ本章全体で見てきたように，公共交通を財政の視点から見るということは，個々の短期的な視点からでは解決のできない問題を，社会的なまた長期の視点で考察することによって，よりよい状態に改善するための財政的枠組みを提示することである。

個々の短期的な視点からはマイカー利用者がマイカーの利用を抑制することはきわめて困難である。また商業者や都市政策に携わるものも個別的にはマイカー依存の状況から抜け出すための方策を打ち出すことは困難である。しかし，そのマイカー依存がマイカー利用者にとっても，交通混雑，交通事故，高コストなど多くの問題を生みだし，都心部の空洞化につながり，環境保全，高齢者対応を求める社会の願いに応えることができないでいることも事実である。

たとえばマイカー利用の誰かが渋滞する時間帯に，渋滞する場所へのマイカーでの進入を控えれば，それでもなおマイカーを利用する人は幾分でも渋滞を免れることができ，その分利益を受けることができる。その利益を還元するというのがロードプライシングの発想であろう。商店は駐車場にかかる費用を，駐車場を利用しない歩行者や公共交通機関の利用者に還元すべきだろう。

自動車交通の増大と自動車交通の利便性を高めるための道路整備とをリンクさせてきた財政システムは変更していかなければならないだろう。自動車関係税の扱いについては次のように変更していくべきである。まず自動車重量税のように一般財源でありながら慣例的に道路整備財源として扱われているものは直ちに中止すべきであろう。そして，次に揮発油税，石油ガス税一般財源でありながら道路整備緊急措置法によって道路特定財源とされているものは，5年の期限がきたときには本来の一般財源に戻すべきである。このように国の道路

整備財源を削減し，国が主体となる道路整備を縮小していくべきである。道路整備の主体は地方公共団体にシフトさせていくべきである。

一方，地方公共団体の道路整備についても発想を大きく転換すべきであろう。つまり，自動車交通特にマイカーの利便性を高めるという視点から（少なくともその視点からだけ）の道路整備ではなく，歩行者をはじめすべての道路利用者のための視点からの道路整備を考えるべきである。道路は人や物が移動するためだけのものではなく，子供が遊び，立ち話をし，散歩や夕涼みをする場所でもある。

移動手段，とくに自動車による移動手段としてのみ道路をとらえ，その道路を中心としてまちづくり，地域づくりを考えるのではなく，まちづくり，地域づくりそしてそこに暮らす人々の生活を中心として，そのために役立つ道路づくりを考えるべきである。とくに都市の場合この視点が必要である。「現代の都市開発では，道路が第1で，第2が建物，そして最後が歩行空間となっているが，正しい順序は全く逆でなければならない。計画の前に道路で都市の輪郭を決めるのではなく，計画の後に，建物に合わせて道路を延ばすという方式をとらないと，良質の外部空間は生まれない」（間宮陽介［1991：173］）のである。

地方公共団体の道路特定財源も本来は一般財源化するのが望ましい。それが直ちに行えないのであれば，歩行者やまちづくりの視点からの道路整備に優先的に資金が使われるようなシステムを構築していくべきである。地方交付税の道路橋梁費の測定単位である道路面積や延長にも改善が必要であろう。

これまでにも何度となく繰り返してきたことであるが，公共交通の問題を考えるとき，中・長期的な視点からは自動車特にマイカーの代替手段として考えるのではなく，街づくり，地域づくり，そこに暮らす人々の生活の視点から問題をとらえ，そうした視点の延長線上に公共交通の問題を考え，それを可能にするシステムを構築すべきである。

もちろん短期的には公共交通の拡充を優先させる必要があろう。そして，街の構造がマイカー優先になっている現状では公共交通の赤字はさけられない。この赤字を何らかの形で国や地方公共団体が負担していかなければならいだろ

う。しかし，同時にLRTに代表されるような，マイカーに代わり環境，歩行者や生活者に優しいまちづくりに貢献する基盤整備を進める方向性を出していくべきである。そのための財政システムの構築が必要となろう。

日本の公営事業は独立採算性を原則としており，鉄道・軌道の用地買収やインフラ整備も事業者が負担するのが原則であった。しかし，先にふれたように地下鉄建設には対象工事費の70%を国と地方が補助し，民鉄線には鉄建公団の建設譲渡方式と一定の利子補給制度があり，新交通システム（ATG）やモノレールにはインフラ補助制度と交付税措置，起債が認められている。このような財政支援を受けることによって，各地で地下鉄，新交通システム，モノレールなどの新増設が進められたのである。一方，路面電車に対する財政支援は不十分であった。

1990年代の半ばになってようやく風向きが変わってきた。95年，都心交通改善企業の拡充，歩行空間の支障物件移設（電停の施設整備，センターポール化）が補助対象になる。97年には，公共交通事業の制度拡充，公共交通機関の利用促進施設（センターポール化，電停のシェルター）が補助対象に付け加えられた。97年には路面電車空間改築事業が創設され，路面電車の走行できる路面等の整備が補助対象になった。98年には「路面電車走行空間改築事業法」ができ，軌道の延伸と新設にかかる軌道路盤に対する補助を，国はガソリン税を財源に行い，地方公共団体は国と同額を一般財源から補助できるようにした。

こうした動きは，遅々としてではあるが21世紀に向けても進行している。例えば，2001年度予算において，道路整備事業のうち空港や鉄道などと有機的に連携して整備する「交通連携」事業が前年度比12%増2,500億円，都市環境整備事業も4,471億円と9%増，道路公害訴訟で和解が相次いだことを背景に，沿道の環境を改善する道路環境整備が8%増，まちづくりについて地方自治体に使途をゆだねる統合補助金の拡充などで市街地整備事業が9%伸びた（『毎日新聞』2000年12月21日）。

これらの政策にはまだまだ問題点も多い。しかし，まちづくりを念頭に置い

た公共交通と，それを支える財政システムを構想していく上で1つの参考になるだろう。あるいは，その一里塚となるような模索を続けていく必要があろう。

【注】

1) 東京都内では，「渋滞が慢性化し，特に23区内では混雑時の平均速度は18.5kmとなっている。都の試算によると，こうした渋滞は年間4兆9,000億円の経済損失になっている」(『毎日新聞』2000年2月22日)。

2) 歩行者に優しい街という点からみて，日本の道路とくに市町村道など生活に密着しているはずの道路の状況はひどい。歩道橋などは車優先，歩行者軽視の典型的な事例の1つといえようが，道路整備の仕方自体も車優先，歩行者軽視のものとなっている。交差点で段差がつくのは歩道の方で，車道は段差なく通行できる。段差は車椅子利用者にとっては勿論，障害者，高齢者にとって極めて不便である。さらに，1996年時点で歩道が設置されている道路は一般国道では54%であるが，一般都道府県道では24%，市町村道では6%にしかすぎない(建設省ホームページ「道路種類別統計資料」2000年2月26日より)。

3) 20世紀末には携帯電話の台数が固定電話の台数を上回り，パソコンの出荷台数がテレビの出荷台数を上回るようになった。

4) 私はここで，1950年代後半に経済成長の「隘路」が問題にされるようになり，隘路打開のための公共投資の必要性が強調されるようになるが，それは現実に発生している「隘路」への対応というよりも国際競争力を持つ産業構造を作り上げていくための全国的，基幹的産業基盤整備を国主導で行っていったものであることを指摘した。

5) 中山はここで次のような指摘をしている。①世界ゼネコン契約高ベスト25の中で，18の企業が日本の企業であり，しかも1番から6番までがすべて日本の企業であること。②非鉄金属鉱物(84.0%)，窯業・土石製品(76.3%)，製材・木製品(69.8%)，鉄鋼関連(56.0%)，金属製品(54.4%)など，建設投資に多くの素材型産業が高い依存度を示していることである。

6) 行政投資については，自治大臣官房地域政策室『行政投資』(各年度版)を参照のこと。

7) なお,この比率は1970年代後半から80年代前半にかけて20%以下の水準に低下するが,その後回復し再び1/4を上回る水準になっている。
8) 私がLRTを初めて見たのは,高崎経済大学特別研究奨励金によって1999年10月から11月にかけて地球温暖化防止ボン会議に出席した際に,川の対岸に位置するフランスのストラスブールに出かけたときである。この時,LRTそして一般に公共交通の整備がマイカーに変わる代替的な交通手段の問題としてだけ考えてはならないにこと,都市のあり方,さらに人々の暮らしのあり方の問題として考えなければならないことを痛感した。なおLRTに関する様々の知識は,同行した同僚の大島堅一ゼミの南聡一郎君から貴重なアドバイスを受けた。記して感謝したい。
9) ここでの記述は,『日本経済新聞』2000年2月12日「復権! 路面電車」を参照した。
10) 高崎の都市圏人口は日経産業消費研究所による(『日本経済新聞』1999月9月16日)。
11) 以下の各国の事例紹介の中で引用文献の指摘を行っていないところは,佐藤芳彦 [1996:43-44] および佐藤芳彦 [1977:46-47] より引用している。
12) 路線延長は愛知県の豊橋鉄道が1982年に約600mの新線を開業して以来,96年に同鉄道が起点を150m移転して結果的に延伸になった例があるだけである。LRTの導入はない。
13) 注9) に同じ。
14) 交通需要マネジメント会議は,東京都と警察庁,運輸省,環境庁などの国の機関,学識経験者で構成されている。
15) 東京都のTDM構想,ロードプライシングについては東京都のホームページ(2000年2月14日)より検索した。http://www.toukyou.jp./index.htm

【引用・参考文献】

井村喜代子 [1993] 『現代日本経済論』有斐閣。
大蔵省 [1999a] 『財政統計月報』564号,4月,大蔵省印刷局。
――― [1999b] 『財政金融統計月報』565号,5月,大蔵省印刷局。

岡並木［1996］「都市交通はいかにあるべきか」『鉄道ジャーナル』362号，12月．
加藤一郎［1998］『公共事業と地方分権』日本経済評論社．
建設省ホームページ，http://www.moc.go.jp
国立社会保障。人口問題研究所ホームページ，http://www.ipss.go.jp/tohkei/Data/Popular/07-01.htm
佐藤芳彦［1996］「押収都市交通の現状」『鉄道ジャーナル』362号，12月．
「ヨーロッパの都市交通におけるLRT」［1977］『鉄道ジャーナル』374号，12月．
自治省編［1999］『地方財政白書　平成11年版』大蔵省印刷局．
自治大臣官房地域政策室『行政投資』（各年度版）財団法人地方財務協会．
石油連盟財務部［1996］『石油税制便覧（平成8年度版）』．
『知恵蔵』［1999］朝日新聞社．
総務庁統計局監修［1998］（財）日本統計協会編集『統計で見る日本　1999』（財）日本統計協会．
東京都ホームページ，http://www.toukyou.jp/index.htm．
中山徹［1998］『公共事業依存国家』自治体研究社．
21世紀都市交通国民会議［1999］『路面電車の大逆襲！』水曜社．
間宮陽介［1991］「都市の形成」宇沢弘文・茂木愛一郎編『社会的共通資本　コモンズと都市』東京大学出版会．
ミシャン［1969］E. J. Mishan "Growth : The Price We Pay". E. j.（都留重人監訳［1971］『経済成長の代価』岩波書店）．
宮川浩一［1996］「ヨーロッパの街づくりと交通をみる」『鉄道ジャーナル』362号，12月．
服部重敬［1999］「『都市の装置』としてのライトレール」『鉄道ジャーナル』397号，11月．

【付記】　本稿は，1999年度高崎経済大学特別研究奨励金の支給を受けて執筆されている．

第8章 路面電車の再評価とまちづくり
――地方都市におけるLRT導入への視点――

西野 寿章

　多くの日本の地方都市では，居住地や商業地の郊外化が進んで，中心部の空洞化が進んでいる。郊外の開発は，公共交通の整備を伴わず，自動車による移動が前提とされている。そのため，自動車を持たねば日常生活が成り立たない状況が作り上げられ，このことは公共交通を著しく衰退させている。しかし，高齢社会の到来を間近にした今，このままの状態でよいのだろうか。80年代以降，欧米の地方都市では，「ひと・まち・環境に優しい都市の交通機関」として路面電車が見直され，新しい快適商業空間に変身した中心市街地への乗り物として活躍している。この背景には，過度の自動車依存社会への反省から，「街を人間の手に取り戻す」ことへ思考が高まり，地域理念も見直された。公共交通の衰退が著しい日本の地方都市で，路面電車を新規に導入することは不可能なのだろうか。本稿ではその可能性を探った。

第1節　欧米における路面電車の再評価

近年,自動車依存社会の行き詰まり,中心市街地の活力低下,誰もが使いやすい交通環境の整備の必要性,公共交通の機能低下などを背景として,路面電車が再評価されはじめている。自動車は個人の自由な移動を可能にする反面,道路や駐車場などへの投資負担の増大,道路渋滞,交通事故などによる経済損失,都市機能の低下,排気ガス,騒音などによる環境への負荷の増大が起き,地球温暖化が進む中,自動車が排する二酸化炭素の排出削減は地球レベルの問題となっていることは周知のとおりである。

また,大型商業施設の郊外立地に伴う中心市街地の活力低下は,多くの地方都市が経験しており,都市再開発によって抜本的な都市機能の見直しと再生が議論されているが,決定的な方策は欠いたままである。とりわけ,1980年代後半からのバブル経済期における地方都市の開発は経済原理が著しく先行したため,一定の面積が確保可能で,地価が安価な郊外地域に居住地,商業地の開発が促進され,都心部の空洞化は一層顕著となり,理念なき都市が生み出された。これらの開発は,自動車による移動が前提とされた自動車社会型地域開発と言ってよい。

大都市圏以外の地方中都市では,人口規模が大都市圏に比して小さいだけでなく,とりわけ平野部に立地する地方都市では,郊外に開発可能な農地などを有している土地利用上の特性から自動車の高普及が実現し,そのため公共交通機関が十分に成立するだけの条件が整わず,公共交通の廃止や衰退が著しいものとなっている。現在もその延長線上にあり,それゆえに,高齢社会の到来をふまえ,公共交通を欠いた地方都市の姿を真剣に見直すことが重要となっている。さらに今後,高齢者や障害者の社会への積極的参加を推進するためにも,誰もが利用できる公共交通機関が必要となり,具体的方策を検討せねばならなくなっているが,自動車の普及は公共交通機関の必要性への認識を希薄化させ,

それを妨げている。

　高崎市が1997年に実施した市民アンケート結果（高崎市［1998］）によれば，今後の高崎市に望むもののトップは「福祉・医療が充実したまち」（回答率36.6％）であったが，「バスなどの公共交通が充実した利用しやすいまち」（同32.2％）がつぎ，福祉・医療にならんで，公共交通が重要だと意識している市民の多いことがわかった。これは，モータリゼーションの著しい進展により，公共交通の成立が困難となっている地方都市の一断面を示すものとして留意すべきであり，今後の高齢化の進展，地球規模での環境問題，中心市街地の活性化問題などをふまえれば，地域交通システムの確立が重要な課題の1つとして浮上していることが理解される。

　この点で，欧米の都市における路面電車の再評価の動きは注目してよい。欧米では路面電車をLRT（Light Rail Transit）と呼び，「ひと・まち・環境に優しい都市の交通機関」としての位置づけが明確化されている[1]。単に交通機関として路面電車を整備しようとするものではなく，誰もが普通に利用できる超低床の路面電車の導入によってプラットホームと電車との段差をなくしてバリアフリー化を図り，またパーク＆ライド方式による都心部への自動車の乗り入れ抑制によって路面電車の利用を促進し，自動車の乗り入れを禁止したトランジットモールによって快適商業空間を形成して，環境問題やエネルギー問題にも対応した新しい都市の姿を実現している点は注目される。

　すなわち，都心部の活性化による都市機能の整備，土地の高度利用，高齢社会におけるコミュニティ形成，ノーマライゼーションの推進，地球環境問題への対応など，わが国の地方都市が抱えている問題解決の方策を検討するのに示唆的である。そのさい，欧米の都市と日本の都市とでは，国や地域の成り立ちや風土性の違い，価値観に違いがあるにせよ，明確な理念が示せず，経済原理によって無秩序な開発が進んで，これからのあるべき姿が見えにくくなっているわが国の地方都市の整備方向のひとつとして参考にすべき点は多い。それは，ハード面にとどまらず，街の本来のあり方を再考した地域理念に見習うべき点が多いからである。

そもそも世界で路面電車への再評価が始まった背景には、都心部の空洞化による活力低下など、わが国の地方都市が同様に抱えている地域問題をはじめ、地球環境問題への対応などがあるが、最大の要因は、自動車社会の行き詰まりにある。デンマークでは、エネルギーのアウタルキー（自給自足圏）形成とともに、トラフックカーミング（交通沈静化）を国家の目標として掲げ、爆発する自動車交通をいかに抑制して、「街を人間の手に取り戻す」ことへの思考が高まった（内橋［1995］）。そして、都心部で利用を抑制された自動車に代わって都心部への乗り物として整備されたのが、「ひと・まち・環境に優しい都市の交通機関」としてのLRTであった。とりわけ、西ヨーロッパに次々と出現している超低床路面電車とトランジットモールの組み合わせは、自動車社会では実現できない「ゆったりとした時間」を取り戻すことに成功した（内橋［1995］）。

　これらは、わが国の地方都市における中心市街地の活性化問題や、新しい都市景観の形成に示唆的であるばかりではなく、高齢化社会、環境問題にも対応した21世紀の都市のあり方の手本とも言えよう。そのさい路面電車が見直された背景には、LRTの建設費が地下鉄の1/10で済むことや、LRTの建設を支援する各国の財政支援制度もあるが、LRTは単なる輸送機関ではなく、新しい都市システムの主役、装置として位置づけられている点が重要である。

　しかしながら、わが国においては、モータリゼーションの進展によって各地に走っていた路面電車は相次いで廃止され、大都市では路面電車に代わって補助金の出る地下鉄の建設が進められた。現存する路面電車の中には、都市内輸送の中心となっているものもあるが、概して経営的には苦戦を強いられている。わが国においては、路面電車に対する交通政策上の位置づけが低く、それゆえ支援システムが不十分であったことも相まって、経営効率だけがものさしとなって、路面電車が機能的に有する長所を積極的に評価することもなかった。

　そんな中、欧米での路面電車の見直しに影響を受け、わが国においてもこれまで助成の対象外だった路面電車に対して助成、支援が行われることになった。その最初は1995年から建設省の「都市交通改善事業」が拡充され、電停の施

設整備やセンターポール化が補助対象となった。次いで97年から建設省では路面電車の走行できる路面等の整備に国が補助する「路面電車走行空間改築事業」を創設し，同年運輸省では「鉄道施設近代化補助金制度」を創設して，路面電車車両購入費に1/3の助成が始まり，さらに98年からは既存路線の延伸，すなわち新規路線建設費の1/2が補助されるようになるなど路面電車の今後に明るい見通しをつけたように捉えられる。

　しかし，わが国において「鉄道」は，大都市地域における大量輸送機関的位置づけ，整備新幹線の地域振興的位置づけを除けば，わが国の環境政策や地域交通政策において，地球レベルの環境問題やエネルギー問題をも視野に入れた中で，その役割の重要性についての十分な認識があるわけではない。本稿で論じようとしている公共交通の衰退が著しい地方都市の公共交通機関として路面電車を含めた鉄道の重要性が認識されているわけでもない。地球環境の保全は叫ばれるだけで，モータリゼーションの影響を受け，経営効率の悪い鉄道路線は鉄道の環境保全に対する「公益性」がほとんど議論されずに依然として廃止の方向にある。自動車社会の行き詰まりを出発点とした欧米の積極的な動きに比して，わが国の地方都市における交通政策はきわめて脆弱であると言わざるを得ない。

　本稿では以上をふまえ，まず，わが国における路面電車の現状を概観しつつ，欧米での動きをふまえ，都市の公共交通機関としての路面電車の可能性を探究する。そのさい，欧米で路面電車の整備が進められている都市の規模が，わが国における中小都市の規模に類似していることから，大都市地域よりもモータリゼーションの影響を受け，公共交通の衰退が著しいわが国の地方都市地域への導入可能性についても論及したい。

第2節 わが国における路面電車の現状と課題

(1) 概　　観

　わが国における最古の路面電車は，1895（明治28）年に京都市に開業した。
　1950年代半ばには52都市に存在したが，モータリゼーションの進展によって「邪魔物扱い」され，60年代以降廃止が相次ぎ，今や17都市で活躍しているにすぎない。現存している路面電車についても，経営努力により黒字となっている事業体があるものの，中小都市の路面電車では赤字が続いており，存続の危ぶまれている路線もある。
　2000年9月現在，路面電車は公営4，民営10のあわせて14事業者によって運行されている[2]。次ページの表8-1にはその現況をまとめた。それによれば，現存している路面電車の歴史は古く，函館市営，伊予鉄道，阪堺電気軌道などは開業後100年の歴史を刻んできた。現存する路面電車で最も新しい路線は1948年に開業した加越能鉄道である。後述するように，欧米では80年代以降，新設や復活が相次いでいるが，わが国にはそのような路線は存在していない。
　営業距離は，土佐電気鉄道の25.3kmを最長として，名古屋鉄道の23.9km[3]と続き，広島電鉄，阪堺電気軌道なども比較的路線距離が長いが，概して小規模路線が多い。また1日当たりの輸送人員は，広島電鉄の12万人余りが群を抜いて多いことが注目され，長崎電気軌道のおよそ6万人も地域における路面電車の活躍ぶりが伺われるが，多くの路線で輸送人員が伸び悩みあるいは減少しているものと考えられる。それは経営状況に現れており，96年度において黒字を計上した路線は岡山電気軌道，広島電鉄，長崎電気軌道，鹿児島市の4事業者を数えるにすぎず，経営上，苦戦を強いられている。
　これは，バスや地下鉄，あるいは鉄道など，地域内で競合する他の公共交通との関係もあることと考えられるが，地方都市においては，モータリゼーショ

ンの影響を強く受けているものと思われ，表8-1には路面電車所在地域の自動車普及率もあわせて示した。それによれば，路面電車が存在している地域で自動車保有率が100%を超えているのは，豊橋市，岐阜市，富山市，高岡市とその沿線であり，福井市内に路面区間のある福井鉄道の走る福井市，武生市，鯖江市も自動車保有率は，他の路面電車の走る地域に比べ高くなっている。これらの都市を走る路面電車の経営状況に関するデータが明らかでないために，自動車保有率の高い地域の路面電車の経営状況が悪いとは断定できないものの，加越能鉄道，福井鉄道の輸送人員が他の路線に比べ少ないことから，自動車普及率の高い地域における路面電車の分担率は低いものと推測できる。

しかしその一方，自動車普及率は概して大都市地域において低いことは知られているが，地方都市においても自動車普及率の低い都市が存在していることが注目される。長崎市の53.0%，土佐電気鉄道が走る高知市の67.6%，沿線の南国市71.8%，伊野町の69.3%，松山市の69.9%，また熊本市や鹿児島市も全国平均（85.3%）を下回っている。これは，長崎市や鹿児島市のように地形的条件から市街地がコンパクトにまとまりをみせており，郊外化が進んでいないことなど，市街地の構造が自動車普及率と多分に関係しているように考えられる一方，地方都市においても公共交通機関の充実度が自動車普及率と何らかの関係を有しているものとも考えられる。

概して言えば，わが国の都市地域においては，財源的裏づけの得やすい自動車優先の都市計画，道路整備，また路面電車を有した大都市では国から補助金の出る地下鉄の建設が進められてきたこともあり，わが国における路面電車の位置づけは，時代遅れの交通機関として位置づけられている印象が強い。欧米にみられるように，路面電車が都市の中心的な交通機関としての位置づけられるには程遠い現状にあると言える。

しかし近年，欧米における路面電車の復権に影響され，1997年の熊本市交通局，99年の広島電鉄におけるドイツ製の超低床路面電車の導入は，路面電車の復権を予感させる出来事として注目を集めている。また鹿児島市電は一時路線の縮小が進められたが，87年度から91年度にかけて21世紀へつなぐ新

表 8-1　日本の路面

都市名	事業者名	開業年	距離 (km)	電停駅数	1日当たり輸送人員(人)	営業損益 (100万円)	初乗運賃 (円)
札幌	札幌市	1910	8.5	23	24,180	▲3,001	170
函館	函館市	1897	10.9	26	22,780	▲ 369	200
豊橋	豊橋鉄道	1925	5.4	13	8,305	?	150
岐阜	名古屋鉄道	1911	23.9	29	18,310	?	160
富山	富山地方鉄道	1913	6.4	20	13,990	?	200
高岡	加越能鉄道	1948	12.8	24	3,350	▲ 37	160
大阪	阪堺電気軌道	1900	18.7	41	32,000	▲ 276	200
岡山	岡山電気軌道	1912	4.7	15	11,810	103	140
広島	広島電鉄	1912	18.8	61	122,940	890	150
高知	土佐電気鉄道	1904	25.3	67	20,774	▲ 212	180
松山	伊予鉄道	1895	9.6	27	22,960	?	170
長崎	長崎電気軌道	1915	11.5	39	58,860	146	100
熊本	熊本市	1924	12.1	35	29,320	▲ 383	130
鹿児島	鹿児島市	1914	13.1	35	29,830	246	160
準路面電車線							
東京	東京都	1882	12.2	29	61,970	▲1,505	160
東京	東京急行電鉄	1907	5.1	10	47,820	?	130
福井	福井鉄道	1933	21.4	23	4,800	▲61	180
京都	京福鉄道	1910	11.0	20	25,970	?	180

(注)　1．電停数，駅数については，『鉄道ピクトリアル』688号「特集　路面電車～LRL」(鉄道図書
　　　2．1日当たり輸送人員ならびに初乗運賃については，RACDA編著［1999］『路面電車とまちづ
　　　3．営業損益は，運輸政策研究機構発行『数字で見る鉄道』，1998年所収データ。年次は1996
　　　4．名古屋鉄道の路線は，岐阜市内線3.7km，美濃町線18.8km，田神線1.4kmからなっている。
　　　5．自動車保有率は，100世帯当たりの保有率を示す。『地域経済総覧』（東洋経済新報社）によ

しいまちづくりの一環として「市電センターポール事業」を推進した。この事業の推進によって，定時性，速達性など路面電車の走行環境が向上したばかりでなく，電停整備による乗客の安全の確保，路面電車の都市交通機関としての地位向上が図られた（**写真1**，216ページ）。この鹿児島市の「市電センターポール事業」は，まだ建設省の補助制度がない時期のものであり，豊橋市，岡山市などで進められたセンターポール化の魁けとなった。この鹿児島市の取り

第8章　路面電車の再評価とまちづくり　215

電車の現況

人口 (1995)	自動車保有率（1995）	沿線都市人口・自動車保有率　備　考
1,756,968	79.0	
298,868	75.3	
352,913	114.6	
407,145	118.2	関市（71,916人，136.7％）
325,303	113.8	
173,612	116.0	新湊市（38,490人，118.9％）
2,602,352	47.8	堺市（802,965人，70.7％）
616,056	87.8	
1,108,868	74.9	
322,077	67.6	南国市（48,189人，71.8％），伊野町（25,441人，69.3％）
460,870	69.9	
438,724	53.0	
650,322	81.7	
546,294	76.9	
1,035,794	36.6	人口は沿線の荒川区,北区,豊島区,新宿区の合計。保有率は平均。
781,399	52.8	人口，自動車保有率共，世田谷区のデータ。
255,601	99.8	武生市（71,110人，101.4％），鯖江市（62,892人，126.9％）
1,463,601	65.3	

刊行会，2000年）所収路線図等から算定。
くり』106〜107ページ掲載の「日本の路面電車の詳細データ」より。年次は1997年。
年。

る。

組みは，早い時期に路面電車の公共交通機関としての地位を都市の中に位置づけたという点で高く評価される。

　また岡山市における市民と行政，鉄道会社が一体的となった路面電車を核とした都市づくりの議論の高まり[4]や市民グループによる「路面電車サミット」の開催[5]などは，都市住民が路面電車を再評価し始めたものとして注目される。これらに呼応して，政府も路面電車整備への財政的支援を開始するなど，わが

写真1 全国に魁てセンターポール化を行った鹿児島市電（筆者撮影 2000.10）

国においても路面電車の見直しが始まった。

しかし現存する路面電車は，必ずしも利用しやすい環境になく，一部を除けば自動車の普及と沿線人口の減少も相まって利用者は減少傾向にあって，経営に問題を抱えている路線も多い。そのため，路面電車の存続が危ぶまれている路線や，自動車優先の道路交通政策などによって路面電車が持つ機能が十分に発揮できないでいる路線も見受けられ，欧米の LRT には程遠い状況にある。

以下，わが国に存在する路面電車の現況について，現地視察結果もふまえて概観する。

(2) 路面電車の現状

① 東北日本の路面電車

かつては旭川市にも路面電車が存在したが，今では現存する最北の路面電車は札幌市電である。札幌市電は，1960 年代の最盛期には約 25km の路線を有したが，72 年の札幌オリンピック開催にあわせて開業した地下鉄南北線建設に伴って路線が縮小されたが，市電は地下鉄を補完する交通機関として存続されることになり，現在はほぼ環状線状の 8.5km を運行している。

札幌市では毎月 5 日と 20 日を「さわやかノーカーデー」と定め，車の使用を控えて公共交通機関の利用を促すとともに，地下鉄，市営バス，市電に乗り放題の「さわやかノーカーデー」専用の 1 日乗車券「エコキップ」を発売しているほか，市電利用者には，もいわ山ロープウェイ料金の割引制度を設けるな

ど公共交通の利用促進を積極的に図っている。また，起終点の西四丁目とすすきのの間は400mの距離にあり，近年，両起終点間を結んで環状化させる計画が打ち出され，札幌市では1998年に「路面電車活用方策調査検討委員会」を設置して，具体案の策定に乗り出している（早川［2000ａ］）。

　道南の中心都市・函館にも市電が現存する。最盛期の1960年代前半には17.1kmを運行していたが，モータリゼーションの進展に加えて，基幹産業の漁業，造船業の衰退により乗客が減少したのに伴って路線の廃止が行われ，現在は10.9kmとなっている。乗客は減少し続けており，函館市では交通事業の民営化を打ち出し，市バスの民間への委譲，民営バスとの一本化が具体化されようとしており，市電の行方も不透明なものとなっている（早川［2000ｂ］）。

　東北地方には，かつて秋田市，仙台市に路面電車が存在したがいずれも廃止され，関東地方においては横浜市，川崎市，小田原市，高崎市，前橋市，甲信越地方では松本市，甲府市，新潟市に路面電車が存在したが，いずれも廃止されている。

　関東地方では，都電荒川線，東京急行電鉄世田谷線が健在である。都電荒川線は，モータリゼーションの影響を受け，大部分の路線が廃止される中，路線沿線の道路事情から代替バスの運行が困難なことなどを理由に存続された（松本［2000］）。都電荒川線には，わずかながら路面軌道区間が存在するが大部分は専用軌道となっている。一方，東京急行電鉄世田谷線は，渋谷・二子玉川園を結んだ路面電車の支線で，1969年の渋谷・二子玉川園間廃止時に代替交通の確保ができないことから存続された路線である（砂田・徳永［2000］）。両線とも路面電車の残存とはいえ，実質的には鉄道的性格が強い。

　② 中部日本の路面電車

　中部地方は比較的路面電車が多く存在している。静岡市，岡崎市，名古屋市，金沢市では廃止されたが，豊橋市，岐阜市，富山市，高岡市，福井市に路面電車が健在である。豊橋市内を走る豊橋鉄道市内線（東田本線）は全長5.4kmと路線距離は短いものの，元気のよい路面電車として注目を集めている。

1982年にはわが国では14年ぶりの路面電車の新線として井原―運動公園前0.6kmが開通し，98年2月には建設省の「路面電車走行空間改築事業」の適用第1号として，駅前電停を豊橋駅ペデストリアンデッキ下まで移動させ150mの路線延長を行ったのは注目される。近年，路線の2km余りがセンターポール化され，路面電車が走る環境は整えられた。近年，豊橋市民の間で路面電車を見直す動きが広がりを見せている。しかし，豊橋市の自動車保有率は高く，自動車王国・愛知にあって，豊橋の路面電車の今後が注目される。

　岐阜市には，名古屋鉄道が経営する路面電車が走っている。JR岐阜駅，名鉄新岐阜駅前と岐阜市街地北西に位置する忠節を結ぶ岐阜市内線 (3.7km) は，忠節から黒野 (大野町)，本揖斐 (揖斐川町)，谷汲 (谷汲村) 方面への揖斐線とつながっており，市内輸送よりもむしろ名古屋方面との結節点である新岐阜駅前と忠節以遠間の輸送のための路線の性格が強くなっている。忠節以遠の揖斐線沿線は，岐阜市のベットタウン的色彩をもちつつも，単線であることや岐阜市内の路面区間における自動車渋滞による遅延の可能性が常にあることなどから敬遠され，県都の中心部と郊外を結ぶという路線の特性を十分に発揮されず輸送量は減少している[6]。また岐阜市内線徹明町・新関間を結ぶ美濃町線と，名鉄新岐阜から美濃町線に接続する田神線にも路面区間が存在する。

　岐阜市内線は，JR岐阜駅前を除いて安全地帯 (プラットホーム) が設けられていない。乗降客の最も多い新岐阜駅前でさえも道路にロープが張ってあるだけであり，それ以外の電停は道路上に白線が敷いてあり，白線の内側を緑色に着色して色で安全地帯であることが識別できる程度である。夜間は安全地帯の範囲が点灯してドライバーに安全地帯の存在を認識させるようになってはいるものの，道路と同一面上にある安全地帯への車の乗り入れは許されており，利用者は常に自動車交通の危険にさらされている。これは道路管理者が「道路幅が狭く自動車交通の障害になる」との理由から安全地帯の設置を許可しないことによっており (堀 [2000])，市内では路面電車のもつ機能，また岐阜市の近郊地域とを結ぶ路線の機能が十分に発揮できない状態にある以上乗客の増加は望めず，路線維持のためにも抜本的な改善が最も求められる路線といえる。

富山市内には富山地方鉄道が経営する路面電車が走っている。路線は1913年に富山電気軌道によって開業したが，業績が振るわず20年には富山市に移管して市営電車として運行されたものの，43年には富山地方鉄道に統合された歴史を有する（内山 [2000a]）。現在は，南富山駅前から富山市の中心市街地，富山駅，富山県庁などを経て富山大学に至る6.4kmが運行され，雪国という地域特性から安全性の高い路面電車は市民の重要な足となっている。

しかしながら，富山市も自動車保有率の高率地域であり，利用客の減少が続いている。富山地方鉄道では，1999年12月から通勤定期持参者の同伴者の運賃が土休日，年末年始に半額となる休日割引（エコ定期）制度を導入している[7]。99年7月，富山市は県都の中長期的な交通体系の活性化策を検討し，路面電車やバスの活性化に向けた課題や方向性を探るために「公共交通研究会」を発足させた。富山市においてもモータリゼーションの影響から公共交通利用者の減少が続いている反面，市街地における渋滞，排気ガスによる環境悪化を招いており，自動車保有の高率地域である富山市がどのように公共交通を位置づけ，活性化方策を見出すのかが注目される。

ところで，現存する路面電車で最も存亡の危機にあったのが，高岡市，新湊市を走る加越能鉄道である。加越能鉄道は，現在の終点である越ノ潟から対岸の堀岡に渡って，富山市へと続く路線（富山地方鉄道射水線）となっていたが，富山新港建設に伴い越ノ潟・堀岡が分断され，ネットワークが失われて，現在の盲腸線的路線となった経緯がある（内山 [2000b]）。高岡市，新湊市ともに自動車保有率の高率地域でもあり，乗客は減少を続けている。路面電車としては1日当たり輸送人員が最も少なく（表8-1），加越能鉄道では廃止を表明した。これに対し，地域住民による路面電車の見直しや活用方法の研究，沿線自治体による第三セクター化案など路線存続の動きが活発化し，環境問題への対応やまちづくりの観点から2000年12月，高岡市，新湊市と富山県は路面電車としては初めて第三セクター化による存続に合意した。

福井市内には，武生・福井間を走る福井鉄道が乗り入れており，福井市中心部の3.3kmが路面区間となっており，郊外型電車が乗り入れているが，路面電

車区間内の利用者は1日平均350人程度に留まり,都市内交通機関としての機能を果たしているとは言いがたい状況にある。福井駅前では,新しい幅員の広い都市計画道路上を走らず,幅員の狭い商店街に福井鉄道の支線が乗り入れている。1969年,福井市が策定した「市街地中心部都市改造計画」において,福井駅前の支線の廃止が明確に提案されたが,75年にはオイルショック等の影響により,エネルギー,環境問題が社会問題化される中で公共交通指向が高まり,廃止提案は撤回された。

その後,88年にはコミュニティマート構想策定において,駅前商店街振興組合が支線部分にトランジットモールの導入を提言したものの,90年には郊外への大型店立地に伴う中心市街地の衰退が深刻化してきたことから,同組合は自動車での買い物を容易にするため支線の撤去申請を福井市に提出するなど,支線の位置づけは二転三転してきた(本多・川上 [1998])。2000年7月,民間の主催による「路面電車とまちづくりを考えるフォーラム2000」が開催された。福井市では,トランジットモールの社会実験に向けた協議会を設立するため,一般市民に参加を呼びかけている。2度も廃止が提案された支線が,路面電車への福井市民の関心の高まりのなか,わが国初のトランジットモールとなるかが注目される。

③ 西日本の路面電車

近畿地方には,かつて京都市,大阪市,神戸市に市電が,和歌山市内に民鉄の路面電車が存在したがいずれも廃止された。大阪ミナミと堺市を結ぶ阪堺電気軌道は,大阪市内に残る唯一の路面電車として活躍している。同線は専用軌道が多く,恵美須町・浜寺公園間では66.4%が専用軌道となっており,また堺市内の併用軌道区間は,戦後の都市計画により,わが国では唯一のグリーンベルトで仕切られたセンターリザベーション区間となっており,良好な走行環境が保たれている(黒田 [2000])。

中国・四国地方の路面電車は,下関市,呉市で廃止されたが,岡山市,広島市,高知市,松山市で活躍している。しかも,元気のよい路面電車の多いのも

特徴的である。まず岡山市には，岡山電気軌道が経営する路面電車が活躍している。現在の路線延長は，路面電車では最も短い4.7kmであるが，自動車の軌道敷内通行禁止，近年のセンターポール化によって自動車との分離が進められて路面電車の走行環境が整備され，利便性が高められた（早川・三田［2000］）。これらにより乗客が増加したものと思われ，1996年度の営業損益は黒字となっている（表8-1）。しかしながら，岡山市においても自動車の高普及，周辺市街地における人口増加，大型商業施設の郊外立地が進んで，中心市街地における人口減少，商店の減少が進んでいる。このような現状を背景に95年10月，路面電車を活用して「人と環境にやさしいトランジットモデル都市」をめざす市民グループRACDAが設立され活躍していること，岡山市においても，路面電車をこれからの岡山市の基幹的交通手段としてより拡充する方策を検討するため，97年度から調査委員会を設置して「まちづくり交通計画調査」を進め，99年度に「LRT整備計画」を策定したことは特筆される。

　岡山市の調査委員会は路面電車の拡充について，① 魅力ある都心空間の形成，② 地域特性に対応し各々の手段の特性を生かした公共交通の強化，③ 交通結節点の利便性の向上，④ 環境への配慮，などの点から非常に効果あるものとし，同委員会では第1期計画として，岡山駅前から市役所，岡山大学付属病院までの延伸計画を提案した。しかし事業採算性の点において課題を有しており，路面電車の延伸の条件として，都心部における自動車利用制限に市民のコンセンサスが得られることが必須となっている（石塚［2000］）。路面電車をめぐって，活発な議論が展開されている岡山市の今後が注目される。

　広島市内には，広島電鉄が路面電車網を張りめぐらせて，市民の重要な足として活躍している。広島電鉄の路線は，市内を走る軌道線と宮島方面への鉄道線からなり，軌道線と鉄道線間には直通電車が運行され，市内交通と市内中心部と郊外を結ぶ2つの役割を担っている。広島電鉄は，わが国の路面電車で最も多い1日12万人余りを運び，営業成績も黒字幅が最も大きくなっている（表8-1）。

　軌道線の乗客は，1966年度の5,400万人をピークに急激に減少し，71年度

には4,200万人に落ち込んだ。減少の要因には，乗り換え券の廃止も引き金の1つとなったが，自家用車の増加による都心部の道路渋滞でスピードダウンし，利用者に見放された側面が大きいとされる。そのため，広島県公安委員会に働きかけ，71年12月から軌道敷内の自動車全面乗り入れを禁止し，路面電車の運行が飛躍的にスムーズになった。その結果，72年度から利用者が持ち直し，73年度には4,500万人まで回復している。74年には電車優先信号機の導入や停留所の整備も行われた。しかし，83年度には3,800万人へと減少し，今度は冷房化や新車の導入などが行われ乗客を取り戻し，91年度には4,500万人まで回復した。その後横ばい状態で，98年度の乗客数は4,300万人となっている（種村[1999]）。

このように広島市では，軌道敷内の自動車全面乗り入れを禁止によって，路面電車が都市交通の装置として機能することになった。1999年に導入された超低床路面電車（GREEN MOVER 写真2）は，広島電鉄が路面電車からLRTへの質的転換を図る契機ともなり，超低床路面電車の導入にあわせて，電停の全てにスロープを取りつけてバリアフリー化も推進している。今後，ヨーロッパで見られるフリーチケット制の導入や，いくつかの軌道延伸計画や新設計画が持たれており注目される（中尾・今城[2000]）。

写真2　広島電鉄の超低床路面電車（斎藤丈士撮影 2000.7）

松山市には，伊予電気鉄道の路面電車が活躍している。市内の主要地区を結ぶ環状線を核として，有名観光地・道後温泉への路線などからなり，広島方面への船が発着する松山港に連絡する伊予鉄道高浜線と3か所で接続しているほか，JR松山駅で予讃本線とも接続するなどして，鉄道

ネットワークが形成されている。

　高知市には，南国市と伊野町を結ぶ土佐電気鉄道の路面電車が活躍している。沿線地域は自動車保有率が他の路面電車を有する地域に比して低いことが特徴的である（表8-1）。土佐電気鉄道においても1960年代のモータリゼーションの進展により乗客が減少したが，70年代後半以降，合理化や運賃改定，県警の協力による右折車対策を行った結果，電車の遅延がなくなり，輸送人員の急激な減少に歯止めがかかった。高知市と南国市（後免）を結ぶ後免線は，近年乗客が増加の傾向にあり，「着席通勤・通学」をめざして，朝7時台には高知市方面の電車を14本を運行している。近年においては，高知市中心部におけるワンコイントラムの試み，沿線4駅におけるパーク&ライドの事業化，商店街と連携した「電車・バスお買い物乗車券」の導入など，乗客増加対策を積極的に試みている（小松［2000］）。

　九州では福岡市，北九州市，大分市，別府市の路面電車は全廃されたが，長崎市，熊本市，鹿児島市に存在し，それぞれに地域の重要な公共交通として活躍している。長崎市には，長崎電気軌道の経営による路面電車が活躍している。長崎電気軌道は，都市規模に比して1日当たりの輸送人員の多いことが特徴的であり（表8-1），路面電車では数少ない黒字経営を続けている。それは，長崎市の地形条件による住宅の立地条件から自動車の普及率が低く，公共交通への依存が高いこと，地形的に制約を受け，市街地が分散せずに一定地域に集中し，路面電車路線が市街地全域をカバーしていることなどが考えられるが，長崎電気軌道では1984年から運賃を均一制で100円を維持し続けていること，軌道敷内諸車通行禁止によるスムーズな運行を実現していることも大きな要因となっている（梨森［2000］）。近年，長崎市が路線延長を検討しており，今後の動向が注目される。

　環境都市をコンセプトとし，公共交通の充実と利用促進を積極的に推進している熊本市の熊本市電は，1997年にわが国初の超低床路面電車（写真3）を導入し，わが国における路面電車復権の大きな原動力となった。熊本市電は63年には25.0 kmの路線を有していたが，人口ドーナツ化，自動車の増加に伴う

写真3 わが国で最初に導入された熊本市電の超低床路面電車(筆者撮影 2000.10)

運行速度の低下などによって乗客数は63年度に4,200万人以上を数えたが，77年度には920万人まで減少し（細井 [2000]），熊本市は78年度末までに市電を全廃し，モノレールを導入することとした（細井 [1997]）。しかし，第1次石油危機によって，バスや自家用車だけに都市輸送をまかせてよいのか，市電を見直し存続させてはどうかという機運が行政の間に広がり（中村 [1997]），現在の路線（12.1km）が存続されることになった。存続決定後は，日本初の冷房路面電車の導入や電停の改良，運行回数の増加，軌道の改良などを行った結果，乗客数が81年度に一時的に1,000万人まで回復したもののその後減少していたのが，89年度の880万人を底として増加に転じ，96年度には1,051万人まで回復した。そして，超低床路面電車の導入は，熊本市民に市電の存在を強くアピールすることにもなった。

全国的に公営の路面電車は廃止の流れにあった時期に存続を決定した熊本市の対応は，歴史的に評価されるべきであろう。なぜならば，この存続決定があったならこそ，21世紀の都市交通の1つの姿ともいえる超低床路面電車を全国に魁て導入し，わが国における路面電車の再評価に大きく貢献したからである。とはいえ，車椅子のまま乗車できる電停は限定されており，電停の改良など，超低床路面電車が本領を発揮できるよう早期の環境整備が望まれる。

最南端に位置する路面電車は，鹿児島市電である。最盛期には19.4kmの路線を有したが，1985年に一部路線が廃止され，現在は13.1kmで運行されている。全国に魁て，88年から鹿児島市の都市景観向上事業の一環として，架線のセンターポール化，軌道改良，停留所改良，新車の導入など積極的な整備が

進められたことは特筆される。この鹿児島市の取り組みは，熊本市とならんでわが国における路面電車の再評価に大きく貢献したと評価できる。その結果，利用客の減少に歯止めがかかっており（橋本［2000］），経営も96年では黒字を計上している。鹿児島市では，環境保全の立場からも路面電車やバスの公共交通の利用を市民に啓発している[9]。今後は，JR西鹿児島駅前の路線を駅舎に最も近いところに移設することが決定しており，さらに鹿児島市では一部路線延伸の計画案も打ち出すなど，都市交通の要としてさらなる活躍が期待されている。

近年，わが国においても路面電車の整備に対する補助制度が整備され，路面電車廃止都市における復活，新規開業も不可能ではなくなってきた。現在，前橋市，さいたま市，尼崎市，奈良市など全国20あまりの都市で路面電車の新規導入が検討されている。国土交通省では，2001年度重点施策の都市基盤整備事業に，路面電車の停留所を乗り換えがしやすいように駅前広場に軌道を引き込む事業を盛り込むなど，路面電車の見直しが始まった。

④ 課　題

以上，わが国における路面電車の現状を概観してきたが，各路線の現状や筆者の現地視察結果などをふまえ，わが国における路面電車の課題について述べておきたい。

路面電車が地域で活躍できる条件は，まず第1に路面電車にとって望ましい走行環境が整えられることにある。第2次世界大戦後，モータリゼーションが急速に進展する中，路面電車は自動車やバスから邪魔者扱いされ廃止に追い込まれた。最も早く路面電車の廃止が行われたのは群馬県であった。高崎・渋川間の東武鉄道の路面電車は，道路の拡張や舗装を理由に高崎市が廃止を要望したことから1953年に廃止され，前橋・渋川間の路線も，前橋市が都市復興計画を理由に市内の運転休止を要望したことが契機となって54年に廃止された（狩野・高橋・大島［1998］）。

大都市地域よりも地方都市で早い時期に路面電車が廃止されたのは意外な事

実であるが，自動車交通の普及を予想しての道路拡幅など都市計画上の理由によって，地域が路面電車の廃止を要請したケースは高崎市，前橋市以外に松本市にもみられた（佐藤 [1998]）。これらは，路面電車よりも利便性の高い自動車交通に対する地域の期待が高かったことを物語るものと捉えられる。加えてモータリゼーションの進展に対応した1963年の道路交通法改正は，自動車の路面電車の軌道敷内通行を促進した。わが国最古の歴史を有した京都市電は，市電が現在の道路の骨格形成に寄与したにもかかわらず，幅員の狭さから軌道敷内の自動車通行を認めていたことから，路面電車が交通渋滞に巻き込まれ，そのため所要時間の増加を余儀なくされ乗客が減少するという悪循環を招き，近代化されることなく78年に全廃された（Jean CARTAN・TOSHIAKI NISHINO [1977]）。

　広島電鉄の路面電車が公安委員会の協力を得て，軌道敷内の自動車全面乗り入れを禁止したことや路面電車優先の信号システムの導入などからよみがえったことなどから，路面電車の速達性，定時制を確保するには，阪堺電気軌道に見られるようなセンターリザベーション方式や，鹿児島市電を最初として，札幌市，豊橋市，岡山市，長崎市などで進められているセンターポール化によって自動車の進入，右折車両による電車の進路妨害を防ぐことが重要であろう。幸いに，現存する路面電車の多くは，戦後復興の都市計画の中で拡幅された幅員の広い道路上を走る区間も多く，これらに対応が可能な路線も多いと考えられる。加えて，路面電車と自動車が共存するため，ドライバーが路面電車を理解し得るような行政指導，意識啓発も重要であろう。

　この点で，岐阜市内を走る名古屋鉄道の路面電車は，その機能が十分に発揮できない典型例として多くの課題を有している。岐阜市内線は全線で軌道敷内への自動車乗り入れを認め，道路幅員の関係から電停の安全地帯（プラットホーム）すら設置できない状況にある（**写真4**）。最新鋭の路面電車を導入したものの，渋滞による遅延[10]は日常的であり，岐阜市中心部と郊外地域を結びながらも所要時間の増大，定時性の確保の難しさから十分に鉄道としての機能を発揮できず利用者は年々減少し，自動車や他の交通機関の利用へと流れ，そ

の将来は安泰とは言えない。

　岐阜市内線の本来持つ機能，揖斐線との直行というLRT並みの路線特性を十分に生かすためには鉄道会社と行政が協調して，自動車軌道敷内乗り入れ禁止措置の実施や安全地帯の早期設置が望まれる。岐阜市では大手百貨店が撤退するなど，中心市街地の空洞化が目立ってきており，地域の財産として路面電車を活用した都心部の活性化計画の策定を期待したい。

写真4　LRT的機能が十分に発揮できない名鉄岐阜市内線（筆者撮影1999.3）

　ところで，欧米のLRTは乗務員が運賃収受に関与するのではなく，乗客がセルフサービスで改札を行う「信用乗車方式」（セルフ・チェック制）が広く普及している。服部重敬によれば，この方式により，① ワンマン運転でありながら，乗務員が運賃収受を行わないため，乗客が全ての扉から乗降でき，表定速度を向上できる，② それにより，乗務員ひとりで最大100mに及ぶ長大な編成が運転できるという大きな輸送力と高い生産性が確保できる，③ 乗車券確認のための設備が簡略化できる，という利点が，都市交通システムとしてLRTが機能でき，バスに対して優位性を示すことができる理由のひとつとなっている。信用乗車の導入路線では，抜き打ちで車内検札を行い，有効な乗車券を所持していない場合は，理由の如何を問わず，正規運賃の数十倍のペナルティ運賃を課して牽制を行っている（服部[2000]）。この信用乗車方式を参考にするならば，第2には路面電車を大きな輸送力を持つ交通機関として見直すことが重要である。

　日本の路面電車は，一般的に1両で走ることが多く，1回の輸送人員も小規模なものとなっている。広島電鉄が導入した超低床路面電車は，全長30.52m

の欧米並みの車長，152人の乗車定員を有するがワンマン運転ではなく，運転士のほかに車掌が乗務して料金収受を行っており，運用上の合理化に課題があるように見受けられる。これは熊本市の超低床路面電車も同様である。日本の風土には，信用乗車方式は馴染まないとする見解もあるが（里田[2000]），21世紀の都市の交通機関として路面電車を位置づけるには，後述するように自動車の抑制だけでなく，信用乗車方式を成立させるためには，交通システムを支える市民意識も重要であることを示唆している。

第3節　欧米におけるLRTシステムの展開とその背景

表8-2は，国別に世界の路面電車の動向をまとめたものである。それによれば路面電車は47カ国，335都市で活躍している。国別ではロシアの72都市が最も多く，次いでドイツの56都市，ウクライナの25都市，アメリカと日本の19都市[11]と続いている。ロシア，ウクライナの両国で世界のおよそ1/3を占めている。両国を含めたCIS（独立国家共同体）諸国の1992年における自動車保有台数は人口100人当たり8.2台となっており，これはアメリカ合衆国の74.6台，ドイツの49.9台，日本の49.6台に比べて著しく少なく，計画経済下において進められた地域交通システムのあり方がうかがわれる。

先進国ではドイツの多さが目立っているが，日本，アメリカ合衆国の19都市も，世界的に見れば路面電車の多い国に分類されよう。しかし日本で現在活躍している路面電車は，いわば生き残ったものであり，新しい交通システムとして位置づけられるものではない。その点，海外ではLRTを新しい都市システムの主軸に位置づけて，新設する都市が現われてきたことは注目される。

モータリゼーションの進展によって，それまで都市交通の中心であった路面電車が道路混雑の原因として，アメリカでは1930年代から50年代にかけて，ヨーロッパでは50年代にその撤去が進められたが，交通渋滞は緩和されず，大気汚染や地球温暖化問題，石油などの天然資源の枯渇というエネルギー問題

表8-2 世界の国別路面電車存在都市数

国　名	都市数	主　な　都　市
日本	19	表8-1参照
中国	5	大連，長春，鞍山，香港，香港（新界）
北朝鮮	1	平壌
フィリピン	1	マニラ
マレーシア	1	クアラルンプール
インド	1	カルカッタ
オーストラリア	3	シドニー，メルボルン，アデレード
カナダ	3	エドモントン，カルガリー，トロント
アメリカ	19	ダラス，デンバー，ロサンゼルス，ピッツバーク，サクラメント，サンフランシスコ，ボストンほか
メキシコ	3	メキシコシティー，モンテレー，グアダラハラ
ブラジル	2	リオデジャネイロ，カンポス
アルゼンチン	1	ブエノスアイレス
エジプト	4	カイロ，ヘルワン，ヘリオポリス，アレキサンドリア
チュニジア	1	チュニス
オーストリア	5	ウィーン，インスブルック，グラーツ，リンツ，グムンデン
ベルギー	5	ブリュッセル，アントワープ，ヘント，オーステンド
フィンランド	1	ヘルシンキ
フランス	8	パリ，グルノーブル，ナント，マルセイユ，ストラスブール，リール，ルーアン，サンテテンヌ
ドイツ	56	ベルリン，ボン，ブレーメン，ドレスデン，フランクフルト，フライブルグ，ミュンヘン，カールスルーエ，シュツットガルト，ケルン，ハイデルベルグ，オーバーハウゼンほか
イタリア	6	ローマ，ミラノ，ナポリ，トリノ，ジェノバ，トリエステ
オランダ	4	アムステルダム，ハーグ，ロッテルダム，ユトレヒト
ノルウェー	2	オスロ，トロンハイム
ポルトガル	2	リスボン，ポルト
スペイン	2	ソラー，バレンシア
スウェーデン	3	ストックホルム，イェーテボリ，ノルチェビング
スイス	7	ジュネーブ，バーゼル，ローザンヌ，チューリッヒ，ベルン，ベー，ヌシャテル
イギリス	5	ロンドン，マンチェスター，ブラックプール，シェフィールドほか
ボスニア	1	サラエボ
ブルガリア	1	ソフィア
クロアチア	2	ザグレブ，オシエク
チェコ	7	プラハ，ブルノ，リベレツ，モストほか
ハンガリー	4	ブダペスト，デブレツェンほか
ポーランド	14	ワルシャワ，ビドゴーシチ，チェンストホバ，グダニスクほか
ルーマニア	15	ブカレスト，アラド，コンスタンツァ，ガラツほか
スロバキア	2	ブラチスラバ，コシツェ
トルコ	3	アンカラ，イスタンブール，コンヤ
ユーゴスラビア	1	ベオグラード
アルメニア	1	エレバン
アゼルバイジャン	2	バクー，スムガイト
ベラルーシ	4	ミンスク，モジリ，ノボポロスク，ビテブスク
エストニア	1	タリン
グルジア	1	トビリシ
カザフスタン	5	アルマトイ，ウストカメノゴルスク，パブローダール，カラガンダ，テルミタウ
ラトビア	3	ダウガフピルス．リエパヤ，リガ
ロシア	72	モスクワ，イルクーツク，カザン，ハバロフスク，ウラジオストクほか
ウクライナ	25	キエフ，リボフ，ジトミル，ビンニツァ，アデエフカほか
ウズベキスタン	1	タシケント

(出所) RACDA編著[1999]『路面電車とまちづくり』学芸出版社，88～96ページ所収，世界の路面電車リストより作成．

が指摘されるようになる中，旧西ドイツ，スイス，オーストリア，オランダなどでは，路面電車の特性を生かしながら，時代にマッチするよう，ソフトとハードの両面から路面電車に改良が加えられていった（柚原・服部［1996］）。

　路面電車をまちづくりの支援施設として有効性を認め，積極的に活用を図っていく動きが最初に生まれたのは，60年代のドイツであり，その背景には，モータリゼーションの進展により発生したインナーシティー問題があった。自動車の利用を規制しながら都心の活性化を図るために，輸送力の大きな路面電車の技術革新が進められ，ホームと車両の高さをあわせて乗りやすくしたり，軌道の専用化でより高速運転を行うことを可能とした。このように改良された路面電車のシステムを LRT と呼ぶようになり，これからの時代に通用する都市交通機関であることを実証した（柚原・服部［1996 a］）。

　このようなドイツの動きは，欧米に広がり，既存の路面電車の改良が進められた。その際注目すべきは，わが国で相次いで路面電車が廃止されていった時期に，欧米では一度路面電車が廃止された都市において，その復活が見られたことであり，新設する都市も現れたことである。その最初は，1978年のカナダ・エドモントンにおける路面電車の復活であった。そこで表8-3には，78年以降に開業した路面電車の国別状況をまとめた。それによれば，78年以降に開業した路面電車が最も多いのは自動車王国・アメリカの12都市で，次いでイギリスの6都市，フランスの5都市の順となっている。

　アメリカでは，36年ぶりに復活した1986年開業のポートランドを皮切りに，路面電車の復活，新設が行われている。青木栄一によれば，アメリカの大都市地域における朝夕の通勤時間帯の幹線道路の渋滞には深刻なものがあり，鉄道も電車も19世紀の遺物視されて都市交通から消去してしまったものの，今日は鉄道の大量輸送性，安全性，快適性などが再評価されているという（青木［2000］）。太平洋岸の都市を中心に，ポートランド，サンディエゴ，サクラメント，サンノゼ，ロサンゼルスで相次いで復活している（Demoro, H. W. & Harder, J. N. ［1989］）。

　イギリスでも路面電車の復活がみられる。マンチェスターでは，第2次世界

表8-3　1978年以降に開業した海外の路面電車

国　名	都市数	主な都市名（）内は，開業年と人口（万人）
中国	1	香港（1988, 550）
北朝鮮	1	平壌（1991, 250）
フィリピン	1	マニラ（1984, 800）
マレーシア	1	クアラルンプール（1996, 120）
トルコ	3	イズミール（1997, 200），イスタンブール（1989, 1,000）など
オーストラリア	1	シドニー（1997, 360）
カナダ	2	エドモントン（1978, 64），カルガリー（1981, 77）
アメリカ	12	ポートランド（1986, 47），サクラメント（1987, 37），サンノゼ（1987, 78），ロサンゼルス（1990, 360），セントルイス（1993, 37），デンバー（1994, 49）など
メキシコ	2	グアダラハラ（1989, 400），モンテレー（1991, 350）
ブラジル	1	リオデジャネイロ（1982, 580）
アルゼンチン	1	ブエノスアイレス（1987, 290）
エジプト	1	カイロ（1981, 830）
チュニジア	1	チュニス（1985, 140）
フランス	5	ナント（1985, 51），グルノーブル（1987, 37），ストラスブール（1994, 45）など
ドイツ	2	オーバーハウゼン（1996, ?），ザールブリュッケン（1997, 20）
オランダ	1	ユトレヒト（1983, 23）
スペイン	1	バレンシア（1994, 85）
スイス	1	ローザンヌ（1991, 24）
イギリス	6	ニューカッスル（1980, 28），ロンドン（ドックランド）（1987, 630），マンチェスター（1992, 45），シェフィールド（1994, 53），バーミンガム（1999, 100）など
イタリア	1	ジェノバ（1990, 65）
ルーマニア	7	コンスタンツァ（1984, ?），クライオーバー（1986, ?），レンツァ（1988, ?）など
ベラルーシ	1	モジリ（1988, ?）
ロシア	3	スタルイ・オスコル（1980, ?），ウスチ・イルムスク（1988, ?）など
ウクライナ	1	モルトノーイエ（1990, ?）

（出所）服部重敬［2000］「LRTを導入するために」『鉄道ピクトリアル』688号，13ページ所収，世界のLRT一覧より作成。

大戦後，自動車が増加し，道路交通の円滑化のために1949年に路面電車を廃止した。しかし，80年ごろになると排気ガスなどの環境問題と道路渋滞が深刻になってLRTの導入が決定され92年に復活した（柚原・服部［1996ｂ］）。

フランスでは，1973年の第1次石油危機を契機として，石油の輸入を抑制する方針を打ち出し，75年に政府は省エネルギー化のため，ナント，グルノーブルなど8都市にLRTの導入を提案し（柚原・服部［1996ｂ］），これを受けて79年にナントが導入を決定し，85年に開業した。フランスでは2000年現在，7都市に路面電車が返り咲き，5都市で建設中である（里田［2000］）。

さらに56都市に路面電車が走る路面電車先進国・ドイツでは，1996年，25年ぶりにオーバーハウゼンで路面電車が復活し，新設こそ現在2都市に留っているが，存続されてきた既存の路面電車の近代化，すなわちLRT化が推進さ

れている。カールスルーエでは早くも1960年代に路面電車を効率の良い都市鉄道システムとして構築することに決定した。まず最初に電車優先信号の導入が行われたが，特筆すべき新しい試みは「カールスルーエ・モデル」と言われる。それは，路面電車を郊外に伸びる鉄道線に乗り入れさせ，周辺地域からカールスルーエの中心街へ乗り換えなしで路面電車で行けるというものであった（写真5・6）。カールスルーエ交通局では，カールスルーエから郊外にある温泉保養地バッドへーレンアルプを結んでいた延長30kmの私鉄路線を統合したのを皮切りにネットワークを拡大し，75年に75kmであった路線は今日では300kmを超えている（井上 [1999]）。

また環境都市として名高いフライブルグでは，路面を走る市電がマイカーに代わる役割を十分に果たしている（内橋 [1995]）。フライブルグでは，酸性雨によって市民の憩いの場所である「黒い森」が枯れ始めたことから，1984年に市内への自動車の乗り入れ制限に踏み切った（根岸 [1997]）。89年には「総合交通コンセプト」が市議会で承認され，市電を便利な市民の足に育て上げることになった。

都市の入口で自動車を駐車して路面電車に乗り換えて都心部に入るパーク＆ライド方式や，自動車を排除して路面電車と人だけが通行できる商業空間・トランジットモール（歩行者ゾーン）を形成し，人と環境にやさしい都市づくり

写真5・6　ドイツ・カールスルーエ市のLRTとトランジットモール（2枚共，鈴木孝尚撮影 1999.11）

が進んでいる。さらに市電，市バス，近郊地域の国有鉄道，民営バスなどに共用でき，日曜，祭日は1枚で家族6人が利用できる地域環境定期券（レギオカルテ，1カ月59マルク）を発行して公共交通の利用を促進している。

　以上のように，エネルギー資源問題や自動車交通の弊害，交通公害などを回避するために，欧米では路面電車が見直されている。そのさい注目すべきは，アメリカではロサンゼルスのような大都市でも路面電車が開業しているが，新しく開業した都市の規模は，わが国でいう中都市規模であることが注目される。このことは，路面電車建設に対する財政支援のあり方が国や州によって異なっているとはいえ，需要の大きいこと，すなわち，人口規模の大きいことだけが路面電車の成立条件ではなく，路面電車が機能を最大に発揮できる環境を整えることが重要であることを示唆している。

第4節　地方都市における公共交通整備への視点

　服部重敬は，日本へのLRTの導入にあたっては，運賃収受方式，自動車交通への影響，法制度の緩和，住民の理解と合意形成，交通連携施策，車両などの新技術の導入が課題であり，まちづくりへの明確な理念と強い意志が必要だと論じている（服部［2000］）。

　欧米では「ひと・まち・環境に優しい都市」の「交通機関」に路面電車が位置づけられており，路面電車は「ひと・まち・環境に優しい都市」を実現するための「装置」としての役割を担っている。自動車優先の都市計画が進められてきたわが国において，21世紀にふさわしい「ひと・まち・環境に優しい都市」理念を形成することは容易ではなく，加えて自家用車が普及し，それによる移動が当然となっているわが国において，まちづくりのために自動車を抑制することも現状では容易ではない。

　しかしながら，自動車交通を前提として，公共交通の整備を伴わない住宅団地，商業施設，公共施設の郊外立地が進み，自動車の高普及により公共交通が

衰退し、中心市街地が空洞化している多くの地方都市の現状は、将来にわたって地域住民に快適な生活空間を提供できるとは考えられない。とりわけ、自動車を運転できない高齢者や子供などの交通弱者にとっては、日常生活上、不便を強いられることが明白であり、今後の高齢化の高まりを勘案すれば、公共交通の必要性はますます高くなることには違いない。そのさい、環境面においては、将来的に電気自動車や燃料電池自動車などが開発され、環境・エネルギー問題は解決されたとしても、公共交通の整備は必須事項であることには変わりはない。

宇沢弘文は、道路建設および自動車通行に伴って発生する社会的費用は、自然環境および都市環境の汚染・破壊を通じておきると論じ、その社会的費用の内部化がなされてこなかったことによって自動車の所有・使用がきわめて低廉なコストで行えることになり、普及が促進されたと指摘している（宇沢 [1974]）。さらに宇沢は、自動車通行によって歩行者の安全を阻害し、住宅環境を破壊しているにもかかわらず、あえて自らの私的な便益を求めて自動車を使用し、そのとき発生する被害が無視できないようになっているにもかかわらず、その点に十分な配慮がなされていないと指摘し、このことは社会的秩序の形成、維持の面においても、人間意識の内面にかかわる点においても、きわめて深刻な問題を提起したと指摘する。そして、1970年代初頭に西ヨーロッパ諸国で自動車社会のあり方に対して強い反省がおきてきたのは、近代市民社会を支えてきた市民的自由の原則が侵害されつつあるという危機意識がその背景にあると論じている（宇沢 [1974]）点は、ヨーロッパで早い時期に路面電車が再評価された背景を知るのに示唆的である。

公共交通が衰退し、現状においてバスや電車などの公共交通のネットワークが脆弱な地域では、自家用車への依存率が高くならざるを得なくなり、自動車保有率は高率化する。ここで問題となる地域は、そもそも乗客需要の少ない農山村地域ではなく、人口が数十万の単位で一定程度集積し、旅客需要が見込まれるのにもかかわらず、自動車の高普及によって公共交通システムが欠落している地方都市である。

このような地域では，日常生活における移動に必要な自動車の取得，維持に際する税金や費用，運転技術，日常的な交通に伴う事故等への責任力など全てが個人の裁量に委ねられている。これは，基礎的な生活にかかわるサービスを市民の基本的権利として個人が享受できるようにしようとするシビル・ミニマム（宇沢 [1994]）に対する基本的考え方も欠落している状態であるとも指摘でき，自動車を所有できない，運転できない住民，いわゆる交通弱者は地域社会の中で疎外されているとも見ることができる。高齢化の高まりは，その対象者の増加を意味している。

今後，高齢化の高まりが予測されているなかで，わが国の地方都市の公共交通の現状を眺めれば，その整備の必要性は高いものの，一方で公共交通は公共性を有しながらも，事業採算性の議論を前提にすれば，自動車の高普及地域においては公共交通が成立するのは困難であるといってよい。本稿で取りあげた路面電車も「ひと・まち・環境に優しい都市」の「交通機関」であると認識できても，移動手段の選択が多様である状況がある中で需給関係の議論をしていては，地域の公共交通機関として成立させることは困難であると言わざるを得ない。そして，この枠組みでの議論が続くならば，交通弱者が地域社会において孤立を招くことを容認しなければならなくなる。

それゆえに，欧米の諸都市が試みているパーク＆ライド方式，トランジットモール化による都心部での自動車の抑制政策は，路面電車を成立させる条件として注目すべきものがある。内橋克人は，道路の公共性とは生活者，住民，歩行者の安穏，そして全地球的利益にかなう新しい交通体系を構築することであり，自動車という一交通手段のための個別利益擁護ではないと厳しく指摘する（内橋 [1995]）。路面電車を整備，充実，あるいは復活，新設している欧米の諸都市ではこのような視点に立ち，路面電車を公共交通として成立させ，パーク＆ライド方式，トランジットモールを実現しているのである。

LRTの導入を検討している前橋市のアンケート結果によれば，中心商店街への自動車の乗り入れを規制するトランジットモールについて，過半数が肯定的であることが判明した（前橋市 [1999]）。この結果は，直ちにLRTの導入に

は結びつくものではないが，市民への啓発という点で大きな意味があったと思われ，その取り組みは評価される。またフライブルグをはじめ，欧米の都市で試みられているパーク＆ライド方式の導入については，都市地域における用地確保の困難性が指摘されている。確かに現状では困難であろうが，将来的には少子化に伴う小中学校，高校等の統廃合や行政のスリム化による公共施設の統廃合も十分に予想され，パーク＆ライド用地の確保に全くの見通しがないわけではない。

以上の検討から，地方都市における路面電車の導入に際しては，今後の地方財政を勘案すれば財源問題は重要な検討事項であるものの，新規路線開設に対して国からの財政補助が可能となった今，路面電車の成立条件は，最初から需要が見込める一定の人口集積ではなく，次の点にあると考える。

第1にはパーク＆ライド方式やトランジットモールの整備による都心部での自動車抑制であり，第2には信用乗車方式（セルフ・チェック制）の導入によって輸送量の拡大を図り，第3には路面電車の走行環境の整備を図って速達性を確保して利便性を高めて，事業採算性をクリアーする需要を生み出すことにある。そして第4には，「ひと・まち・環境に優しい都市の交通機関」である路面電車のもつ「公益機能」を地域経済の中にしっかりと位置づけて，路面電車建設に投入する費用の支出根拠を論理的に明確にして合意形成を図り[12]，第5には，地方分権社会に対応すべく地域交通の維持，運営に市民が積極的に参画していく仕組みを生み出し，官民が一体となって地域交通を維持していく枠組みを生み出すことにある[13]。

すなわち，人口構造，都市構造，環境，福祉，教育，住民参加などの視点から新しい都市理念を形成し，それにもとづく交通政策の形成と利用需要，資金調達を政策的に生み出す都市整備の実現である。これらが達成できるのならば，本稿で取り上げた路面電車を多くの地方都市に導入が可能であるといってもよい。その実現には，地域の現状分析と将来予測，地球環境問題，エネルギー資源問題など，ローカルとグローバルな視点をふまえつつ，これからの都市に求められる新しい地域理念をめぐっての市民，行政による十分な議論をはじめ，

路面電車導入のための合意形成に向けての取り組みが重要となる。これらが実現する画期的な都市が現われた時、わが国の地方都市に新たな文化が生まれるものと思われる。

〔付記〕

本稿をまとめるにあたって、東京造形大学講師の井上晃良先生からLRTに関して多くの知識を提供していただき、助言をいただいた。本学卒業生でアメリカ・サンノゼ在住の三原敦君にはアメリカのLRTに関する文献・資料の提供を受け、本学卒業生で広島大学大学院生の斎藤丈士君には広島の路面電車の写真撮影をお願いした。また伊勢崎市の鈴木孝尚都市建築事務所長・鈴木孝尚氏からはカールスルーエのLRTの写真を提供いただいた。研究会座長の戸所 隆先生からは多岐にわたるご指導をいただいた。記してお礼申し上げたい。

【注】
1) LRTとは「主に専用軌道を走る高速路面電車システム」をいい、LRTで使用される車両をLRV (Light Rail Vehicle) という (鶴通孝 [1996])。すなわちLRTは単なる路面電車ではなく、市街地では路面電車の機能を果たしつつ、郊外では専用軌道を高速で走る鉄道システムのことである。ドイツ・カールスルーエ市のLRTはその先駆的モデルである。日本では、名古屋鉄道の岐阜市内線と揖斐線を直行する電車、名古屋鉄道美濃町線、広島電鉄の軌道線と鉄道線の直行電車などが該当すると考えられる。
2) 鉄道専門誌においては、東京都営荒川線、東京急行世田谷線を路面電車の残存区間であるために路面電車として扱っているが、前者は全区間のほとんどが専用軌道となっており、後者は全区間が専用軌道となっていることから、本稿では準路面電車に分類した。また、福井鉄道、京福鉄道は共に路面区間は一部であることから準路面電車に分類した。なお、大津市内を走る京阪電車を路面電車として扱う場合もあるようだが、路面区間に駅がなく除外した。西日本鉄道の路面電車で唯一残存していた北九州線は2000.11.26に廃止された。
3) 名古屋鉄道の路面電車は岐阜市内線3.7km、美濃町線18.8km、田神線1.4km

からなるが，路面区間は岐阜市内線全線，美濃町線のおよそ4km区間，田神線のおよそ1km区間となっている。美濃町線は路面区間より専用軌道区間の方が多くを占めるが，岐阜市中心部では路面電車の様相を呈している。

4) 1995年に発足した岡山市の市民グループ・RACDA（路面電車と都市の未来を考える会 Rail transport system Amenity and Community Design Association の略）の活動は全国に影響を与えたばかりでなく，活動の成果として，岡山市の都市計画に路面電車の延長計画が盛り込まれるまでに至った。またRACDAは，超低床電車の導入のための募金活動を行うなどしている。その成果として，路面電車を運行している岡山電気軌道が超低床電車の導入を決定した。詳しくはRACDA編［1999］を参照されたい。

5) 札幌市電の会，とよはし市電を愛する会，長崎路面電車の会など，路面電車に関心をもつ全国9つの市民グループで構成される「全国路面電車愛好支援団体協議会」が主催，路面電車を運行している行政や私鉄19事業体で構成する「全国路面軌道連絡協議会」や地元行政，経済界などが共催して開催されている。95年広島市，97年岡山市，99年豊橋市で開催された。

6) 最近の岐阜市内線の年間輸送実績は，1995年度の485万人から98年度の394万人へと3年間でおよそ19％の減少をみせている（堀幸夫［2000］）。名古屋鉄道ではローカル線の乗客減少が深刻で，99年3月末には美濃町線の末端区間である新関・美濃町間（6.3km）が廃止された。2000年9月，名古屋鉄道は岐阜市内線とネットワークされている揖斐線黒野・本揖斐間（5.6km），谷汲線全線（11.2km）を01年10月1日付で廃止することを決定し，運輸省に廃止届出書を提出した。

7) 同様の試みは，たとえば京福電車（福井）でも99年12月から行われており，土日，祝休日に通勤定期券所持者と同一区間を同行する同居家族は大人100円，小児50円で乗車できる。同様の試みは熊本電鉄でも実施されている。

8) 阪堺電気軌道に現存するセンターリザベーション区間は，豊橋鉄道市内線にも存在していたが，1961年からの国道舗装改良工事時にマイカーブームに押され取り壊された。鹿児島市から始まったセンターポール化は，路面電車にとっては時代を取り戻すかのようである。

第8章　路面電車の再評価とまちづくり　239

9) 筆者は，95年11月に鹿児島市を訪れた際，谷山電停で「地球温暖化防止通勤・通学・お買い物は，市電・市バス等の公共交通機関をご利用下さい」との掲示を見た。市民への啓蒙という点で，このような鹿児島市の取り組みは大いに評価してよい。

10) 岐阜市内線と揖斐線を直行する電車車内に「渋滞による遅延が発生した場合は，岐阜駅前行は1つ手前の新岐阜駅前止まりとなることがある」と予告されている。もし予告どおり新岐阜駅前で折り返した場合，岐阜駅前で電車を待っていた人は乗れないことになる。これは地元行政が，依然として自動車優先の考え方から脱皮できずにいるためのやむを得ない対応と思われる。1988年に岐阜市で開催された「ぎふ中部未来博」の開催に際して，岐阜市内線の徹明町・長良北町間3.9kmは，会場に流入する自動車交通の障害になるとして廃止を余儀なくされたのもその表われであった。「未来」であるがゆえに路面電車の近代化，存続が必要であったが，当時はそのような感覚が欠落していた。

11) 表8-1の17都市に，筆者が除外した北九州市，大津市が加えられているものと思われる。

12) 福島大学教育学部住居学研究室（阿部成治教授）が開設しているホームページによれば，ドイツの路面電車はほぼすべてが赤字で，フライブルグも費用の70%程度をまかなえる収入しかないという。ただ公共交通のメリット（排気ガスを出さない，事故が少ないなど）を価格評価し，その範囲内は補助してよいといういわば公共交通機関に対する公益機能評価が存在しているようであり，示唆的である。

阿部氏による次の論文は，LRTを含むドイツにおける交通計画の策定過程を知るうえで示唆的である。

阿部成治［2000］「ウルムにおける住民投票と交通計画の転換」『経済と貿易』（横浜市立大学経済研究所）181号。

13) わが国の今日的な国家財政問題，地方財政問題を勘案した場合に，公共交通の開設に際して，その事業費全てを自治体が出資する方法をとった場合には，自治体財政への多大な負担となることは明白であり，この論点で事業の成否を議論すれば，公共交通の新規開設は相当の需要の見込める都市地域でなければ

困難となる。それゆえに，この議論を乗り越えることが可能な議論を別の角度からする必要がある。ドイツにみられるような路面電車の「公益性」を評価しているのはそのひとつである。筆者は路面電車，あるいはトロリーバスや電気バス，将来的に開発されるであろう燃料電池で走るバスなどの公益性を評価し，公益性に対する地域認識（合意形成）を形成して，地域財政の枠組みの中での支出プライオリティーを決定していく方法や，この公益性を前提に自治体の出資に加え，地域住民も必要な負担をして，地域住民が「出資者」として公共交通の運営，維持に参画する「第四セクター」方式の確立を地域づくりの方法として提案したい。「第四セクター」の存在については，内橋克人が自治体と地元住民の出資によって設立された第四セクター「サクラメント市営電力公社」について紹介しているのが興味深い（内橋克人［1995］）。わが国においてこれと同レベルのセクターは存在していないものと思われるが，例えば，国鉄の赤字路線を継承した第三セクターの山形鉄道では，県，沿線市町村，企業のほかに，沿線住民が出資している。このような地域システムの枠組みについては，別の機会に論じることとしたい。

【引用・参考文献】

高崎市［1998］『第11回　市民の声アンケート調査報告書』。
鶴通孝［1996］「熊本LRV前夜」『鉄道ジャーナル』鉄道ジャーナル社，362号。
内橋克人［1995］『共生の大地』岩波新書。
RACDA編［1999］『路面電車とまちづくり』学芸出版社。
早川淳一［2000a］「札幌市交通局」『鉄道ピクトリアル』688号（特集　路面電車〜ＬＲＴ）鉄道図書刊行会。
―――――［2000b］「函館市交通局」『鉄道ピクトリアル』688号。
松本成男［2000］「東京から都電が消えていった頃」『鉄道ピクトリアル』688号。
砂田徹・徳永隆［2000］「東京急行電鉄世田谷線」『鉄道ピクトリアル』688号。
白井良和解説［1998］『豊橋のチンチン電車』郷土出版社。
堀幸夫［2000］「名古屋鉄道岐阜市内線・美濃町線」『鉄道ピクトリアル』688号。
内山和之［2000a］「富山地方鉄道富山軌道線」『鉄道ピクトリアル』688号。

―――――[2000 b]「加越能鉄道」『鉄道ピクトリアル』688 号。

本多義明・川上洋司[1998]「路面電車再生に向けて―その意義と課題―」『都市問題』89―7。

黒田和彦[2000]「阪堺電気軌道」『鉄道ピクトリアル』688 号。

早川淳一・三田研慈[2000]「岡山電気軌道」『鉄道ピクトリアル』688 号。

石塚昌志[2000]「LRT 化推進に向けた岡山市の取り組み」『鉄道ピクトリアル』688 号。

種村直樹[1999]「LRT GREEN MOVER 快走」『鉄道ジャーナル』397 号。

中尾正俊・今城光英[2000]「広島電鉄の鉄軌道事業を語る」『鉄道ピクトリアル』688 号。

小松和紀[2000]「土佐電気鉄道」『鉄道ピクトリアル』688 号。

梨森武志[2000]「長崎電気軌道」『鉄道ピクトリアル』688 号。

細井敏幸[2000]「熊本市交通局」『鉄道ピクトリアル』688 号。

―――――[1997]「低床車を導入する熊本市交通局の取り組みとその背景」『鉄道ピクトリアル』643 号。

中村ゆういち[1997]「日本版 LRV の誕生」『鉄道ジャーナル』374 号。

橋本謙太郎[2000]「鹿児島市交通局」, 鉄道ピクトリアル 688 号。

狩野信利・高橋潔・大島史郎共編[1998]『思い出のチンチン電車　伊香保軌道線』あかぎ出版。

佐藤友計[1998]「松本電気鉄道浅間線」『鉄道ピクトリアル』659 号。

Jean CARTAN・TOSHIAKI NISHINO[1977]Les tramways de Kyoto: un avenir incertain, *LA VIE DU rail*, N° 1589.

服部重敬[2000]「LRT 導入を進めるために」『鉄道ピクトリアル』688 号。

里田啓[2000]「LRT ワークショップとヨーロッパ最新の話題」『鉄道ピクトリアル』688 号。

柚原誠・服部重敬[1996 a]「新時代を迎えたヨーロッパのライトレール1」『鉄道ファン』36―3, 交友社。

―――――[1996 b]「新時代を迎えたヨーロッパのライトレール3」『鉄道ファン』36―6。

青木栄一［2000］「カリフォルニア州のライトレール事情」『鉄道ピクトリアル』688号。

Demoro, H. W. &Harder, J. N. [1989] *Light Rail Transit on the West Coast.* Quadrant Press (New York,U.S.A).

井上晃良［1999］「日本におけるLRT具体化の可能性」（草稿）。

根岸完二［1997］「環境対策」資源リサイクル推進協議会編『「環境首都」フライブルグ』中央法規。

宇沢弘文［1974］『自動車の社会的費用』岩波新書。

───［1994］「シビル・ミニマムの経済理論」『宇沢弘文著作集　第1巻』岩波書店。

前橋市［1999］「都市交通アンケート結果」。

第9章　公共交通体系の再構築と新しい都市圏の構築
　　　　——鉄道とバスの連携を軸に——

戸所　隆

　快適で利便性の高い公共交通機関の発達した地域社会を形成するには，一体として地域経営できる人口規模の大きな都市空間の構築が必要である。本章では群馬県における2大中心都市である前橋・高崎両市を中心に，鉄道とバスの連携を軸としたコンパクトな新しい自立的大都市圏の構築を提言した。

　既設鉄道網の活性化が第一歩となるが，そのためには低コスト鉄道駅の新設による1km駅勢圏の実現と拠点駅のホーム容量を拡大させる高崎駅でのスルー運転化が必要である。また，鉄道網を補完し，鉄道ダイヤと連携した利便性の高いバス交通網の再構築が求められる。さらに，活力ある連携型中心市街地を形成するため，LRTの導入によって都市構造を強化することを提言する。最後にその実現方策として，自家用車利用を抑制する公共交通利用促進税の創設と公共交通の料金を極端に低減させる「飴と鞭の政策」が論じられている。

はじめに

　自家用車の普及による車社会の実現は，他方で公共交通の未発達やその衰退を惹起させ，現代社会に多くの問題を生み出した。それは前章までの車王国・群馬の実情から理解されよう。しかし，自家用車の普及が私たちの生活に多くの利益を生んできていることも事実である。問題があるから自家用車を即刻すべて排除せよといえるほど，社会全体を見たときこの問題だけを問題にできない。たとえ交通事故による死者が年間約1万人いるといっても，自殺者の3万人強よりは少ないといわれる。そして現実問題として車社会の今日，自家用車がなければ別な問題が数多く生じ，社会的混乱を引き起こすことになろう。

　したがって，現在考えられる最良の方法は，必要最小限の自家用車保有にし，可能な限り公共交通機関で人々が移動できる環境を整備することである。それには，公共交通機関を骨格にした誰もが自由に行動し交流できる結節性と接近性の良い，コンパクトで創造性豊かな都市を形成しなければならない。

　ところで，高速道路が整備されてきたものの，長距離移動は特別の場合を除いて，鉄道や航空機などの高速公共交通機関が利用される。自家用車が主として使用されるのは都市および都市圏内の短距離移動である。自家用車と公共交通機関の競合が激しいのは，県内および近県までの移動である。そのことは鉄道において，大都市圏の通勤区間をのぞき，特急列車に比べ近距離普通列車の乗客が少ないことからも知られる。

　そこで本章では，群馬の中核都市である前橋と高崎を例にバスと鉄道を連携させた公共交通体系の再構築を考えてみたい。また，公共交通体系の再構築と関連させて，隣接するこの2つの中核都市の連携のあり方，今後の方向性も地域政策的に検討してみる。

第1節　前橋・高崎都市圏形成の2つの方向性

(1) 東京大都市圏の周辺都市化か自立都市圏形成か

　前橋・高崎地域はその都市圏の形成方向において選択を迫られていると筆者は認識する。

　これまで前橋・高崎地域は東京100km圏に位置し，太平洋側地域と日本海側地域を中継する交流拠点都市として発展してきた。そのため前橋・高崎地域は自立都市圏を形成し，宇都宮・水戸・甲府とともに東京の直接的な影響を受けることなく首都圏の外郭中核都市を構成する。

　しかし，上越新幹線・北陸（長野）新幹線や関越・上信越自動車道などの開通によって，東京と日本海側との時間距離が縮小した。そのため，国土レベルで見ると，前橋・高崎地域は通過地域化しつつあり，この地域が従来持ってきた交流拠点性の低下が見られる。

　他方で，東京30km圏に位置する大宮・浦和地域は，近年東京の中枢機能を受け入れる業務核都市として中心性を向上させている。それは，大宮が東北・上越・北陸新幹線の結節・分岐点として，そのほぼ全列車を停車させるだけの交通拠点性を持つことに由来する。また，関東経済産業局・関東地方整備局・関東信越国税局など関東甲信越を管轄する19政府機関を中核としたさいたま新都心建設や，大宮・浦和・与野3市合併による政令指定都市「さいたま市」の実現方策がさらにその求心力を高めつつある。

　こうした動きの中で，従来，前橋・高崎地域や宇都宮地域に立地していた支社・営業所を新幹線に乗れば20分強しか離れていない大宮に統合して北関東一円を統括させる動きがでてきている。大宮の卸売販売額（通産省：商業統計表・1997年）は，3兆1,908億円に対し，前橋・高崎は合計で2兆5,303億円と大宮より少ない。また，高崎駅から東京・大宮方面への新幹線通勤者は急増

しており，前橋・高崎地域が拡大を続ける東京大都市圏の周辺都市化の様相を強めている。

大宮・浦和地域が「さいたま市」として政令指定都市になると，全国的なイメージアップと認知度の高まりによって，北関東から東北・東日本を睨んだ「さいたま市」への業務を中心とした企業立地の活発化が予想される。それは前橋・高崎地域の地域中心性をさらに低下させ，東京大都市圏の周辺都市化を推し進めかねない。当面はさほどの問題が生じないであろうが，将来的には地方分権時代における財源確保や都市の利便性や快適性において大きな問題を惹起させよう。したがって，公共交通の活用によって，大宮など近隣諸都市の変化にも対抗しうる快適な自立的都市圏形成を図るべく，前橋・高崎地域の今日的流れを転換する必要があることを筆者は強調したい（戸所 [2000]）。

(2) 自立都市圏形成の可能性

大宮・浦和・与野の3市が合併してできる「さいたま市」の人口は，99.8万人である（1999年住民基本台帳）。これに対抗することは到底困難との声も聞かれるが，前橋・高崎でも両市を中心とする半径15 kmの円内はほぼ市街地で連坦しており，100万人強の人口が存在する。その面積は仙台（人口97.1万）や広島（人口110.2万）とほぼ同じである。したがって，前橋と高崎を中心にこの地域が連携をし，交流性の高いまとまった都市域に再構成できれば，筆者は首都圏における新たな時代に対応した強力な自立都市の形成も可能と考える。

また，桐生や太田・館林などからなる東毛地域を除いた群馬県は，前橋・高崎を中心に同心円状に中心地が配置され，あたかも1つの都市のような構造を呈する（図9-1）。そのため，少なくともその中心に位置する前橋・高崎の中心性が高まれば，前橋・高崎は百数十万人の培養圏を持つ都市圏を構築することもできる（戸所 [1997]）。

さらに，前橋・高崎地域は国土構造的に見れば，日本海側と太平洋側の地域を結ぶ重要幹線に位置する。同時に，旧中山道コースを通じて東北・北海道地

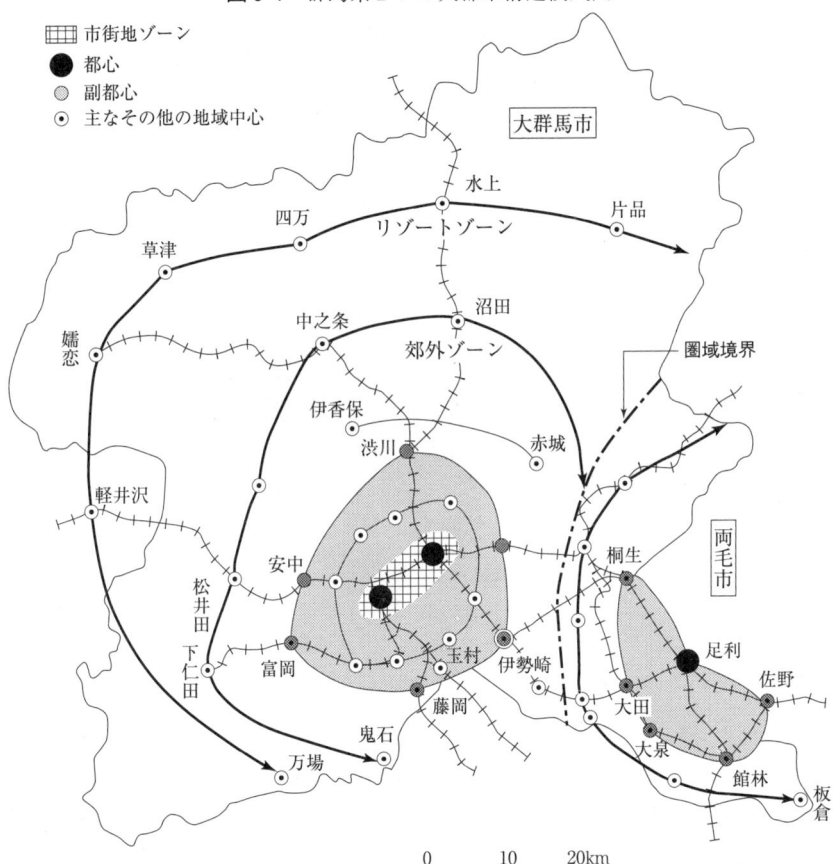

第9章　公共交通体系の再構築と新しい都市圏の構築　247

図9-1　群馬県2つの大都市構造模式図

方と中部・近畿地方以西を最短で結ぶ路線上にもある。いわば東京をバイパスした国土の十字軸の交点に位置しており，前橋・高崎を中心に「さいたま市」に対抗し得る強力な自立都市圏を形成し得る広域的な地理的条件をもっている（図9-2）。

以上の自立的都市圏形成の実現には，前橋・高崎地域内部の結節性と交流性を高めることが必要条件となる。そのためには，広域的な交通体系の整備はも

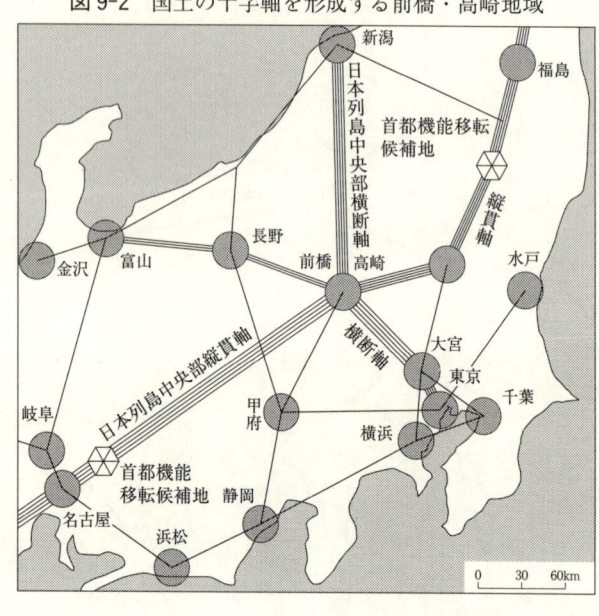

図 9-2 国土の十字軸を形成する前橋・高崎地域

ちろん、それと結節する都市内・都市圏内の交通体系の整備が不可欠である。特に車王国のこの地域にあっては、他地域からの訪問者が移動しにくい状況にあり、鉄道とバスの連携による利便性の高い公共交通網の再構築がまず必要となる。また、前橋・高崎両市が一体的な都市軸を形成し、両市の人的物的資源を最大限活用しうる新たな都市間連携・都市構造を構築する公共交通網の整備が課題である。

第2節　鉄道網による前橋・高崎連携都市圏の骨格づくり

(1) 既設鉄道網活用による都市圏の構築

半径15kmの前橋・高崎都市圏は、半径15kmの円上に位置する渋川・伊勢

崎・新町・藤岡・富岡・安中の各駅とその中心軸をなす JR 上越線高崎—新前橋間とがそれぞれ放射状に鉄道で直結している。また，JR とは直結はしないが上毛電鉄の中央前橋—大胡間も放射路線の1つである。このように半径 15 km の前橋・高崎都市圏は，前橋・高崎両中心市街地を挟んで周辺都市の中心地を鉄道で移動できる既設鉄道網をもつ。大都市圏を除いて，半径 15 km 圏にこれだけの整った既設高速鉄道網のある都市圏は少ない。

　ところで人間は，頭の中に描く地図（メンタルマップ）に従って，地表空間を行動している。したがって，多くの人々がどのようなメンタルマップを造っているかが，地域社会における人々の行動を規定することになる。メンタルマップの形成には，山河や特徴的な構造物（ランドマーク）の果たす役割が大きい。特に都市空間全体を描くうえで鉄道は大きな存在となる。すなわち，鉄道線と駅の配置をまず頭に描き，それとの関係で他の事象を位置付ける場合が多い。それはバスに乗っているときよりも路面電車に乗っている時のほうが位置関係が判りやすく安心していられることからも理解できよう。そのため，鉄道網の発達している地域は，地域的一体感を醸成しやすく，まとまりある地域を形成しやすいといえる。このことをまず市民が認知し，前橋・高崎都市圏の一体化を図るためにこの鉄道網を活用する必要がある。

　鉄道網に沿っては国道などの幹線道路も通じている。そこでまず，前橋—高崎間を都心軸・都市軸とする新たな連携型都市構造が考えられる。同時に，その都心軸・都市軸と放射状に結節する鉄道網を都市圏軸とする都市圏構造が構想できる。こうした既設鉄道網を軸とした都市圏構造の構築は，この地域の地形や水系などの自然条件そして人文条件を考えれば自然であり，経済的でもある。こうした考えを実現するには，既設鉄道網の活性化による地域間交流の活発化が課題となる。

(2) 既設鉄道網による都市圏内移動の活発化

　既設鉄道網は，現状では都市圏内移動に十分活用されず，東京方面への移動

における利用が多い。また，前橋・高崎地域から遠隔地への移動は高崎駅から新幹線や在来線の特急へ乗り換えるパターンが一般的である。

前橋・高崎地域における各線区の特急・急行を除く普通列車の列車本数（各線区とも下りの本数で上りもほぼ同数ある）を見てみよう（図9-3）。この地域の普通列車のダイヤは優等列車との乗換駅である高崎駅を基本的に起終点としている。ただし，新前橋駅に電車区があり，前橋駅からも東京方面への乗客が多いことから，前橋駅や新前橋駅を始発とする東京方面行き電車もある。そのため，それらと上越線・吾妻線・両毛線の列車が共用する高崎—新前橋間の列車本数は普通列車だけで101本と多く，上下線ともに5～15分間隔で運行されている。そのため，この区間に限っては時刻表を見ずに鉄道利用ができ，利用者も多い。また，東京方面へは高崎線の高崎—新町間で64本あるが，そのうち高崎—倉賀野間は八高線と共用するため84本となる。この場合も1時間に3～6本の列車があるため，利便性は高い。

しかし，他の線区は1時間に1～2本と少ない。すなわち，上越線新前橋—渋川間は36本，上毛電鉄線中央前橋—大胡間は34本，信越線高崎—安中間は20本，八高線高崎—群馬藤岡間は20本，上信電鉄線高崎—上州富岡間は27本である。また，新前橋—伊勢崎間はそのうち新前橋—前橋間に57本あるものの前橋—伊勢崎間は41本となっている。

現代都市に生活する人々が公共交通機関を利用するには，1時間に4本以上の運行頻度が必要のようである。たとえば電車・バスの運行頻度がどの位になったら電車・バスを利用する気持ちになるかとの高崎経済大学学生175名へのアンケートでは，20分間隔で21%の人，15分間隔で65%，10分間隔では93%の人が利用すると回答している[1]。同様の結果が，2000年夏の前橋・高崎市民への調査（高経大戸所ゼミ調査）でもみられる。ところで，朝5時台から夜11時台まで1時間に1本の割合で列車を走らせると19本必要となり，1時間に4本ならば76本になる。この運行頻度では早朝・深夜を減便しても70本は必要である。

1日70本の運行本数は，前橋—高崎—新町間を除いて現行本数の2～3.5倍

図 9-3 前橋・高崎都市圏（半径 15 km 圏）の鉄道網と普通列車の本数（下り 1 日当たり）の現状（JR 時刻表，2000 年，より作成）

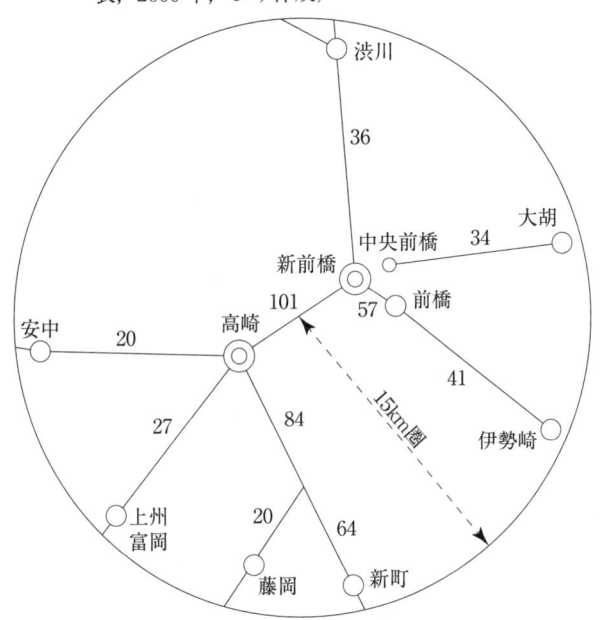

にあたり，非現実的といえるかもしれない．しかし，旅客輸送分担率で鉄道の分担率が 5.2％ に過ぎない群馬県にあって現行の運行本数を確保していることを考えれば，自家用車分担率 89.9％ を数パーセント鉄道に移せば可能である．群馬よりかなり低い他県の自家用車分担率を考えれば，運行頻度を高めるなど鉄道利用の環境を整えれば，前橋・高崎を中心にした半径 15 km 圏域は人口集積地であるだけに，決して無理なことではない．

(3) 高崎駅のスルー化

1 時間に片道 4 本までの運行本数ならば，単線区間であっても新前橋―前橋間を除いて，待避線と信号系統の改善で，さほどの設備投資をせずに可能とな

る。また，新前橋―前橋間の複線化はかねてからの懸案であり，鉄道需要が増大すれば実現へ向けて大きく動き出すことになろう。問題はほとんどの列車の起終点となっている高崎駅の容量緩和と乗り継ぎ時間の短縮化である。

　高崎駅は0番線から9番線までの在来線と11番線から14番線までの新幹線ホームがある。しかし，集中する列車の発着は限界にきているといわれる。鉄道関係者に列車編成を短くしても運行本数を増やすほうが利便性が高まり，増収にもなるのではないかと尋ねた際，これ以上の増便はホーム容量から無理との回答があった。在来線だけでも6線区あるほとんどの列車の始発駅・終着駅となるため，複数の列車が数十分間もホームに停車することも珍しくない。これを改善し運行本数を増加させるには，可能な限りホームでの停車時間を短縮しなければならない。

　そのためには，前橋・高崎都市圏内を結ぶ普通列車に関して，たとえば，新町―高崎―新前橋―渋川と安中―高崎―新前橋―伊勢崎の2系統を都市圏内基幹軸とし，高崎駅でのスルー化を図る必要がある。現行の上野―高崎を結ぶ高崎線の列車は渋川まで延長運転し，都市圏内の新町―高崎―新前橋―渋川に合わせる。また，両毛線と信越線の直通運転によって安中―高崎―新前橋―伊勢崎を都市圏内のもう1つの基幹軸にする。

　八高線は高崎線と結節する北藤岡駅を改善してここを起終点の乗換駅とする。また，2系統を都市圏内基幹軸とするが，たとえば30分ヘッドの前橋から東京方面行き快速列車を運行するなど，必要に応じたダイヤ編成をすればよい。人口百万を有する都市圏内では公共交通優先政策が可能であるが，都市圏外では自家用車の利用が増え1時間に4本の列車運行は無理である。そのため，車輛の効率的な運用が優先されようが，4本のうち1～2本を都市圏外へ延長運転するなり，渋川・伊勢崎・安中などで乗換え運転することになろう。さらに，JR以外の上信電鉄線や上毛電鉄線は高崎・中央前橋で他線区との乗り継ぎ時間を考慮したダイヤ編成にすることで利便性を高める必要がある。

　以上の高崎駅をスルー化するダイヤ編成と列車の増便によって，ハード面での投資をほとんどすること無しに，東京大都市圏従属型のダイヤ設定から，前

橋・高崎都市圏主体型の鉄道体系・ダイヤ設定に変えることができよう。また，このことによって，前橋・高崎都市圏における公共交通の利便性を高め，都市圏の一体性・自立性をも高めることができる。また，東京をはじめとする他の都市圏との水平ネットワークによる相互交流がこれまで以上に進展するものと考えられる。それは，人々の移動性をさらに活発化させ，公共交通の需要増にも繋がるものである。

(4) 簡便な鉄道駅の新設による駅勢圏1kmの実現

　都市圏内鉄道網の利用増を図るには運行本数の増便とともに，より多くの人々が鉄道駅にアクセスしやすい生活環境条件を造る必要がある。鉄道駅へのアクセス方法としては徒歩，バス，自家用車による場合が多い。都市圏内移動における鉄道旅客増を図るにはまず第1に，鉄道沿線に居住する徒歩圏内の人々の利用増を考える必要がある。
　都市交通において鉄道は，最も高速に定時運行できる乗り物としての信頼性が高い。そのため，鉄道の利便性が高ければ，人々は優先的に鉄道利用を選択する。また歩いて駅へ行く場合，15分を許容範囲とする人が多い。徒歩15分の距離は概ね1kmである。したがって，2kmごとに駅を設置すれば各駅の駅勢圏は1kmとなり，鉄道から1km以内に居住する人々は潜在的な鉄道利用可能者となる。
　現状の平均駅間距離は上毛電鉄が1.2km，上信電鉄も1.9kmで2km以下であるものの，JR各線の駅間距離は4～5kmと長い。すなわち，高崎線の平均駅間距離は5.3km，上越線は5.0km，信越本線は4.2km，両毛線は4.5km，八高線は3.7kmとなっている（群馬県［1999］）。このため，鉄道利用環境を向上させるには，既存の駅間に1～2駅を新設する必要がある。
　上毛電鉄と上信電鉄以外のJR各線は，これまでこの地域においては近距離の地域内交通よりも中長距離移動客の輸送を中心にしてきた感がある。しかし，新幹線など高速交通の発達により，中長距離移動客は主としてそちらに移り，

在来線は近距離・中距離中心にシフトしてきた。また，長距離客については，在来線の最寄駅で客を集め，多くの客を高崎駅でいかにスムーズに新幹線客にしうるかが大きな課題となっている。そうであるなら，前橋・高崎都市圏内においては，駅の増設によって目的地までの所要時間に多少の増加があっても問題ない。むしろ駅の増設によって利用客の増加を図ることに意義が認められよう。こうした視点から，群馬県や各市町村とも駅の増設には積極的であり，1999年3月にはJR両毛線前橋—駒形間に前橋大島駅が新設になるなど駅増設の方向で動いている。

(5) 低コストによる新設鉄道駅の建設

駅の増設には用地選定やその費用，建設費の捻出や取り付け道路の建設など，それぞれの地域で解決しなければならない多くの課題が存在する。そのため，近年新設された地方都市の小規模な駅であっても，JR駅の場合には数十億円の資金が必要となっている。それらのほとんどは自治体など地元負担となっており，一駅の新設に10年オーダーの時間を要するのが現実である。

これらの駅は隣接駅に比べても，また利用客数から見てもかなり立派なものである。財政的に余裕があれば，立派な駅を造ることに異存はない。しかし，財政難の時代に利用者数に比べ過剰とも思われる施設整備をするのは問題である。むしろ，必要最小限の施設設備で済ませ，1km駅勢圏を達成すべく1駅でも多くの駅を新設することが肝要と考える。そこで筆者は1日当たり5,000人以上の利用客が最初から見込めない駅については，簡便な駅をまず建設し，利用客の増加に応じて施設設備の向上を図ることを提案したい。

東京などの大都市圏と異なり，地方都市圏においては公共交通の再活性化が焦眉の課題である。駅の施設設備の安全性と利便性が確保されれば，快適性において少々の難があっても我慢できよう。バリアフリー化を推進する必要はあるが，公共交通全体の利用客を増加させなければ，公共交通機関の存続さえ危うくなる。2000年春に国会で成立した「高齢者，身体障害者の公共交通機関

を利用した移動円滑化促進法（交通バリアフリー法）」では，高齢者などにやさしい街にするため，公共交通事業者に対して，旅客施設の新設や改築に際し，エレベーターやエスカレーターの設置や誘導警告ブロックの設置などを義務付けている．しかし，この法律においても，1日5,000人以上の利用客があることや相当数の高齢者などの利用が見込まれる施設が対象となる．そのため，施設設備に少々難があっても，公共交通機関の活性化をまず図り，そのうえで高齢者や身体障害者の利用できる施設設備に改善すべきであろう．

　ところで，1994年に京都で建都1200年祭を行った際，その記念博覧会会場になった山陰線の京都駅―丹波口駅間に約半年間に渡り臨時駅が設けられた．そのホームは鉄パイプを組んで構造体をつくり，厚い木の板を張り合わせたものであった．また駅舎もプレハブの簡便なものであった．このようなものであるなら，敷地もほとんど要らず，建設費もおそらく1,000万円までであろう．

　したがって，以上の形態をもう少し恒久的なものにして，安全性と堅牢さを高めれば，十分使用に耐えうると考える．また，ホームの長さは，前橋・高崎都市圏内を運行する列車では4両編成で十分である．東京との直通運転の長大編成列車は快速として既存駅で対応し，ホーム延長費用を短編成の都市圏内列車の運行本数の確保にむけたほうが良いと考える．さらに，この地域のJR線路敷は広く，既存線路敷の両側に大都市地域における民鉄並みのホームを建設することが可能なところが多い．そのため，市有地等があるところに駅を新設するならば，かなり少ない経費でそれが建設できるであろう．

(6) 新設鉄道駅の設置場所

　新設駅をどこに造るかが次の問題となる．設置場所選定の基本条件として，駅勢圏1kmの実現がある．したがって，まず既存駅との間隔が2.0km前後の位置にしなければならない．また，経費節減と公共用地の効率的運用の観点から可能な限り公有地やJR用地で建設可能な地区への設置が望まれる．
　一般には新駅設置において，その駅の需要予測が必要となる．しかしこの場

合，都市圏全体の潜在利用客が約百万人おり，駅設置の目的は90％を占める乗用車の旅客輸送分担率を低下させるための都市圏全体における公共交通の利便性向上政策である。また，たとえ初期には需要が少なくとも，既成市街地ならびにその周辺における公共交通の利便性向上によって，郊外への無秩序な市街地拡大を防ぎ，少子・高齢化社会に適応したコンパクトな都市を造ることを目的としている。したがって，個々の駅における需要予測よりも，駅勢圏1km体系の実現の意味が大きい。ただし，多くの駅を同時に建設することは不可能である。その意味で，需要が多いと見込まれるところから優先的に駅を設置することになろう。

たとえば，JR上越線・新前橋―群馬総社間は5.3kmある。このほぼ中間にあたる群馬総社駅から2.5kmの地点を中心に半径1kmの地域を見ると，9階建ての群馬県庁大渡庁舎をはじめ，ホテルや企業の事務所が集積し，前橋の問屋団地やNSK，日本ビクター，麒麟麦酒医薬開発研究所，ナカヨなど大手有力企業の立地する工業団地がある。この地点の半径1km圏には656事業所があり，その従業員数は11,974人にのぼる（総務庁統計局：1994年事業所名簿整備調査）。また，居住人口も2,118世帯・5,586人（1998年住民基本台帳人口調査）を数える。したがって，ここに新駅を造ったとして徒歩圏域だけで約1.8万人の固定的潜在利用人口がおり，それに企業や官庁に出入りする交流人口を加えれば，かなりの潜在的駅利用人口がいる。

この地域の人々は，現状では自家用車を主たる交通手段にせざるを得ない状況にある。そのため，大規模事業所では従業員用駐車場の確保が宿命的な課題となっており，当該事業所の専用駐車場から職場まで700～800mも離れ，その間を歩いている人も稀ではない。また，この地域には卸売業や県庁関係など広域を営業・管理区域とする事業所が多く，利便性を高めれば鉄道利用客になりやすい。さらに，前述のように潜在的駅利用人口規模も大きいため，まず簡便な駅を設置するに適したところといえよう。

こうした考えを基に，駅の設置を必要とする位置を示したのが図9-4である。この中にはすでに高崎問屋町付近や倉賀野操車場跡など，関係諸機関の間で新

図9-4 既存鉄道への新駅提案とその駅勢圏

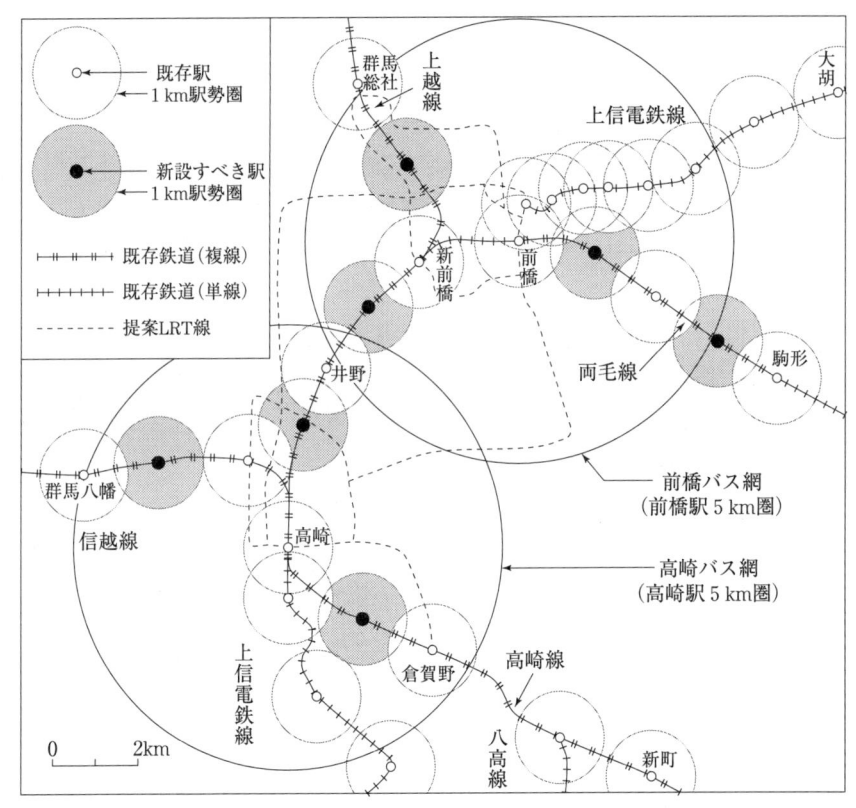

駅設置が推進されているところもある。

第3節　LRTによる新たな鉄道網の形成

(1) LRTによる連携型中心市街地再構築の必要性

人口100万を有する半径15kmの前橋・高崎連携型都市の骨格は，前述のよ

うに既存鉄道網で基本的に構成される。しかし，これだけで周辺の都市をも取り込んだ連携型都市が機能するわけでない。100万都市に相応しい魅力ある都心・中心市街地が必要となる。その役割は，前橋・高崎の中心市街地が担わねばならない。両市役所間の距離は約9kmにすぎず，景観的に両市の中心市街地は連坦化しつつある。だが，機能的には2つの全く別の都心であり，近距離にあるだけで真の連携を図るには程遠い状態といえる。そのため，「さいたま市」などとの広域における都市間競争に対応するには，現状では明らかにパワー不足である。そこで，前橋・高崎両中心市街地の交流性を高め，その連携・一体化を図る必要がある。しかし，それも現状のままでは難しい。

　同規模中核都市・自立都市として，明治初年における県庁誘致争いをはじめこれまで長い間，厳しい競合関係にあった両都市が，その中心市街地をすぐに一体的に整備・再構築することは難しいであろう。また，近いとはいえ，両中心市街地を一体にすることは都市規模からして困難である。しかし，形態的な一体化は困難であっても，両中心市街地間の実質的な交流が活発になれば自然に機能的な連携と連帯が生まれ，両者の一体化が進展するといえる。

　ところで，異なる地域空間の交流性を高めるには，少なくとも次の2つの条件を満たす必要がある。その第1は，その空間全体が認知しやすい構造になっており，初めて利用する人にも移動しやすい空間でなければならない。また第2に，一時滞在者を含め，誰もが安い費用で自由に動ける交通条件が求められる。しかし，現状では前橋・高崎地域のような自家用車主体の交通体系で，以上の条件を満たすことは難しい。

　路線バスは一般的に，空間認識のない初めて行った都市では利用しにくい。それに比べ，路面電車は利用しやすい。それは地図を見ても，バス路線をすぐに見出せず，目的地との関係もつかみにくいためである。また，バスに乗っていても現在地がつかみにくく，バス停やその料金もわからず，不安になる。しかし，路面電車の場合，その路線は地図に明記されており，停留所や料金も分かりやすい。しかも，路線網と都市機能配置との関係から都市全体の空間構造も認知しやすく，路面電車のある街は行動しやすく感じる。

以上のことから，前橋・高崎地域を活性化させるには，両中心市街地の空間構造とその位置関係を誰の頭の中にも地図（メンタルマップ）として描けるように都市全体の空間的枠組みや中心地構造を再構築する必要がある。それには既存鉄道網を補完する形で，新たに軌道系の公共交通機関を導入するのが良いと考える。

表9-1 充実させたい公共交通機関（2つまで回答可）
(%)

1. 地下鉄・モノレール	46	27.7
2. LRT	65	39.2
3. ガイドウェイバス・トロリーバス	9	5.4
4. バス網の充実	94	56.6
5. 既存公共交通の充実	43	25.9
6. これ以上の公共交通の充実は不要	1	0.6
7. 既存鉄道の駅増設	25	15.1
8. その他	3	1.8
NA	6	3.6
計	292	176

（資料）　高崎経済大学地域政策学部1年生（166人）へのアンケート（1999年11.戸所実施）。

新しいタイプの路面電車・LRT（Light Rail Transit）がそれである。

高崎経済大学地域政策学部学生へのアンケートでは（1999年，1年生対象，有効回答数166人），39％の学生が充実させたい公共交通機関として，LRTをあげている（表9-1）。また，LRTを高崎・前橋へ導入する必要を感じている学生は49％で，必要ないとする学生は29％，わからないが22％であった。

(2) LRT路線網による連携型中心市街地構造の形成

前述のように両都市の中心市街地をすぐに一体的に整備・再構築することは難しく，近いとはいえ，都市規模からしてその形態的な一体化は不可能である。しかし，両中心市街地間の実質的な交流が活発になれば自然に機能的な連携と連帯が生まれ，両者の一体化が進展するであろう。その交流を活発化させるには，少なくとも次の3条件を満たす必要がある。これらの条件整備によって，前橋・高崎地域連携都市の都心にあたる連携型中心市街地構造の形成が可能になると考える。

第1の条件は，前橋・高崎両都心をこれまで以上にそれぞれ個性豊かなものにすることである。すなわち，これまで高崎の都心を利用してきた人々が前橋

の都心をも利用したくなる魅力を前橋の都心に付加する必要がある。同様のことが高崎の都心でもいえる。こうした相互交流の素地を造る都心の魅力醸成には，都心の空間的枠組みの構築と移動性の向上が課題となる。それにはメンタルマップの描きやすい都心を循環するLRTの設置（図9-5）が，効果的といえよう。

　前橋の都心循環線は，前橋駅から業務街の本町・県庁前・前橋公園・商店街の立川町通り・中央前橋駅・発展通り・前橋駅の経路で，中心商業地と業務・官庁街を囲む形で，その延長は約3.5kmになる。また，高崎の都心循環線は，高崎駅から駅前通・市役所・飲食街の柳川町・本町・田町・連雀町・新町・駅前通・高崎駅の延長約3kmである。

　第2に，既存の両都心には約9kmの間隔があるため，連携型中心市街地構造を形成にはその中間にそれぞれ副都心をつくる必要ある。その位置は前橋は新前橋駅を中心にした地区であり，高崎は高崎―井野間の新設予定駅を中心とした地区が適している。前者は前橋駅から2.5kmの位置にあり，すでに東証一部上場企業の本社が4つ存在するのをはじめ，上毛新聞本社や群馬県総合福祉センターなど多くの中心機能が集積している。また，後者も高崎駅から2.5kmの高崎問屋町に位置し，商業・業務機能の集積が著しい。

　これらの都心と副都心は既存のJR上越・両毛線で直結するが，その機能を高めるには主要鉄道駅を環状に結ぶLRTが必要となる。すなわち，前橋駅―国道17号―群馬大学附属病院―大渡橋―群馬総社駅―産業道路―新前橋駅―南部大橋―前橋駅が前橋環状線となる（図9-5）。また，高崎環状線は高崎駅西口―市役所―北高崎駅―緑町―環状道路（問屋町・新設予定駅・高関町）―高崎駅東口の経路である。この環状LRTの設置により，都市内中心地が相互の連携され，利便性の高い市街地形成が進むとともに，コンパクトな市街地形成を誘導することになろう。

　第3には，都心を含む両中心市街地間の交流促進のための条件整備である。現状の両中心市街地を結ぶJR上越・両毛線と国道17号だけでは線状の発展しか見込めない。両中心市街地間の交流を促進するには，この間にもっと面的

第9章 公共交通体系の再構築と新しい都市圏の構築　261

図9-5　LRTの提案路線網

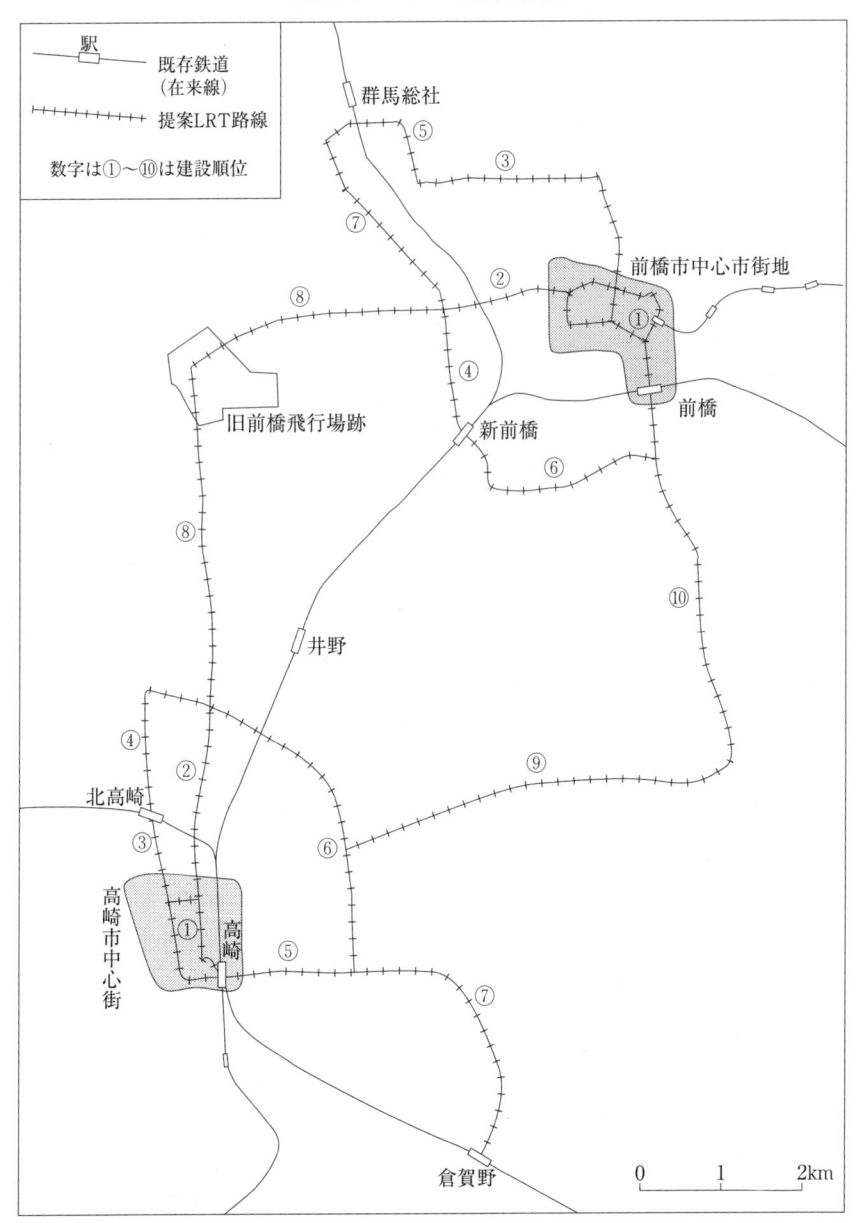

な中心市街地の形成を誘導する施策が必要となる。そのためには両中心地間に強力な拠点開発を行い、そこと両中心地間を結節するLRTの建設が求められる。

両中心地間には群馬町域に現在農地として使用されている旧前橋飛行場跡地約100haがまとまって存在する。ここは関越自動車道前橋インターチェンジに至近であり、図9-4のようにLRTによって高崎駅や新前橋駅・前橋駅と結ばれれば、オフィスパークとして良好な立地条件を持つことになる。外形標準課税などを導入せず、特異な優遇税制・課税システムによって、東京から大手企業の本社機能を移転立地・集積させることも夢ではなかろう。

総延長約50kmに及ぶこのLRTを一気に建設することは不可能である。したがって、まず都心環状線を建設し、ついで、図9-5に示す順位で環状線を造り、その上で前橋―高崎間を結ぶ路線を建設することになろう。

第4節　鉄道網を補完し利便性を高めるバス網の整備

(1) 地方都市における基幹公共交通としてのバス

バスは手軽な公共交通機関として、場所を問わず使用されており、その重要性は今後ますます増大するであろう。特に鉄道網の発達していない地方都市にあっては、基幹公共交通機関として重要な存在となっている。しかし、地方の小都市における単純なバス路線体系の場合は問題ないが、中都市以上のバス路線になると前述のようにメンタルマップが描きにくく、訪問客などには乗りにくい。そのため、中都市以上では既設鉄道網やLRTによって公共交通体系の骨格をつくり、バス路線は利便性を高めるべくそれを補完することが望ましい。

だが多くの場合、現実はそのようになっていない。確かにLRTの建設は、メンタルマップを描きやすい都市に変え、公共交通中心の都市交通環境を形成する切り札といえる。また、高齢化社会に向かって夢のある交通計画でもある。

しかし，資金計画との関係などから，建設をすぐに始められるところは少ない。そこで，LRT実現までの過渡的措置として，利便性の高いバス交通網の整備が求められる。

こうした視点からバス路線計画を立てるなら，本来LRTなど軌道系公共交通を導入すべき路線は，幹線バス路線として誰にも認知しやすい工夫を特別にすべきである。たとえば，複数のバス事業者が運行していても幹線用バスのデザインを統一する。また，その路線の道路面には，幹線バス路線であることを示す色を施すとともに，市街地図にも鉄道線路敷きに変わる識別標識を設け，誰もが空間認識しやすくすることが重要である。

ところで，多くの大都市では都市全体をカバーするバス事業者は東京都営バスや京都市営バスのような公共事業体が運行している。また，他の民間事業体が参入している場合も東京渋谷を拠点に東急，池袋は西武，新宿は京王帝都・小田急などのように一定の地区を拠点に，その営業区域も分割され，その内部は統一的運営が成されるためにわかりやすくなっている。しかし，中小都市になると，都市規模に比べバス事業者が多く，それらが入り乱れ，非常に判りにくくなっている。特に近年，赤字バス路線が廃止され，自治体の補助を受けた代替バス路線を請け負うバス事業者が増加し，これまで以上に複雑になって利用しにくくなった。こうした現象は今後も増加するであろうし，バス事業の規制緩和により，競争原理に基づく新規事業者の参入増加も予想される。

こうした事態に対応すべく，特に地方都市においてはバス事業者は異なっても，その路線表示やバスの方向別デザインなどは統一的な体系を作って利用者に行き先その他を認識しやすくすべきである。他方で，運賃やバスの本数設定など競争原理を必要とする事柄については，判りやすい方法にすることを条件に自由化するなど，ソフト面での改革も求められている。

(2) バスターミナルの設置と主要鉄道駅を中心にバス交通網の再構築

前橋・高崎地域で利便性の高いバス交通体系を構築するには，バスターミナ

ルを設置し，それと主要鉄道駅を中心にバス交通網を再構築する必要がある。

　現状のバス交通体系は，路線数及び運行本数の減少や代替バス路線の設定などで変化しているが，その基本パターンは自家用車時代以前のままである。すなわち，前橋駅・高崎駅を拠点にそこから放射状に路線展開している。また，時刻表設定においても，鉄道とバスとの連携はほとんどないに等しい。

　たとえば，今日の前橋では，前橋駅より新前橋駅のほうが鉄道の利便性は高い。新前橋駅は両毛線と上越線が結節しており，電車区がある関係上新前橋始発電車も多い。しかし，新前橋駅に結節するバス路線は2路線しかなく，その本数も1～2時間に1本で，時間に追われる人たちの現実の利用には耐えない。新前橋駅を中心に半径数キロの路線を小循環バスを含め何系統か設定するだけで新前橋駅勢圏の人々の利便性は高まり，鉄道利用者も増大しよう。

　同様のことが群馬総社駅や井野駅などの鉄道駅でも言える。鉄道を補完する都市内交通としてのバス路線を考えると，前橋・高崎両駅から半径5kmの路線を必要に応じてそれぞれ設定すれば，両市の既成市街地は大部分カバーされる。したがって，新前橋駅を除いては，それを補完する形で当該駅の駅勢圏に応じたバス路線を設定する必要がある。

　他方で，中心市街地の活性化とも関係するが，この両市には中心市街地にバスターミナルがない。買物・娯楽や所用を済ませた後，中心街にあるバスターミナルから市内のどこへでも一応は行ける条件があれば中心街での利便性は格段に向上する。また，中心街のバスターミナルと前橋駅・高崎駅とが連携することにより，バス需要が増大しても，相互にスルー化を図ることができ，増車にも対応しやすい。

　バスターミナルの位置は，前橋は県庁前通りの消防本部跡地が候補となろう。この位置は中心商業地に隣接するとともに，官公庁街にあり，アクセス条件は良い。ただ面積のやや狭いのが難点である。しかし，南北にバスが通行できる道路がありスルー化が可能である。また，立体化を図ることで対応もできよう。

　高崎のバスターミナルの位置は，市役所跡地のもてなし広場が1つの候補地となろう。ここは現在各種の催しに活用され，市民から広場としての存続すべ

きとの意見が強い。他に適当な土地があれば良いが，ない場合は人工地盤を作り，広場は人工地盤上にあげ，人工地盤下をバスターミナルに活用することもできよう。

第5節　実現に向けての提言

(1) バス料金の無料化（ワンコイン化）

　前橋・高崎地域で利便性の高いバス交通体系を復活させるには，抜本的な政策転換が求められる。また，早急にバスを中心とした公共交通機関を再活性化しないと，この地域は生活環境も地域間競争力も悪化し，今後大きな問題を抱えることになりかねない。そこで，バス交通の再活性化政策として，バス料金の完全無料化と公共交通機関利用促進税の創設を提言したい。これは，いわば飴と鞭の政策提言である。

　これまでの地域におけるバス交通対策は，行政によるバス事業への補助金の拠出や自治体による代替バスの運行，バス路線図や時刻表の作成などに限られている。現状の財政構造のなかで自治体が行えることは，これらがいわば精一杯の施策とも言えよう。

　この程度の対策では十分な効果はみられず，単なる延命策に過ぎない。バス会社が独立採算で会社経営をする限り，飛躍的に乗客が増加しなければ，たとえ補助金が出てもバス料金は高くなる。しかし，バスの乗客は自動車の運転ができない高齢者や生徒・学生が大半を占め，利用時間帯も限られてくる。そのため，仮にバスを随時運行しても乗客は少なく，バスの運行時間や運転回数は限定せざるをえず，乗客はますます利用しなくなる。

　以上のような悪循環をなくすには，バス料金を完全に無料にし，人々の目をバスに引きつけ，バス路線と運行回数を増加させて利便性を格段に良くする以外にないであろう。無料であれば少々不便であっても，自然にバス利用者が増

加するものである。また，県外からの来訪者を含め無料化することで，群馬県の交流空間化は大いに進展するものと考えられる。そうした状態を前提としなければ，バス専用レーンやバス優先信号など前述した様々な対策をとっても，労多くして十分な効果を得ることができないであろう。

　(2)　公共交通機関利用促進税の創設

　バス料金を完全に無料化した場合，その財源をどこに求めるかが問題になる。既存の税金を使用するのであれば，補助金と同じ問題が生じる。そこで，官民を問わず自家用車保有者に負担を求める，公共交通機関利用促進税の創設を政策提言したい。

　この税は，官公庁を含め，たとえば自動車の大小を問わず1台当たり1万円とするなど，白ナンバーの自家用車保有者に一律に負担してもらい，それを全てバスの再活性化に役立てる法定外目的税である。これにより自家用車保有台数に見合った税収が見込め，バス無料化の財源が確保できる。また，かかる税負担を嫌い，無料バスの利用者増で，必要以上の自家用車保有がなくなろう。

　自動車関連税は自動車税，重量税，ガソリン税などすでにかなりの額が徴収されている。しかし，その多くは余り痛みを感じない税の納め方である。たとえばガソリンを購入するたびにガソリン税（揮発油税＋地方道路税を言いガソリン53.8円/ℓ）を納めていることをどれだけ多くの人が認識しているだろうか。まして購入価格の何％が税金か知っている人は少ないであろう。そして，購入したガソリン価格の5％の消費税には目がいき，消費税は高いと認知する。それよりも遥かに高額の税金を，ガソリン税として収めているにもかかわらず消費税にばかり目がいくのはなぜか。そしてガソリン税にまで消費税を払っている矛盾に気づく人は皆無に等しい（100円/ℓのガソリンを50ℓ給油すると消費税込みで5,250円となり，その56％の2,940円が税金）。

　以上のことから，この公共交通機関利用促進税は敢えて人々が痛みを感じるような徴収の方法を選択すべきである。なぜなら，痛みを感じて，少しでも自

家用車を減らすことが目的であり，自動車の大きさに関係なく一律に徴収する理由もそこにある。また，公共交通の利用者が増加し，公共交通の利用環境が整えば，この税金も必要なくなるからである。

そうなれば，自動車の絶対数の減少により環境汚染も少なくなり，交通渋滞の改善にもつながる。そして，市街地の不必要な拡大による道路整備のための経費も削減でき，その財源を公共交通全般の改善に使えるようにもなる。また，バス利用客の増加は，これと連結する鉄道など他の公共交通機関利用者の拡大にもつながり，その面でも公共交通機関全般の改善に役立つはずである。

税額をどの程度にするかは，総合的視点に立ち慎重に検討する必要がある。しかし，バスの再活性化のためには，その前提として自家用車利用への志向性が強い県民性を変えねばならない。そのためには，自家用車利用から公共交通機関利用へ変えさせるだけのインパクトのある税額にする必要がある。なお，群馬県の地域構造をバスなどの公共交通機関を中心にした交通体系に変革するための財源は，前述のように一般財源から支出した公共投資で行えばよい。公共交通機関を軸にした交通体系の構築により，利便性・快適性・発展性・移動性の高い交流空間が形成できる。群馬県の将来を考えれば，そのための基盤整備に支出を惜しむべきではなかろう。

なお，学生や一般社会人の中には，無料バスは高齢者や身障者用に思え，乗りにくいとの意見がある。そうした人の多くは1回100円ならば，気軽に乗れ，他に遠慮もいらず，利用しやすいと言っている。無料よりも料金のワンコイン化のほうが，現実的なのかも知れない。

(3) 新税の創設とバス無料化への若干の試算

群馬県の場合，2～3台の自家用車を保有する世帯は珍しくない。バス交通が便利になれば，現実の自家用車利用状況を見る限り，そのうちの1台位は減らせるものと思われる。大衆車クラスの乗用車でもその必要経費は，減価償却期間10年として，自動車税，車検，保険，修理費，燃料費などを含め，年間

60万円以上になる。このことを考えれば，公共交通機関利用促進税の創設で仮に数万円負担することになっても，自家用車1台を減らして，便利になったバス交通を利用した方が家計に与える影響は少ない。年間60万円として，300円/回で1日5.5回バスに乗車できることになる。こうした政策は，自動車保有率が高く，公共交通の衰退したところだからこそ可能となるもので，やや大胆であるが，マイナスの現象をプラスの現象に転換させる政策である。

ところで，群馬県には1998年3月現在，乗用車が89.7万台，貨物自動車が18.8万台，軽自動車が43.4万台，その他5.9万台の合計157.8万台の自動車が存在する（関東運輸局 [1998]）。このうち自家用としてほとんど使用される乗用車と軽自動車は，合計で132.9万台となる。仮にこれに1台当たり1万円の公共交通機関利用促進税をかければ，132.9億円の税収がある。

1997年の乗合バス輸送人員は約1,117万人である。この年間の総収入は43.5億円になる（関東運輸局 [1998]）。このことは，1台当たり1万円とした場合の公共交通機関利用促進税の税収132.9億円の約1/3であり，単純に考えて現在のバスの本数の3倍まで無料化できることになる。税額を2万円にすれば，現在のバスの本数の6倍近くまで無料化できることを意味し，かなり便利になる。

群馬県の乗用車保有率は全国第1位で，最も低い東京（57％）の2倍以上の135％である。全国平均は89％で，栃木県は133％と群馬県同様高いが，埼玉県は96％，新潟県105％，京都府77％，和歌山県82％，熊本県90％，過疎化の著しい島根県でも86％と群馬県よりだいぶ乗用車保有率が低い（1998年運輸省資料）。

公共交通機関利用促進税の導入により，仮に保有率が全国平均の89％にまで減少すれば，保有台数は2/3になる。保有台数の減少は税収減につながる。しかし，この段階に来ればバス利用者もかなり多くなり，バスの利便性も高まってきている。この段階でバス料金の完全無料化を廃止し，1回当たり100円の均一料金制を取り入れれば，税収減をカバーでき，新たな発展に結び付けられる。すなわち，仮に1992年の5倍近い年間1億人のバス利用者があれ

ば，1回当たり100円の均一料金でも100億円の収入が見込める。なお，現在のバスの混雑度からして，現状のままでも乗客が3倍位まではゆったりとした乗車密度であろう。したがって，現実にはかなりの本数を増やせることから，快適な乗車空間を創出できるはずである。

(4) 新税の創設とバス無料化に対する大学生の評価

公共交通機関利用促進税の創設とバス無料化の政策提言に対し，高崎経済大学地域政策学部の1年生にアンケート形式でその是非を尋ねた。1999年の場合，学生の約70％は群馬県外出身者で，大学へ徒歩圏内に居住している学生が55％である。通学の交通手段としては，自転車・バイクが61％と最も多く，自家用車が16％，徒歩が10％，鉄道とバス乗り継ぎが4％で，バスのみの通学者はいない。また，買物時の利用交通機関も自転車・バイクの66％と自家用車の21％で87％を占め，公共交通利用者は3％にすぎない。

自動車依存社会の現状については，見直すべきとする学生が87％を占める。しかし，これら学生のうち自家用車利用者は，公共交通が不便なため現状のままでは自家用車から公共交通機関への転換は難しいという。そして，自宅付近から目的地まで公共交通が整備された場合，利用するが22％，場合によって利用するが68％で，90％の学生が利用方向にある。また，自動車依存社会の弊害について（複数回答）は，公共交通の衰退43％，交通弱者の移動に問題39％，交通渋滞の多発35％，交通事故の多発31％，騒音など生活環境の悪化25％，郊外店の展開による中心市街地の低迷21％などが高く，問題にしている。なお，調査対象学生のこうした考え方や状況は各年ともほぼ同じである。

こうした学生が1996年の調査結果（有効サンプル数105）では，「公共交通機関利用促進税の創設」と「バス無料化」の政策提言に対し，賛成71.4％，反対14.3％，わからない14.3％の回答をしている。これに対し，現在行われていたりこれから多くの自治体で実施しようとしている一般財源からの税金を使っての代替バスの導入については，賛成42.8％，反対21.0％，わからない

表9-2 バス料金無料化・公共交通機関利用促進税の導入への意見

(%)

	1996年		1998年		1999年	
賛　成	75人	(71.4)%	99人	(66.0)%	96人	(54.9)%
反　対	15	(14.3)	28	(18.7)	34	(19.4)
わからない	15	(14.3)	23	(15.3)	45	(25.7)
合　計	105	(100.0)	150	(100.0)	175	(100.0)

(注) 高崎経済大学地域政策学部1年生へのアンケート (戸所実施)。

表9-3 自治体によるバス廃止路線への代替バスの運行

(人, %)

	1996年		1998年		1999年	
賛　成	45	(42.8)	106	(70.7)	93	(53.1)
反　対	22	(21.0)	15	(10.0)	29	(16.6)
わからない	38	(36.2)	29	(19.3)	53	(30.3)
合　計	105	(100.0)	150	(100.0)	175	(100.0)

(注) 表9-2に同じ。

36.2%で, 反対とわからないが半分以上である (表9-2, 表9-3)。

1998年における同様の調査 (有効サンプル数150) では, 公共交通機関利用促進税の創設とバス無料化の政策提言に対し, 賛成66.0%, 反対18.7%, わからない15.3%の結果である。また, 税金による代替バスの導入については, 賛成70.7%, 反対10.0%, わからない19.3%という回答となった。さらに, 1999年の調査 (有効サンプル数175) では, 公共交通機関利用促進税の創設とバス無料化の政策提言に対し, 賛成54.9%, 反対19.4%, わからない25.7%の回答である。また, 税金による代替バスの導入は, 賛成53.1%, 反対16.6%, わからない30.3%という結果となった。

賛成者の意見としては, これまでの流れを変えるために必要とするものが最も多く, 自動車の減少による環境への良い影響が次いでいる。その賛成理由は高齢化社会への対応として良いや免許取得が不要になる, バスで気楽に移動できる, 交通事故が減少するなどである。

また賛成する条件に, バス路線の増設と15分に1本の運行頻度, それが無

理なら最低30分に1本の頻度，それに夜10時までの運行を求める人が多い。さらに，利便性が高く，快適であるなら必ずしも無料でなくてよく，100円位は支払うほうが誰もが乗りやすいとの意見も多い。無料であると身障者用・高齢者用のバスとのイメージが強くなり，学生や勤労者は乗りにくいとの意見である。なお，群馬の人の自動車志向を変えることは難しく，じっくり時間をかける必要があるとの指摘も見られる。

　反対者には，この種の制度を導入しても効果はなく，バスは受益者負担にすべきとの意見が多い。無料でなく，100円位支払うなら賛成と解釈できる回答もある。なお，自動車にはすでに多くの税金が課せられているため，これ以上課すべきでない，バスを利用しない人が多い状態で税金を課すことは問題，この種のことに自治体は関与すべきでないなどがある。

　わからないとする人たちは，この提案そのものは革新的な考えと評価するものの，効果は期待できず，財政負担が増すのではないかとの懐疑的な考えから発するものが多い。

　以上のことから，ワンコインで乗車できる利便性の高い公共交通機関が整備され，自家用車の利用抑制制度を同時に導入すれば，少なくとも，現状からの脱却はでき，新たな展開への糸口を見出せるといえよう。

第6節　コンパクトで積み重ねの都市構造へ——結びにかえて——

(1) 公共交通優先政策への転換

　既述のように多くの学生が，高崎は新幹線や高速道路をはじめ各種交通機関の集中によって全国からのアクセスは良好であるが，域内交通は自家用車を持たない限り不便と感じている。そこで，学生達に今後の群馬の交通環境整備の方向性について，複数回答可能でアンケートした（表9-4）。その結果，自動車保有率全国一を維持するなど現状維持していくことを良しとする意見は2％

表9-4 今後の群馬の交通環境はどのようにすべきか（3つまで回答可） (%)

1. 自動車保有率全国一を維持	4	2.4
2. 道路整備の促進	28	28.9
3. 駐車場整備・増設	22	13.3
4. 駐車場案内システムの整備	14	8.4
5. 自動車依存社会からの脱却	74	44.6
6. 公共交通の充実	116	69.9
7. 相乗り・ノーカーデーの徹底	18	10.8
8. 時差通勤通学の拡充	15	9.0
9. 交通規制の強化	29	17.5
10. 違法駐車の取り締まり強化	28	16.9
11. 総合交通政策の策定・実施	56	33.7
12. 現状維持	0	0.0
13. その他	6	3.6
NA	2	1.2
計	432	260

（資料） 表9-2に同じ。

に過ぎない。反対に，70％の学生が公共交通を充実させることを望み，45％の学生が自家用車依存社会から脱却すべきと言う。また，総合交通政策により，基盤整備を進めたいと回答し，自家用車対応政策から公共交通優先政策への転換を，群馬に生活する若人が望んでいる。

こうした反応は，自家用車保有率の低い割に移動性の高い学生の将来を見据えた切実な意見といえよう。これに対して一般市民を対象とした「高崎中心市街地の活性化に関する市民アンケート（5,000人対象，1999年秋高崎市実施・筆者はアンケートを設計）」結果では，自家用車依存社会の継続を求める意見が強く出ている。すなわち，中心市街地への交通利便性を向上させるために駐車場整備を求める人が最も多い。また，まちづくりの方向としても駐車場を整備して中心市街地を再生すべきという人が47％と一番多く，バス・電車を整備して中心市街地を再生すべきという人（22％）の2倍以上である。

多くの市民は自家用車依存社会の維持発展を望んでいるが，自主財源に基づく地方分権型社会を構築しなければならない時代に，それは無理なことといえよう。様々な情報開示を行い市民の理解を深めつつ，自家用車対応政策から公共交通優先政策への転換を早急に図るときである。また，かかる政策転換を目に見える形で実施していくことが望まれる。

たとえば，地方中心都市でも立体駐車場を建設すると1台当たり約1,000万円かかる。地下駐車場に至っては約2,000万円ともいわれる。したがって

1,000台収容の立体駐車場は約100億円も必要となる。他方で，LRTの建設費は1km当たり約10億円と言われる。前橋や高崎の中心市街地なら駅や中心商店街・歓楽街・業務街・官庁街を結ぶ環状線が3〜5kmでできる。100億円あれば車輌その他の設備すべてを整備することが可能で，その都市発展に与えるインパクトは1,000台の駐車場より遥かに大きい。また，市街地拡大をもたらす都市基盤整備の方向からコンパクトなまちづくりへの転換にもなる。

以上のような政策転換をするには，駐車場建設費や道路財源がLRT建設やその他公共交通充実のために流用できるシステムの開発が必要となる。また，自家用車依存社会から脱却するには，官民を問わず事業所従業者用駐車場を廃止し，公共交通利用型交通手当の支給にするなど，市民生活の移動形態を公共交通中心に変えることが求められる。

(2) 知恵の時代に相応しいコンパクトで知的交流のある市街地形成

これからのまちづくりの方向性として，コンパクトで歩いて暮らせる街を望む学生（高崎経大・地域政策学部）が，57％と圧倒的に多い。他方で，広がりのある自動車対応型の街を支持する学生は8％にすぎない。また，他の学生はまちづくりの方向性を決めかねている。

これからのまちづくりは，これまでのようなハード中心でなくハードとソフトの調和と魅力あるコンテンツが重要となる。また，環境問題の深刻化や少子高齢化・財政状況の悪化などから，物質的豊かさを求めた分断的・個人主義的な郊外居住よりも，精神的豊かさを旨とする協調と協働の都市内居住を重視すべきであろう。それには市民が知恵を出し合い，気軽に相互援助し得る都市形態が求められる。高密度でエネルギー効率が良く，市民の相互交流も行いやすくコンパクトで歩いて暮らせる街こそ21世紀の街である。

コンパクトで歩いて暮らせる街は，誰もが集えその都市の顔となる魅力的な中心市街地の形成が不可欠となる。そうした中心市街地の形成は広幅道路と膨大な駐車設備を必要とする自家用車対応型のまちづくりでは不可能で，公共交

通中心のまちづくりにしなければ成り立たない。また，公共交通の成立には一定の人口密度と利用人口を必要とする。したがって，コンパクトで歩いて暮らせるまちづくりには，まず中心市街地の魅力を高め，雇用の創出と居住の促進を図り，求心力を向上させねばならない。

　しかし，自家用車が今日のように普及した社会で一気にすべての地域を公共交通対応型に変えることは不可能である。そこで，都市圏ごとに交通ゾーンを設定し，段階的に公共交通の再整備を進めるのが現実的であろう。すなわち，多くの人々が集まる中心市街地は，自家用車の進入を禁止し，歩行とLRTやバスなどの公共交通中心の空間（トランジットモール）として，安心して歩ける街にする。また，その外側の既成市街地内帯は，基本的に公共交通で動く空間（ゾーン），その外側の既成市街地外帯は公共交通機関と自家用車の共存空間，そして郊外は公共交通機関を設置しうる区間を除き基本的に自家用車中心の空間とする。また，それぞれの空間（ゾーン）の接点においては，パークアンドライドを含め，乗り継ぎがスムーズにいくよう特別の配慮が必要である。

　以上のような公共交通機関で自由に動け，誰もが気兼ねなく集い，交流できる都市空間形成こそ知恵の時代における都市づくりである。そのためにも，費用対効果が容易に理解できる評価システムを導入し，公明正大な政策運営を行える公共交通政策の樹立が，前橋・高崎都市圏のみならず各都市圏の緊急課題となっている。

【注】

1)　筆者による1999年11月の高崎経済大学地域政策学部学生へのアンケート。なお，高崎経済大学学生の約70％は群馬県外の高校出身者で，群馬県の実状を出身都道府県と比較しつつ，客観的に見ることのできる学生といえる。また，群馬県内出身者にしても高崎市外からの学生が多く，入学時は交通弱者の1人として，公共交通のあり方を強く意識しているといえる。そのため，調査対象者として適当と考える。

【引用・参考文献】

戸所隆［2000］「連携型大都市・大都市圏の構築による新しい国土空間構造の研究」文部省・科研報告書，54ページ。

─── ［1997］「都市分布構造と都市政策のあり方」『地方の時代の都市・山間再生の方途』日本経済評論社，68〜98ページ。

群馬県交通政策課［1999］「ぐんまの交通」23ページ。

関東運輸局群馬陸運支局［1998］「1997年度一般乗合旅客自動車運送事業輸送実績」。

あ と が き

　筆者は東京のある大学でもゼミナールを担当している。ゼミナールが終わって学生に「一杯やるか」と言うと，都合のつく学生は駅前の居酒屋に集まってにぎやかなゼミナールが場所を代えて始まる。教室とはまた違った雰囲気の中で研究のこと，サークル活動のこと，恋人のこと，人生のことなどで話が弾む。しかし高崎経済大学の学生に「一杯やるか」と言っても，互いにあらかじめ予定をしておかないといっしょに飲む機会に恵まれない。以前，学生とのコンパに出かけた際，飲まない学生がいたので，体の調子でも悪いのかと聞いたら，自動車なので飲めないと言われ，なんとなく白けた。飲まないので白けたというではなく，コンパなのに車で来た，来ざるを得ないことに白けたのである。
　筆者が教えに行っている東京の大学は大手私鉄沿線にあって都心に容易に出ることができる。これに対して高崎経済大学には，群馬県内のバス路線としては便数が多い高崎駅と結ぶバス路線が通っているものの，ここ10年減便が続いている。それはモータリゼーションの影響を強く受け，公共交通が衰退し続けているからであり，今では群馬県での日常的な移動は自動車という認識が当たり前になっている。
　このような大都市と地方都市における公共交通の今日的状況の違いは，大げさにに言うならば教師と学生とのコミュニケーション形成にも影響を与えているといってもよく，これは社会全体にも言えることのような気もする。地域コミュニティの場として発達してきた中心市街地の衰退は，その典型的事例といってよく，公共交通の不十分な地域ほど地域コミュニティが形成しずらい状況になっているとも考えられる。そしてこのことは，とりわけ公共交通の衰退が著しい地方都市の地域振興の妨げにもなっているとも捉えられる。本研究プロジェクト発足の動機は，このような地方都市における公共交通の状況を，主に群馬県において分析しつつ，今後の高齢社会の到来や地球環境問題，資源エ

ネルギー問題をも視野に入れて，公共交通整備への視点を模索することにあった。

序章（戸所隆）では，自家用車の分担率が90％に達する群馬県の公共交通の特異性を概説し，公共交通の衰退によって交流人口の増加が期待できないこと，コミュニケーションが欠如していること，社会的弱者への配慮に欠けていること，エネルギーの浪費をし，かつ大気汚染などの環境問題を引き起こしていること，交通事故の増加を招いていること，そして市街地の拡大とそれに伴う中心商業地と近隣商業地の衰退を招いて，結果として空間を浪費し，企業立地にも影響を与えていることを指摘した。

第1章～第3章では，群馬県，高崎都市圏の交通の変遷をそれぞれの角度から概観し，問題点や課題を析出した。まず第1章（佐藤忍）では，群馬県における公共交通の変遷を概観したうえで公共施設と公共交通との関係を分析した。佐藤は地方自治体の財政が豊かになるにつれて道路，橋，学校，病院といった社会の基本的施設だけでなく，文化会館，体育館，美術館，博物館等の教育文化施設が建設されていくなかで，群馬県におけるこれらの施設は，広くて安価な土地を求めて郊外に向かって建設されたために都市の郊外化に拍車をかけてきたこと，これらの施設は鉄道駅から遠く，バス路線が不十分かないケースもあって，このことは魅力ある地域づくりの推進に逆行していることを指摘した。そしてこれらをふまえ，公共施設を鉄道駅の周辺に配置する都市デザインの方向について考察した。次いで第2章（津川康雄）では，群馬県におけるモータリゼーションが急速に進展した理由についてふれつつ，高崎都市圏における交通の変遷を戦後，郊外地域で進められた工業団地の造成や卸商業団地の建設等の地域開発史とともに捉え，自家用車に頼らざるを得ない地域構造の形成過程を明らかにした。第3章（大島登志彦）では，60年代後半以降の群馬県におけるバス路線の縮小過程を東武バスを具体例として取り上げ，バス路線の衰退が始まる時期にバス離れを食い止めようとする認識の欠落していたことが今日的なバス離れに結びついていることを指摘した。

第4章以下は，個別のテーマに基づいて公共交通と地域との関係について述

べられている。まず第4章（長谷川秀男）は，高崎市を事例として，中心商店街の衰退とその対応について述べ，具体的な中心市街地活性化の提言を行い，第5章（横島庄治）では，富岡市を事例として公共交通の整備を軸とした中心市街地活性化の方向，上信電鉄を広域連携軸として位置づける具体的方策について具体的な提言を行った。さらに第6章（大宮登）では，高崎市が97年から運行している「ぐるりん」の現状，市民の評価について分析し，中心市街地を地域全体の創造力・起業力・活力を生み出す場を提供する場と捉え，そのためには公共交通の充実を大胆に考えていくことや顧客満足を強く意識したバス運行，市民参画による公共交通経営の必要性を提言した。

　第7章，第8章では，近年，欧米の都市で見直されつつある路面電車（LRT）についてふれた。第7章（加藤一郎）では，財政から公共交通を捉え，マイカーの普及を支えている潤沢な道路整備事業費の財源の流れを明らかにした。そして，自動車を抑制したまちづくりの成功事例として知られるフランス・ストラスブールにおけるLRT導入の経緯や欧米各国のLRT運営の仕組みなどにふれながら，自動車重量税の一般財源化や地方公共団体の道路特定財源の一般財源化など，公共交通をよりよい状態に改善するための財政システムの構築の必要性を指摘した。第8章（西野寿章）では，わが国における路面電車の現状を概観しつつ，欧米におけるLRTシステムの成立条件を分析して，欧米のLRTは効率的運営が可能な需要のうえに成立しているのではなく，LRTを地域の公共交通として機能させるための方策があって成立していることを明らかにして，わが国の地方都市への導入可能性について探究した。

　そして第9章（戸所隆）では，まとめとして，前橋・高崎都市圏の自立的都市圏形成の可能性を探りつつ，鉄道，LRT，バスのそれぞれの整備方向について具体的な提案を行い，公共交通優先政策への転換，知恵の時代に対応した都市空間の形成などによるコンパクトな都市構造の形成の必要性を論じた。

　以上が本書のおおよその内容である。なお福祉の視点からの論考が収録される予定であったが脱稿に至らず，今日的視点を欠落させた感もあるが，福祉の視点からの公共交通の必要性については，各章においてふれられているので参

照いただきたい。

　車がなくては日常的な生活に支障を来している地方都市は，高崎や前橋以外にも多く存在する。わが国においてまもなく出現する高齢社会はもちろんのこと，年々悪化する地球環境問題や有限資源に依存したエネルギー問題などをふまえれば，縦横無尽に自由に走れる自動車に大きく依存し続けることには限界のあることに気づく必要がある。とはいえ，そのことに気づいても個人個人が対応することは難しく，地域ぐるみで公共交通の整備について議論していくことが必要となる。

　本書では，その議論の素材となるべく，各執筆者が多様な視点から地方都市における公共交通問題について論じてみた。これらが，地方都市における公共交通問題の解決にどれだけ有効か，その判断は読者に委ね，忌憚のないご批判をいただければと思う。

西野　寿章

執筆者一覧（執筆順）

戸所　隆（とどころ　たかし）　1948年生れ．高崎経済大学地域政策学部教授，文学博士．
　　　専攻：都市地理学・国土構造論．

佐藤　忍（さとう　しのぶ）　1949年生まれ．群馬県企画部統計課人口社会担当課長補佐．

津川　康雄（つがわ　やすお）　1953年生れ．高崎経済大学地域政策学部助教授，同大学附属産業研究所員．
　　　専攻：人文地理学・ランドマーク論．

大島　登志彦（おおしま　としひこ）　1954年生れ．高崎経済大学経済学部助教授，同大学附属産業研究所員．
　　　専攻：交通論・産業考古学．

長谷川　秀男（はせがわ　ひでお）　1940年生れ・高崎経済大学地域政策学部教授，同大学附属産業研究所員．
　　　専攻：地域経済・中小企業及び産業政策．

横島　庄治（よこしま　しょうじ）　1939年生れ．高崎経済大学地域政策学部教授．
　　　専攻：都市経営・道路交通政策．

大宮　登（おおみや　のぼる）　1951年生れ．高崎経済大学地域政策学部教授，同大学附属産業研究所員．
　　　専攻：能力開発論・オフィスワーク論．

加藤　一郎（かとう　いちろう）　1946年生れ．高崎経済大学経済学部教授，同大学附属産業研究所員，経済学博士．専攻：財政学・地方財政論．

西野　寿章（にしの　としあき）　1957年生れ．高崎経済大学地域政策学部教授，同大学附属産業研究所員．
　　　専攻：経済地理学・地域開発論．

編　者

高崎経済大学附属産業研究所　　　　　　　　〒370-0801　高崎市上並榎町1300

TEL　027―343―5417
FAX　027―344―5857

車王国群馬の公共交通とまちづくり

2001年3月31日　第1刷発行　　　　　定価（本体3,200円＋税）

　　　　　　　　　　編　者　高崎経済大学附属産業研究所

　　　　　　　　　　発行者　栗　原　哲　也

　　　　　　　　　　発行所　株式会社　日本経済評論社
　　　　　　　　　　〒101-0051　東京都千代田区神田神保町3-2
　　　　　　　　　　　　電話 03-3230-1661　Fax 03-3265-2993
　　　　　　　　　　　　　　　　　　　　装丁・鈴木　弘
　　　　　　　　　　　　　　　　　印刷・新栄堂　製本・協栄製本

Ⓒ Todokoro Takashi, et al　2001　　　　　　Printed in Japan
ISBN4-8188-1340-0　　　　　　落丁本・乱丁本はお取替いたします．

Ⓡ〈日本複写権センター委託出版物〉
本書の全部または一部を無断で複写複製（コピー）することは，著作権法上での例外を除き，禁じられています．本書からの複写を希望される場合は，日本複写権センター（03-3401-2382）にご連絡ください．

高崎経済大学附属産業研究所編
高度成長時代と群馬
A5判 354頁 3000円

日本の歴史上,空前絶後とも言える発展をみた「高度成長」期は,群馬という一地域にどのような影響を与えたか。その光と陰の部分を克明に描き出し明日の群馬像を提示する。 (1987年)

高崎経済大学附属産業研究所編
近代群馬の思想群像 II
A5判 350頁 3000円

群馬を代表する思想家新島襄をはじめ、湯浅治郎,住谷天来,西田博太郎,そして日本の近代を支えた製糸工女たちの思想と行動を活写。世界的視野,平和主義,市民的思考をみる。 (1989年)

高崎経済大学附属産業研究所編
利根川上流地域の開発と産業
―その変遷と課題―
A5判 316頁 3200円

日本最大の水源地である利根川上流地域の開発と産業を,「水と生活」に視点を据えた歴史的分析,現状分析により明らかにする。
(1991年)

高崎経済大学附属産業研究所編
群馬・地域文化の諸相
―その濫觴と興隆―
A5判 346頁 3200円

生活文化の原点としての哲学・産業・行政を,そこに生きる者の視点からみなおす。群馬文化発展に寄与した例として田山花袋,永杉喜輔らの思想と行動を解析する。 (1992年)

高崎経済大学附属産業研究所編
変革の企業経営
―人間視点からの戦略―
A5判 284頁 3200円

群馬の産業や企業は関東圏の中でどう位置づけられているか。21世紀の企業戦略の中で重視されるべき人間尊重と資源保全に主眼をおく変革の経営論を提言する。 (1993年)

高崎経済大学附属産業研究所編
「首都圏問題」の位相と北関東
A5判 360頁 3200円

東京への一極集中とその弊害が叫ばれて久しい。文化・産業・労働(外国人,女性)・中小企業・ニュービジネス等にわたり首都圏問題を多角的に考える。付,シンポジウム。 (1994年)

高崎経済大学附属産業研究所編
群馬にみる人・自然・思想
―生成と共生の世界―
A5判 393頁 3200円

近代群馬に生きた人々の,自由で個性的な思想と行動は,地域風土に強い影響を受けた。船津傳次平,斉藤寿雄,井上房一朗,萩原朔太郎,星野富弘らの世界を描く。 (1995年)

高崎経済大学附属産業研究所編
開発の断面
―地域・産業・環境―
A5判 338頁 3200円

中国等の国家産業開発の実際,仏のディズニーランド事業,英のナショナルトラスト,欧州の高度情報通信網。地域開発の諸相を過去・現在,国内・海外のさまざまな状況に探る。(1996年)

高崎経済大学附属産業研究所編
地方の時代の都市・山間再生の方途
A5判 350頁 3200円

地方都市は歴史的・文化的遺産を継承しつつ,オリジナリティを如何に構築するか。住民の暮らしやすさと,国際化時代の地方のあり方を都市背後の山間地帯の自立の方策と共に論究。(1997年)

高崎経済大学附属産業研究所編
新経営・経済時代への多元的適応
A5判 340頁 3500円

構造変革期の日本経済と経営に新たなる結合は可能か。ドラッカー経営学,企業の社会的責任,アジアの経済発展と政府の役割,人間工学,日本版ビッグバン等を通して考える。(1998年)

高崎経済大学附属産業研究所編
近代群馬の蚕糸業
A5判 324頁 3500円

今,蚕糸業にかつての面影はないが,民俗・宗教・ことば等が往時を偲ばせる。隆盛期における産業的側面(お雇い外国人,地元の様々な運動等)と併せて解説する。 (1999年)

高崎経済大学附属産業研究所編
「現代アジア」のダイナミズムと日本
A5判 350頁 3500円

倫理観,宗教観,制度論,社会経済開発,中小企業,商業・金融まで,その特徴と共に考察。

(2000年)